INTERNET POUR LES NULS

2e EDITION

INTERNET POUR LES NULS

2e EDITION

John R. Levine, Carl Baroudi
& Margaret Levine Young

First
Interactive

Internet pour les Nuls

Publié par
Hungry Minds, Inc.
909 Third Avenue
New york, NY 10022

Pour les Nuls est une marque déposée de Hungry Minds, Inc.
For Dummies est une marque déposée de Hungry Minds, Inc.
Collection dirigée par Jean-Pierre Cano
Edition : Pierre Chauvot
Maquette et mise en page : Edouard Chauvot
Traduction : Michel Dreyfus

Edition française publiée en accord avec Hungry Minds, Inc.
© 2002 par Éditions First Interactive
33, avenue de la République
75011 Paris - France
Tél. 01 40 21 46 46
Fax 01 40 21 46 20
E-mail : firstinfo@efirst.com
Web : www.efirst.com
ISBN : 2-84427-347-5
Dépôt légal : 4e trimestre 2002

Sommaire

Introduction

Dans ce livre, nous avons essayé de vous expliquer ce que vous devez faire pour devenir un de ces internautes parfaitement à l'aise en surfant sur la vague de l'Internet : comment démarrer, acquérir de l'expérience, et ensuite, voler de vos propres ailes. Tout cela dans une langue de tous les jours, tout naturellement.

Cette nouvelle édition a été mise à jour pour tenir compte du développement rapide de l'Internet. Actuellement, de plus en plus de gens se connectent à l'Internet depuis leur domicile. Aussi allons-nous centrer le thème de ce livre sur les parties du Net les plus intéressantes pour l'utilisateur moyen : celui qui n'est pas un technicien de la "chose". C'est pourquoi il sera surtout question du Web et des outils de navigation qui en permettent l'exploration, autrement dit les *navigateurs* (qu'on appelle *browsers* en anglais) : Netscape Navigator (ou Communicator) et Internet Explorer de Microsoft. Nous verrons également comment envoyer et recevoir du courrier électronique (*e-mail*) pour les échanges de correspondance personnelle, comment "tchatcher" en ligne et comment télécharger les trésors de toute nature que l'on trouve sur le Net.

A propos de ce livre

C'est plutôt en tant qu'assistant, conseiller ou aide-mémoire que nous voyons le rôle de ce livre. Quand un problème vous embarrasse, feuilletez-le, parcourez son sommaire, consultez son index... en un mot, cherchez et vous trouverez.

Voici quelques-uns des sujets que nous allons aborder :

- Comprendre ce qu'est l'Internet.
- Comment vous connecter à l'Internet.
- Comment surfer à l'aise sur le Web.

- Comment trouver des personnes, des endroits et toutes sortes de choses.
- Comment communiquer à l'aide du courrier électronique (*e-mail*).
- Comment vous approprier les bonnes choses qu'on trouve sur le Net.
- Où trouver services et programmes.

Comment utiliser ce livre

Pour commencer, nous vous suggérons de lire d'affilée les deux premiers chapitres. Vous aurez ainsi un aperçu d'ensemble de ce qu'est l'Internet, et vous apprendrez le vocabulaire de base sans lequel tout ce qui suit resterait pour vous lettre morte. Lorsque vous vous sentirez prêt à aborder concrètement le Net, à vous y *connecter*, passez à la deuxième partie, et choisissez parmi les options proposées celle qui vous convient le mieux pour réaliser cette connexion.

Les troisième, quatrième et cinquième parties sont là pour vous aider dans votre utilisation pratique des ressources du Net.

Bien que nous ayons fait de notre mieux pour ne pas utiliser trop de vocabulaire technique, il a pu nous arriver de manquer à cette règle. C'est la raison d'être du glossaire que vous trouverez à la fin du livre.

Lorsque vous devrez taper une commande ou une adresse Web sur votre clavier d'ordinateur, nous utiliserons une `police de caractères à pas fixe comme celle-ci.`

Tapez ce que nous vous indiquons tel que c'est écrit. Respectez les MAJUSCULES et les minuscules. Ce n'est pas toujours indispensable, mais vous risquez de tomber sur des systèmes capricieux qui se vexeraient si vous faisiez preuve de fantaisie ou de laxisme à cet endroit. Et surtout, n'oubliez pas que toute commande se termine par un appui sur la touche <Entrée> !

Quand vous devrez suivre les étapes d'une procédure compliquée, nous la détaillerons pas à pas pour mieux mettre en lumière les phases importantes. Nous vous indiquerons alors ce qui se passera en réponse à ce que vous taperez et quelles sont les options possibles.

Lorsque vous devrez exécuter des commandes à partir de menus, nous utiliserons des barres obliques ou slashes (/), pour vous indiquer les subdivisions de ces menus. Ainsi, si nous vous indiquons de cliquer sur Fichier/Ouvrir, cela signifie qu'il faut cliquer sur la commande Ouvrir du menu Fichier.

Qui êtes-vous ?

En écrivant ce livre, nous avons supposé que :

- Vous avez accès ou vous voulez avoir accès à l'Internet.
- Vous voulez vous en servir dans un but pratique.
- Vous ne cherchez pas à devenir le Grand Expert mondial de l'Internet. Tout au moins cette semaine.

Comment est organisé ce livre

Cet ouvrage contient cinq parties plus ou moins autonomes. Voici comment elles se présentent :

- Dans la première partie, *Bienvenue dans le cybermonde !*, vous allez apprendre ce qu'est l'Internet et pourquoi *nous* pensons qu'il est si intéressant. Vous allez découvrir le vocabulaire de base, les concepts qu'il est nécessaire de connaître pour aborder sereinement la suite, et vous recevrez quelques conseils pour bien utiliser le Net où que vous soyez.
- La deuxième partie, Embarquez sur le Net, va vous expliquer plus en détail comment fonctionnent les plus importantes et les plus utilisées des ressources de l'Internet. Pour la plupart des utilisateurs, le plus difficile est probablement de parvenir à réaliser leur première connexion, c'est-à-dire de mettre en place les logiciels nécessaires, de les configurer correctement et d'utiliser un modem. Ceci fait, le reste est (relativement) facile.
- Dans la troisième partie, Webmania, nous allons effectuer une plongée dans le World Wide Web (la toile d'araignée mondiale, familièrement désignée par le raccourci Web). C'est la composante de l'Internet qui a le plus contribué à sa popularité. Nous verrons comment l'exploiter, comment y trouver les informations que l'on cherche, comment faire des achats en ligne et comment y apporter sa contribution sous forme d'une ou plusieurs pages Web personnelles.
- La quatrième partie, L'essentiel de l'Internet, aborde quelques autres des services offerts par l'Internet : le courrier électronique (e-mail), les systèmes de messages instantanés, les salons

de conversation (chat) et, d'une façon générale, le moyen d'y découvrir des tas de choses intéressantes comme les listes de diffusion (mailing lists) et le téléchargement de fichiers de toute nature.

- La cinquième partie, Les dix commandements, propose un résumé des références essentielles. Ce qui ne signifie pas que le reste du livre soit absolument dépourvu d'intérêt !

Suivez le guide !

Là, vous allez découvrir une astuce, un raccourci ou toute autre info qui vous facilitera la vie et vous fera gagner du temps.

Attention, danger ! Faites en sorte que ça ne vous arrive pas !

Ce pictogramme pointe sur une ressource du World Wide Web que vous pouvez atteindre avec votre navigateur.

Et maintenant ?

Un dernier mot : partout où nous parlerons de Windows, il s'agit bien sûr de ce système d'exploitation qu'on appelle en raccourci "Windows 32 bits", c'est-à-dire Windows 98, NT, Millenium, 2000 et le tout récent XP. Adieu, donc, Windows 3 ou 3.1, lesquels, en ce qui concerne l'Internet, représentent l'âge de la pierre taillée.

Première partie

Bienvenue dans le cybermonde !

"C'est arrivé à l'époque où on s'est abonné à un service en ligne."

Dans cette partie...

Nous allons commencer par voir ce qu'est l'Internet et comment il est devenu ainsi. Nous vous expliquerons ce qui s'y passe, ce que les gens y font et en quoi cela peut vous intéresser. Nous traiterons également de l'utilisation de l'Internet au sein de la famille, avec un regard tout particulier sur le meilleur usage que les enfants peuvent en faire.

Chapitre 1

Le Net, qu'est-ce que c'est ?

Dans ce chapitre :

- Inter-Net (ou interconnexion de réseaux).
- Posez par terre, on va l'trier !
- Quelques histoires vraies.
- Qu'est-ce qui fait la différence ?
- Le commerce électronique.
- Quelques idées sur la sécurité et l'intimité.

Une grande partie de ce que vous allez découvrir est entièrement nouveau. Prenez le temps de lire, de relire et de comprendre. Certains préfèrent parcourir un livre en diagonale pour avoir une vague idée de ce qu'ils vont y découvrir. D'autres y cheminent pas à pas. Quel que soit votre style, rappelez-vous qu'ici *tout est neuf.* Vous n'êtes pas censé tout comprendre du premier coup.

Même si vous êtes rompu à la pratique quotidienne de l'informatique, vous allez trouver l'Internet réellement différent de tout ce que vous avez rencontré jusqu'ici. L'Internet n'est pas un *package logiciel* et ne se prête pas facilement à une explication sous forme d'instructions et de commandes à exécuter dans un ordre prescrit, comme pour un programme particulier. Le Net ressemble davantage à un organisme vivant et en pleine mutation qu'à un quelconque Word ou Excel qui, sagement installés dans un coin de votre machine, s'occupent de leur travail et de rien d'autre.

Inter-Net (ou interconnexion de réseaux)

Revenons au Net (on abrège souvent *Internet* en *Net*). C'est plutôt un concept qu'une réalité matérielle. Pour simplifier, disons que c'est un réseau de réseaux (une interconnexion de réseaux : le plus grand réseau mondial d'ordinateurs).

Un *réseau* d'ordinateurs est constitué par une quantité variable d'ordinateurs connectés les uns aux autres par quelque moyen que ce soit. Conceptuellement, c'est comme un réseau d'émetteurs de télévision ou de radio. Radio Classique, par exemple, a des émetteurs locaux un peu partout en France, dont les fréquences se répartissent sur la bande FM – Paris, c'est 101.1 –, qui diffusent tous le même programme. France 3 a des réémetteurs régionaux qui, à l'exception de décrochages ponctuels, diffusent, eux aussi, les mêmes films, séries B et autres.

Mais n'allez surtout pas prendre cette analogie au pied de la lettre. Les réseaux radio ou TV diffusent la même musique, les mêmes informations, les mêmes feuilletons, alors que, dans un réseau informatique, chaque machine conserve son individualité. A la différence des réseaux de réémetteurs, les réseaux d'ordinateurs fonctionnent *à l'alternat* : quand la machine A envoie un message à la machine B, B peut renvoyer une réponse à A. Et à A seulement. (Mais, comme nous le verrons, on peut aussi s'adresser à la collectivité.)

En fait, l'Internet est un réseau de réseaux, tous sur un pied d'égalité. Depuis deux ou trois ans, le taux de croissance des connexions à l'Internet est devenu comparable à ce qu'a été celui des téléviseurs aux Etats-Unis dans les années 50 (et en France, dans les années 70). On estime aujourd'hui à plus de 100 millions le nombre d'ordinateurs sur le Net, avec probablement 400 à 500 millions d'utilisateurs ; ce nombre évoluant à un taux oscillant entre 40 et 50 % par an.

Posez par terre, on va l'trier !

Un peu partout, vous avez sans doute remarqué que les gens *in* échangeaient maintenant non plus leurs *coordonnées* (adresse postale, numéro de téléphone) mais leurs *adresses électroniques*. Des radios vous proposent leur adresse e-mail, des entreprises leur site Web (commençant par www et finissant par le fameux "point com" ou "point fr"), et des étrangers vous demandent même si vous avez votre page personnelle sur le Web. Les gens sont aujourd'hui branchés ou en passe de l'être, et dans tous les sens du terme. Mais parlent-ils bien du même "réseau des réseaux" ? Oui, et plus encore.

L'Internet représente un nouveau moyen de communiquer qui affecte notre existence à une échelle comparable au téléphone et à la télévision. Les possibilités de l'Internet évoluent si rapidement que nous ne pouvons vous en donner une liste complète dans ce chapitre. Nous nous proposons toutefois de vous en présenter quelques-unes.

- **Le courrier électronique *(e-mail)*.** C'est sans doute le service le plus largement utilisé. Il vous permet de correspondre avec des millions de gens, un peu partout dans le monde. Vous l'utilisez comme hier vous utilisiez le fax, les services de coursiers, le téléphone ou le courrier postal traditionnel : pour bavarder, échanger des recettes de cuisine, parler d'amour, colporter des ragots... Il existe aussi des *mailing lists* (listes de diffusion) qui vous permettent d'envoyer le même message, en même temps, à un groupe de personnes partageant le même centre d'intérêt. Des *serveurs de courrier*, des programmes répondant automatiquement aux messages e-mail, vous permettent de recevoir toutes sortes d'informations. Pour plus de détails, voyez les Chapitres 10, 11 et 12.

- **Le World Wide Web (le Web, en abrégé).** Quand, autour de vous, vous entendez parler de *surfer sur le Net*, cela signifie que vos interlocuteurs se branchent sur des *sites informatiques de type multimédia interconnectés pour constituer une hyperbase de données mondiale* (ouf !). En fait, les gens parlent plus du Web que du Net bien que ce ne soit pas tout à fait la même chose, un peu comme on parle de "transistor" pour désigner un poste récepteur fonctionnant avec *des* transistors.

  Le Web propose du texte, des images, du son, des animations, des programmes, des jeux... tout ce que vous pouvez désirer ou presque. Et tout cela à portée de clic de votre souris. Le taux de croissance du Web est supérieur à tout ce que vous pouvez imaginer. De nouveaux sites apparaissent toutes les minutes. En 1993, lors de la première édition de cet ouvrage, on en comptait 130. Aujourd'hui, on parle de centaines de millions et les statistiques indiquent que ce nombre double à peu près tous les deux mois.

  Le programme qui permet de consulter le Web est appelé *navigateur* (en anglais : *browser*). Les navigateurs les plus populaires sont Netscape Navigator et Internet Explorer (de Microsoft). Pour plus de détails, consultez les Chapitres 5 et 6.

- **Les conversations en ligne (*chatting*).** Les gens peuvent communiquer (au moyen du couple écran/clavier) d'un point du globe à l'autre et parler ainsi de n'importe quel sujet. Pour cela, ils entrent dans des *salons de conversation virtuels* (chat rooms) où se trouvent déjà leurs interlocuteurs. Nous vous en dirons davantage au Chapitre 14. Nous parlerons également de programmes de messagerie instantanée, tels que ICQ, qui vous permettent de contacter des amis ou associés en temps réel, au Chapitre 14.

- **La recherche d'informations.** Beaucoup de sites informatiques proposent des bases de données dont l'accès est gratuit. Depuis les décisions de la Cour suprême des Etats-Unis jusqu'aux catalogues d'éditeurs en passant par des photographies numérisées (de toute nature, pas toutes à usage familial). Et, surtout, des tonnes de logiciels et de jeux vidéo.

  Le problème, avec cette masse d'informations, c'est d'extraire l'aiguille (ce que vous recherchez) de la meule de foin (ce que l'Internet met à votre portée). Pour vous y aider, il existe des outils spécifiques : *moteurs de recherche*, *index* et *répertoires*. Beaucoup de gens s'efforcent de réaliser des index de plus en plus rapides et "intelligents". Nous vous parlerons des deux qui sont les plus utilisés : AltaVista et Yahoo!

- **Le commerce électronique.** C'est La Redoute + le Minitel transposés sur Internet. Il existe des logiciels permettant de faire circuler un numéro de carte de crédit sans danger sur Internet. Nous traiterons ce sujet plus à fond au Chapitre 8.

- **Intranets, extranets et portails.** Lorsque les entreprises comprirent que l'Internet était une invention géniale, elles intégrèrent le courrier électronique et les technologies du Web à leurs propres réseaux internes et appelèrent ces maillages : *intranets.* Ensuite, après s'être rendu compte que ces technologies pouvaient être utilisées au sein de leurs entreprises, certaines imaginèrent qu'elles pouvaient également les employer pour travailler avec leurs clients, fournisseurs et autres partenaires professionnels. Dans la mesure où ces technologies n'étaient plus seulement "intra-muros", on appela cette nouvelle mutation *extranets*. Enfin, les entreprises pensèrent qu'elles pouvaient partager le même site virtuel et commencèrent à rassembler leurs services sous la même bannière, dans un même centre d'affaires, et parce que ces groupes de services n'avaient qu'un seul point d'entrée, on les appela *portails*. Nous reparlerons de tout ça au Chapitre 2.

Quelques histoires vraies

En septembre 1998, lorsque le procureur Kenneth Starr a soumis son rapport sur "l'affaire Clinton" à la Chambre des députés, ce rapport a été proposé le même jour sur le Web, permettant ainsi à des millions d'utilisateurs de le consulter dans le monde entier.

Au cours des troubles intérieurs que connut l'ex-URSS en 1991, un petit fournisseur d'accès, RELCOM, qui avait une connexion avec la Finlande et, par là, avec le monde entier, se trouva être le seul moyen de savoir ce qui se passait réellement parce que le téléphone était coupé et que les journaux ne paraissaient plus.

La recherche médicale se sert de l'Internet pour mettre à jour les bases de données continuellement changeantes sur les épidémies.

Lors de la reprise des essais nucléaires par la France, Américains, Néo-Zélandais, Australiens, Anglais et quelques autres ont inondé le Net de messages de protestation. Principalement à destination des établissements de recherche et des ministères. C'est ce qu'on appelle la technique du *bombing*, qui vise à saturer les accès Internet du destinataire à qui on cherche à nuire.

Dernier exemple : fin janvier 96, le livre du docteur Gubler *Le Grand Secret* fut attaqué par la famille de feu le président Mitterrand et sa diffusion interdite. Quelques jours plus tard, on pouvait en prendre connaissance sur le serveur Web d'un cybercafé de Besançon dont le tenancier fut incarcéré peu de temps après pour avoir omis de payer une pension alimentaire. Le lendemain, on trouvait ce texte sur un serveur anglais et deux serveurs américains.

Qu'est-ce qui fait la différence ?

L'Internet est différent des autres médias que nous connaissons. On y côtoie des gens de tous âges, de toutes couleurs et de tous pays qui y échangent librement leurs idées, leurs histoires, leurs données, leurs opinions et leurs produits.

Tout le monde peut y accéder

L'Internet est sans doute le moyen de communication le plus ouvert de la planète et son usage de l'Internet est gratuit. Enfin presque, car il faut – sous une forme ou une autre – payer le prix de la communication téléphonique qui permet de s'y raccorder. Si vous ne disposez pas déjà d'un accès au Net à l'intérieur de votre entreprise, de votre école, de votre entreprise..., vous devrez recourir aux bons offices d'un *fournisseur d'accès*, intermédiaire obligé entre vous et le Net. Nous parlons de ces services et de leur coût au Chapitre 4.

Il est politiquement, socialement et religieusement correct

L'Internet n'est pas "socialement stratifié". C'est-à-dire qu'aucun ordinateur n'est "meilleur" qu'un autre et que personne n'est "meilleur" que son voisin. C'est à vous de donner de vous-même une image véridique au moyen de votre clavier. Si ce que vous dites vous fait paraître sensé, voire intelligent, c'est parce que vous êtes ainsi. Qui que vous soyez, les handicaps physiques et sociaux s'estompent. Grâce à l'Internet, les muets peuvent parler et les sourds entendre. Et s'ils ne vous le "disent" pas, bien malin qui le devinera : "Sur l'Internet, personne ne sait que je suis un chien."

Le Net a-t-il un net avantage ?

D'une année sur l'autre, la technologie s'améliore : elle devient à la fois plus fiable, plus rapide et plus facile à utiliser. Mais ce qui change le plus, ce sont les utilisateurs et ce qu'ils font avec le Net. De "Oui, c'est intéressant...", on est passé à : "Je me demande si je ne pourrais pas trouver quelque chose là-dessus sur le Net..."

Voici quelques-uns des usages les plus fréquents de l'Internet :

- **Recherche de personnes.** Si vous avez perdu trace de la tendre amie de votre enfance, voilà maintenant une chance de la retrouver où qu'elle soit dans le pays. Vous pouvez utiliser à cette fin un des nombreux services de recherche pour consulter tous les annuaires téléphoniques disponibles. Cependant, ne fondez pas trop d'espoir sur cet outil de recherche, comme nous le verrons au Chapitre 8.
- **Recherche d'adresses commerciales, de produits et de services.** De nouveaux types d'annuaires vous permettent de trouver une entreprise en faisant une recherche par type d'activité. Beaucoup de gens s'en servent pour trouver des cadeaux rares.
- **Recherche d'informations.** Les cabinets d'avocats ont découvert qu'une grande partie des informations qu'ils payaient une fortune à des officines spécialisées pouvaient se trouver pour

presque rien sur le Net. Les investisseurs immobiliers utilisent des données démographiques, associées à des statistiques de chômage pour savoir où ils peuvent opérer avec toutes chances de réussite. Les chercheurs en génétique et dans les autres domaines échangent des résultats scientifiques sur le monde entier. Les entreprises commerciales établies et potentielles "espionnent" leurs concurrents sur le Net. Les gouvernements font de même mais avec des moyens d'"écoute" bien plus puissants.

- **Enseignement**. Certains enseignants coordonnent leurs projets pédagogiques avec d'autres classes du monde entier. Les étudiants éloignés de leur famille communiquent avec celle-ci par le courrier électronique, ce qui diminue leurs dépenses de téléphone. Les étudiants font des recherches à l'aide de leur ordinateur familial.
- **Voyages**. La plupart des agences de voyage utilisent le Web pour informer leurs clients de leurs programmes et de leurs voyages organisés. On y trouve aussi des informations météorologiques, des horaires de trains, des billets d'avions et les heures d'ouverture des musées.
- **Marketing et vente.** Les éditeurs de logiciels vendent leurs produits et proposent des mises à jour sur le Net. Les ventes de livres et de disques par correspondance permettent de choisir à partir de chez soi, sans avoir à se déranger.
- **Amour.** Le Net peut aussi servir à pousser la romance. Les sites pour célibataires et les agences matrimoniales fleurissent un peu partout.
- **Santé.** Patients et docteurs se tiennent au courant des tout derniers progrès de la médecine, partagent leur expérience et se réconfortent mutuellement à l'occasion de leurs problèmes de santé.
- **Investissements.** Les achats et ventes d'actions se font couramment sur Internet. Certaines entreprises ont pignon sur Web et y vendent directement leurs actions. Les investisseurs sont à la recherche de nouvelles occasions de faire fortune et les jeunes entreprises dynamiques à la recherche de capitaux.
- **Organisation de manifestations.** Les organisateurs de conférences et de salons commerciaux considèrent le Web comme un excellent moyen de répandre leurs informations, de lancer des appels aux communications et de prendre les inscriptions des

participants. Les informations diffusées sont bien plus à jour et les frais postaux considérablement réduits.

- **Organisations sans but lucratif.** Eglises, synagogues et autres communautés y font leur propagande. Finie l'époque des missionnaires itinérants !

Le commerce électronique

Bien des choses ont été dites sur cette nouvelle forme de vente par correspondance qu'est le commerce électronique. Le problème réside dans la façon de payer. "Tapez le numéro de votre carte de crédit" a de quoi faire fuir ceux qui ont une certaine tendance à la paranoïa. Reportez-vous au Chapitre 9 pour en savoir davantage sur ce sujet.

La sécurité en général

Malgré tout le tapage fait autour des risques engendrés par l'utilisation de cartes bancaires sur le Net, nous n'avons jamais rencontré un seul cas de numéro de carte volé au cours d'une transaction sur Internet. Si vous avez l'habitude d'utiliser votre carte de crédit dans un climat de confiance, il n'y a aucune raison pour que vous ne fassiez pas de même sur Internet, simplement parce que c'est un nouveau média. Nous vous recommandons toutefois de prendre quelques précautions en lisant pour cela le Chapitre 9 qui traite des achats sur le Web avec ou sans carte de crédit.

Quelques idées sur la sécurité et l'intimité

L'Internet est un lieu étrange. D'une certaine façon, il est totalement anonyme, et d'une autre il ne l'est pas du tout. Autrefois, les gens adoptaient des noms d'utilisateurs (*usernames*) ayant une étroite ressemblance avec leur véritable identité, ce qui permettait une identification facile. Aujourd'hui, on ne sait plus à qui on a affaire car, d'un côté, vous n'avez pas toujours le libre choix de votre nom d'utilisateur et, de l'autre, lorsque vous ne subissez pas cette contrainte, rien ne vous empêche d'adopter comme *username* n'importe quelle combinaison de lettres et/ou de chiffres autorisée.

Selon votre personnalité et l'utilisation que vous faites du Net, il est vrai que vous pouvez souhaiter vous présenter sous des noms différents : l'usage des *noms de plume* n'est pas nouveau. Cependant, sachez qu'il est possible de remonter à la source de la plupart des actions effectuées sur le Net. Si vous commencez à abuser du Net, vous découvririez que vous n'êtes pas si anonyme que cela.

Sécurité d'abord

Toutefois, nous vous conseillons de ne jamais utiliser votre nom complet et encore moins de fournir vos coordonnées, nom, adresse et numéro de téléphone, à un étranger sur le Net. Ne faites jamais confiance à qui que ce soit prétendant faire partie de l'assistance technique de votre fournisseur d'accès ou de tout autre organisme vous demandant votre mot de passe : aucune entité légitime ne vous le demandera jamais. Méfiez-vous des organismes qui pourraient se servir de vos coordonnées personnelles pour vous inonder de publicités.

Voici quelques conseils si vous projetez une rencontre avec quelqu'un dont vous avez fait la connaissance sur le Net :

- Parlez à cette personne au téléphone avant de convenir d'un rendez-vous "en vraie grandeur". Si vous n'aimez pas le son de sa voix ou si quelque chose vous inquiète dans son comportement, ne donnez pas suite.
- Convenez d'un rendez-vous dans un endroit public. Dites à quelqu'un où vous allez ou, mieux, emmenez un ami avec vous.
- Si vous êtes un adolescent, allez-y avec un parent. Ne convenez jamais d'un rendez-vous sans le consentement explicite de vos parents.

Protégez votre intimité

Vous pouvez ne pas souhaiter qu'on enrichisse des banques de données avec des éléments concernant votre comportement. Dans les deux sections qui suivent, nous allons être plus clair et voir ce qu'il en est.

Les cookies

Beaucoup de sites de VPC souhaitent pouvoir conserver sur votre propre machine des traces de votre visite et des articles que vous commandez. Pour cela, il existe des *cookies*.

Ces informations peuvent faciliter votre navigation lors d'une prochaine connexion sur ce site, mais elles peuvent aussi vous causer quelques ennuis. Certains de ces cookies sont réellement très utiles. Par exemple, lorsque vous faites une réservation auprès d'une compagnie aérienne, son serveur utilise un cookie pour enregistrer le vol sur lequel vous avez effectué votre réservation et le séparer des réservations faites par d'autres clients au même moment. D'un autre côté, supposons que vous utilisiez votre carte de crédit pour acheter quelque chose sur un serveur Web et que le site se serve d'un cookie pour mémoriser votre numéro de carte de crédit. Si vous avez fait cet achat depuis votre ordinateur professionnel et que quelqu'un d'autre utilise votre machine, il pourra fort bien faire ses achats sur votre compte.

Il est sans doute vrai que les cookies peuvent faciliter votre navigation sur le Web. Chaque serveur Web peut vous proposer des cookies. Certains (les sites bancaires, par exemple) peuvent même vous les imposer.

Netscape Navigator désigne les fichiers de cookies sous le nom `cookies.txt` tandis qu'Internet Explorer les appelle `lemien@xxx.txt`, où `xxx` représente le nom du serveur qui a déposé le cookie. Sur les Macintosh, leur nom est `MagicCookie`. Vous pouvez supprimer un fichier de cookies, le navigateur en recréera un nouveau, vide. Les navigateurs courants peuvent vous renseigner sur les intentions de dépôt du serveur, pour peu que vous ayez activé les options de sécurité prévues à cet effet.

Contrairement à ce que certains croient, les fichiers de cookies ne peuvent pas glaner d'autres informations présentes sur votre disque dur. Ils ne peuvent que collecter des informations données par le navigateur.

En plus du fichier de cookies, Internet Explorer conserve un historique des visites que vous avez faites sur le Web. (Regardez dans le dossier d'Internet Explorer ce que contient le répertoire `history`.) Si quelqu'un d'autre que vous utilise votre machine, vous pouvez souhaiter supprimer ce fichier si vous ne voulez pas qu'on sache quelles sont vos fréquentations sur le Web.

En France, la Cour de cassation, dans un arrêt rendu le 2 octobre 2001, assimile l'utilisation du courrier électronique à celle du courrier ordinaire, et interdit en conséquence aux entreprises de violer la confidentialité d'éventuelles communications privées de leur personnel via l'Internet. Ce qui est difficile est de faire la distinction entre ce qui est "communications privées" et "communications professionnelles".

Le chiffrement et PGP

Il faut savoir que les messages électroniques passent au travers de nombreux nœuds de communication tous équipés d'ordinateurs et où il est (théoriquement) facile de pratiquer l'espionnage. Sans oublier l'administrateur du système que nous utilisons (celui de notre entreprise ou celui de notre fournisseur d'accès) qui a toute facilité pour prendre connaissance de tout ce qui se promène sur ses disques durs. Un courrier électronique est l'équivalent d'une carte postale : beaucoup de gens peuvent en lire le texte.

Il existe un procédé appelé PGP (*Pretty Good Privacy*), inventé il y a quelques années par un chercheur américain, Phil Zimmermann, qui, par la méthode des clés publique et privée, assure un chiffrement très difficile à décoder par quiconque ne possède pas la bonne clé. Son utilisation n'est pas totalement libre. Nous vous suggérons de consulter le site Web du DCSSI (Direction centrale des systèmes d'information) à l'URL `http://www.scssi.gouv.fr/fr/`. Son utilisation est assez compliquée et nous n'avons pas la place de l'expliquer dans ce livre.

[illegible]

Chapitre 2

L'Internet à la maison, au bureau, à l'école ou pour s'amuser ?

Dans ce chapitre :

- Le Net à la maison.
- Le Net au bureau.
- Intranets, extranets et portails.
- Le Net à l'école.
- Le Net pour se distraire.

Ce chapitre se propose de vous présenter quelques exemples d'utilisation du Net. Nous vous indiquerons seulement ce que vous pouvez y faire ; pour savoir comment vous y prendre, vous devrez continuer votre lecture.

Le Net à la maison

Le Net modifie notre mode de vie de nombreuses façons. Par exemple, si vous êtes à la recherche d'une maison ou d'un appartement, vous pouvez directement prospecter de chez vous via les listes proposées par les agences immobilières possédant des sites Web. Vous pouvez également faire votre demande de prêt, consulter la météo et rechercher un nouvel emploi. Dès votre arrivée dans votre nouvelle demeure, vous pourrez même la décorer avec toutes sortes de meubles dénichés sur le Net ou y trouver les entrepreneurs qui viendront la repeindre, la réparer et livrer les stères de bois pour l'hiver.

L'Internet peut également vous aider dans vos comptes personnels. Vous pouvez télécharger des logiciels de comptabilité très performants. Vous pouvez également calculer vos impôts en ligne, voire, depuis 2002, y faire directement votre déclaration.

Vous pouvez tout acheter sur le Net, des chaussures aux pizzas, et même vous les faire livrer à domicile. Cependant, pour les chaussures, mieux vaut peut-être les acheter sur place, dans un magasin où vous pourrez les essayer.

Le Net au bureau

Que vous le vouliez ou non, l'Internet fait maintenant partie de votre job. De plus en plus d'entreprises l'utilisent pour effectuer toutes les tâches bureautiques quotidiennes. Les courriers électroniques ont remplacé les mémos ; vous enregistrez vos notes de frais en ligne ; vous réservez même vos voyages, commandez des fournitures, envoyez des fleurs (ou des ragots), tout cela en ligne. Vous parlez avec vos collègues sur un *intranet*, communiquez avec vos clients sur un *extranet*, surfez à partir d'un *portail* et travaillez au travers d'un *concentrateur*.

Qu'est-ce que l'intranet et à quoi ça sert ?

Maintenant que chacun sait (plus ou moins) ce qu'est l'Internet, les spécialistes en marketing ont inventé *l'intranet* qui est tout juste la même chose, sauf que c'est le contraire. C'est simplement la transposition de toute la technologie développée depuis les vingt dernières années pour l'Internet à l'intérieur d'une entreprise sur son propre réseau.

Plus spécifiquement, c'est un ensemble de services accessibles seulement depuis l'intérieur d'une entreprise. Alors que le World Wide Web couvre le monde entier, l'intranet est cantonné à l'intérieur d'une organisation particulière, et les pages Web qui y sont distribuées ne sont visibles que par le personnel de l'entreprise sur son réseau local.

Quel est le but recherché ?

A l'intérieur d'une entreprise, l'existence d'un intranet peut contribuer à disséminer des informations importantes concernant l'entreprise elle-même, informations normalement concentrées dans des bases de données sur de gros ordinateurs et qui pourraient profiter à d'autres employés de l'entreprise s'ils savaient qu'elles existent et comment y accéder. Beaucoup estiment qu'avec l'intranet la diffusion des informations est une affaire de semaines, alors qu'avec les outils logiciels habituels il aurait fallu des mois sinon des années. Et en plus, le budget à y consacrer est bien plus réduit.

Lorsqu'une organisation se dote d'un intranet, tous ceux qui sont reliés à son réseau local peuvent en profiter facilement. Tout ce qui concerne cette organisation, et qui peut être rendu sinon réellement public du moins mis à la portée de tous en interne, peut être consulté sans difficulté.

Du bon emploi de l'intranet

Ce que votre entreprise peut réaliser à l'aide d'un intranet n'est limité que par l'imagination des responsables du système. En voici quelques exemples.

- Diffusion rapide des notes de service, d'où économie de beaucoup de papier.
- Les gros manuels qui encombrent les étagères sont beaucoup plus faciles à consulter lorsqu'ils sont en ligne. Et, en plus, ils sont à jour.
- Les catalogues, listes de pièces détachées et tout ce qui y ressemble, sont des candidats parfaits pour une édition sur le Web.
- Si plusieurs personnes travaillent sur le même projet, placer les informations concernant ce projet sur le Web permet à chacun de se tenir au courant presque immédiatement de l'état d'avancement du travail collectif.
- Si votre entreprise apprécie le multimédia, vous pouvez ajouter à votre intranet des animations, des sons et des vidéos directement sur le bureau.
- Enregistrer en ligne ses heures de présence et ses notes de frais fait partie aujourd'hui des tâches intranet routinières.

Intra ou extra ?

Installez un Internet dans votre entreprise et ça devient un *intranet*. Portez cet intranet en dehors de l'entreprise et vous aurez un *extranet*. L'idée est simple et sa réalisation l'est aussi. Maintenant que tout le monde (ou presque) utilise les techniques de l'Internet *à l'intérieur* des entreprises, la démarche logique suivante a été d'étendre ces facilités à tout l'environnement de l'entreprise : clients, fournisseurs, succursales, filiales... En somme, un *Internet privé* auquel seuls peuvent accéder certains utilisateurs. Il n'en fallait pas davantage pour créer le mot *extranet*.

Quelle importance ?

L'Internet affecte la façon dont notre monde évolue. Par exemple, vous discutez maintenant avec vos partenaires commerciaux habituels au moyen du Net plus souvent qu'à l'aide du téléphone. De nombreuses entreprises se sont aperçues qu'elles pouvaient limiter les frais d'assistance et de service après-vente qu'elles proposaient à leurs clients en mettant en place des rubriques spécialisées sur leur site Web. Bien que ces nouveaux services vous apparaissent comme de l'Internet banal, il s'agit là en réalité d'extranet – une manière de connecter des systèmes internes avec l'extérieur.

Un autre avantage important de l'extranet est qu'il est bien plus facile à sécuriser, c'est-à-dire à protéger contre toute inquisition extérieure. Seuls les gens autorisés ont accès à ce qui s'y trouve.

En pratique

Voici quelques-unes des façons dont on peut utiliser les extranets. Votre imagination pourra sans doute en trouver d'autres :

- Bulletins d'information, communiqués de presse, annonces de nouveaux produits et toutes autres sortes d'informations envoyées auparavant par le courrier postal ou par fax.
- Catalogues et brochures, ce qui amène une sérieuse diminution des coûts d'impression et en facilite la mise à jour.
- Enregistrement des commandes en ligne, assurant ainsi un meilleur suivi.
- Réponses aux questions le plus souvent posées (FAQ) consultables par tout un chacun, ce qui élimine un grand nombre d'appels téléphoniques.

Un port(ail) dans la tempête

On s'est dit qu'on pouvait rassembler de nombreuses informations différentes en un même point d'accès. A partir de ce point d'entrée (ce *portail*), vous pouvez faire toutes sortes de choses sans avoir besoin de surfer d'un endroit à un autre. Prenons un exemple. Yahoo!, un site

Web qui était à l'origine un répertoire (vous aidant à trouver des adresses sur le Web – voyez le Chapitre 8), fut l'un des premiers sites à ajouter d'autres types de rubriques à son environnement. En plus des recherches habituelles, vous pouvez envoyer et recevoir du courrier électronique ou participer à des enchères. L'un des avantages offerts par un portail Internet est qu'il peut rassembler différentes entreprises ou fonctions en un même lieu. L'objectif premier des entreprises qui créent un portail est probablement de vous faire prisonnier de leur site, qui sera dès lors votre point de départ et d'arrivée sur le Net. Elles pensent qu'ainsi vous lirez les infos qu'elles proposent et achèterez les produits qu'elles présentent sans aller les chercher ailleurs.

Le Net à l'école

En quelques années, l'Internet s'est tranquillement (aux Etats-Unis) ou péniblement (en France) frayé un chemin dans la plupart des établissements scolaires quels qu'ils soient, même si nous n'en voyons pas vraiment l'intérêt pour les plus petits. (Nous en reparlerons plus en détail au Chapitre 3.) Outre l'opportunité évidente d'effectuer des recherches sur le Net, l'Internet à l'école facilite le travail de groupe et offre un excellent moyen de communication entre parents, professeurs et étudiants.

Le Net pour se distraire

Pour certains, l'Internet est la plus géniale des aires de jeux et de loisirs. Et, là encore, les moyens mis à notre disposition évoluent sans cesse. Vous pouvez rencontrer des personnes partageant les mêmes centres d'intérêt que vous, jouer à toutes sortes de jeux interactifs ; vous pouvez pénétrer dans des mondes virtuels en trois dimensions ; vous pouvez parler différentes langues (si vous les connaissez, bien sûr !) et rencontrer virtuellement des gens situés de part et d'autre du globe. Ou vous pouvez tout simplement surfer.

Chapitre 3

Le Net, vos enfants et vous

Dans ce chapitre :

- L'Internet et la vie de famille.
- Quelques règles à respecter.

Nous pensons qu'une petite discussion sur l'Internet à la maison s'impose. Bien évidemment, si cela ne vous concerne pas, n'hésitez pas à passer votre chemin et rendez-vous au Chapitre 4.

L'Internet et la vie de famille

La plupart des parents se demandent encore en quoi l'Internet peut bien leur être utile et quelles en sont les implications pour eux et leur famille. Bien que personne n'ait de réponse absolue dans ce domaine, nous pouvons en tracer les grandes lignes et mettre en évidence les avantages que nous y trouvons et les éventuels inconvénients.

Les mille et une facettes de la maison-net

Voici quelques exemples illustrant les intérêts de l'Internet à la maison :

- Il fournit des informations sur tous les thèmes imaginables.
- Il permet de rencontrer de nouvelles personnes et de découvrir de nouvelles cultures.
- Il facilite la lecture, l'écriture, les recherches et l'apprentissage des langues étrangères.

- Il peut apporter un soutien aux familles ayant des handicaps ou des besoins spécifiques.
- Il offre un nouveau moyen d'expression artistique.

Toutefois, tout ce qui est nouveau n'est pas forcément merveilleux, et tout ce qui est merveilleux n'est pas forcément nouveau et en matière d'éducation, nous devons être très prudents. De quel type d'enfants parlons-nous ? Jeunes enfants ? Préadolescents ? Adolescents ? Ce qui convient à un groupe n'est pas forcément bon pour un autre, aussi la suite de cette section s'intéresse-t-elle plus précisément à l'utilisation du Net en fonction des différentes tranches d'âge.

L'Internet pour les tout-petits

Nous sommes de fervents défenseurs de l'enfance traditionnelle, dans le sens où nous laissons nos enfants être des enfants et pensons que les enfants sont de meilleurs professeurs que les ordinateurs. Nous estimons que la tranche d'âge de zéro à sept ans doit être tenue à l'écart. Nous recommandons pour vos enfants autant d'assistance (humaine) que possible, et sommes fermement convaincus que les ordinateurs font de bien piètres baby-sitters.

L'Internet pour les 10-18

A notre avis, l'Internet convient beaucoup mieux aux enfants un peu plus âgés (à partir de 10 ans et plus) sous réserve que le temps passé par vos enfants sur le Net soit contrôlé. Les enfants doivent pouvoir communiquer avec d'autres êtres humains. Les jeunes qui souffrent d'un problème de communication se réfugient bien trop souvent derrière des écrans (télé, ordinateur ou autre) et ceci ne favorise pas leur sociabilité.

Avant tout, assurez-vous également qu'ils connaissent bien les règles de sécurité appliquées au Net :

- Ne jamais révéler son identité ; n'utiliser que son prénom et jamais son nom, son adresse, numéro de téléphone ou le nom de son école. (Et ne jamais dire à personne son mot de passe.)
- Ne pas accepter de parler à quelqu'un au téléphone ou de le rencontrer en personne sans en aviser au préalable ses parents.
- Ne pas croire que ce qu'ils entendent dire est nécessairement la vérité.

- Si quelqu'un l'effraie ou le met mal à l'aise, qu'il le dise à ses parents (tout particulièrement si cette personne lui dit de n'en rien faire).

Ces mises en garde une fois faites, l'Internet est un incroyable moyen d'étendre les frontières de l'école. Le Net peut les relier à d'autres écoles et bibliothèques, sources de recherche, musées et personnes.

L'Internet pour les étudiants

De nombreuses universités proposent à leurs étudiants et à leur personnel des accès Internet gratuits ou à très bas prix. Certaines facs et grandes écoles proposent des sites dans lesquels professeurs et étudiants peuvent partager et mettre à jour des fiches de renseignements, ce qui est généralement fort apprécié.

L'Internet, et plus particulièrement le courrier électronique, est un très bon moyen pour les parents et leurs enfants de conserver le contact pendant leurs études. En outre, les familles ont tendance à moins se disputer lorsqu'elles communiquent par e-mail. Bizarrement, lorsque les gens prennent le temps de réfléchir avant de parler, ils disent beaucoup mieux ce qu'ils pensent...

Le répertoire des universités

La plupart des écoles et universités ont aujourd'hui leur site Web sur le Net. Pour une liste des sites créés par les universités françaises, par exemple, vous pouvez consulter la page Web `www.education.gouv.fr/sup/univ.htm` du ministère de l'Education. N'hésitez pas à visiter ce site qui contient une multitude d'informations et d'autres liens utiles dans le domaine éducatif. Vous pouvez aussi consulter la page des projets éducatifs à l'adresse `http://www.educnet.education.fr/superieur/`.

Un job en ligne

Le Net constitue également un formidable outil de recherche d'emploi. Il s'avère particulièrement utile aux étudiants, car il leur permet de mener leurs recherches le plus facilement et économiquement possible. Ils peuvent aussi publier leur C.V. en ligne à l'attention d'éventuels employeurs. Il existe de plus en plus de sites Web consacrés à l'emploi. Consultez les moteurs de recherche (décrits au Chapitre 8) pour trouver leurs nombreuses adresses.

Notons tout particulièrement les sites de l'Agence nationale pour l'emploi (`www.anpe.fr`) et les nombreux sites pour l'emploi des cadres (`http://www.cadremploi.fr/`, `http://www.cadremploi.com/`, `http://www.job50.fr/`, `http://www.1jobforyou.com/entree.asp`, ...).

Visitez les pages d'accueil des entreprises qui vous intéressent. Si elles ont des postes à pourvoir, vous en trouverez probablement une liste quelque part, souvent sous la forme d'un lien marqué *X recrute* (où *X* est le nom de l'entreprise).

Quelques règles à respecter

Le problème du type d'informations accessibles aux enfants est au premier rang des préoccupations parentales. Surtout pour les sites essayant de leur vendre directement tel ou tel produit.

Comment guider vos enfants

Il n'y a pas mieux qu'une surveillance parentale lorsqu'il est question de l'accès au Net. Tout comme les parents souhaitent que leurs enfants lisent de bons livres et voient des films de qualité, vous voulez également qu'ils trouvent les bonnes informations sur le Net. Si vous prenez le temps de les trouver avec eux, vous aurez l'opportunité de partager cette expérience tout en leur inculquant le sens des valeurs et de la critique.

Fort heureusement, les "bonnes choses" disponibles sur le Net sont encore beaucoup plus nombreuses que les "mauvaises". Etablissez des règles pour votre famille. Définissez les zones hors limite, déterminez les durées de connexion et soyez très explicite quant au type de données que vos enfants peuvent échanger sur le Net.

Utiliser le Net, comme regarder la télé, est une expérience solitaire, vous devez donc établir des limites tout en laissant à vos enfants la liberté dont ils ont besoin pour explorer le cybermonde. Certaines familles préfèrent installer leur ordinateur dans une pièce commune plutôt que dans la chambre des enfants. Quel que soit l'endroit choisi, ne laissez pas l'écran devenir le baby-sitter de votre enfant.

Définir les limites

Si vous ne laissez pas vos enfants regarder la télé en permanence, il n'y a pas non plus de raison pour que vous les laissiez utiliser le Net en permanence. On connaît tous des enfants scotchés à un écran du matin au soir et qui semblent vivre davantage dans un monde virtuel qu'avoir pied dans le monde réel. Faites en sorte que ce ne soit pas le cas du vôtre.

Les outils disponibles

De plus en plus de produits (nous en comptons une cinquantaine) destinés à aider les parents à restreindre l'accès au Net ou à en contrôler l'utilisation apparaissent sur le marché. Si vous choisissez d'utiliser l'un de ces systèmes, gardez bien à l'esprit qu'ils ne peuvent en aucun cas se substituer à votre attention personnelle : ils filtrent les informations en fonction de mots clés et de listes prédéfinies par les auteurs du programme. Vous ne connaissez pas exactement les critères de leurs restrictions, et l'idée que vous vous faites de ce qui est approprié ou non peut être très différente de la leur.

Deuxième partie

Embarquez sur le Net

Dans cette partie...

Une fois que vous serez prêt à décoller, dans quelle direction allez-vous partir ? La plus grande difficulté dans l'utilisation de l'Internet, c'est probablement de réussir à s'y connecter. Ici, nous vous expliquons quel type de service Internet vous convient le mieux et nous vous aidons à vous connecter en vous fournissant des instructions spécifiques convenant aux systèmes d'exploitation les plus courants.

Chapitre 4

Internet, me voilà !

Dans ce chapitre :

- Avez-vous un ordinateur ?
- Un modem, dites-vous ?
- Les fournisseurs d'accès.
- La beauté de la bande passante.
- Le choix d'un fournisseur d'accès.
- Revenons aux logiciels.

L'Internet n'est pas un simple réseau, c'est un conglomérat de centaines de milliers de réseaux distincts mais reliés ensemble et ayant chacun ses propres règles et procédures. Vous pouvez accéder au Net via n'importe lequel d'entre eux. Voici quelles sont les étapes de base à suivre :

1. **Commencez par déterminer quel type d'ordinateur vous possédez ou vous pouvez utiliser.**
2. **Voyez quels sont les types de connexion Internet disponibles dans votre voisinage immédiat.**
3. **Fixez-vous un budget moyen.**
4. **Réalisez la connexion et voyez si elle vous convient.**

En d'autres termes, pour réaliser concrètement une connexion Internet, il vous faut :

- Un ordinateur.
- Un modem pour relier votre ordinateur au réseau téléphonique ou au câble. A moins que vous n'ayez un accès à l'Internet par un système de télévision câblée.

- Un abonnement auprès d'un fournisseur d'accès afin d'établir une liaison entre votre propre machine et la Toile.
- Les logiciels nécessaires pour gérer les communications et exploiter votre connexion.

Nous allons examiner ces ressources l'une après l'autre.

Avez-vous un ordinateur ?

Comme l'Internet est un réseau d'ordinateurs, le seul moyen de s'y connecter est d'utiliser un ordinateur. Si vous *utilisez* un ordinateur sur votre lieu de travail et si, en particulier, vous avez accès à une forme quelconque de courrier électronique, il se peut que vous ayez, sans le savoir, une connexion Internet.

N'importe quel ordinateur fera l'affaire

Si votre matériel a plus de trois ou quatre ans, mieux vaut envisager l'acquisition d'un nouvel ordinateur ou d'un ordinateur n'ayant pas plus d'un an. Les ordinateurs sont de moins en moins chers. On en trouve pour moins de 1 200 € dans les grandes surfaces, qui feront parfaitement l'affaire.

ATTENTION !

Certains magasins offrent un ordinateur plus une connexion Internet pour moins d'une centaine d'euros par mois. Mais vous devez alors vous engager à conserver cette connexion pendant au moins un an, ce qui, finalement, risque de se révéler plus onéreux que d'acheter plus cher une machine sans prendre un tel engagement. Car si vous vous apercevez à l'usage que le fournisseur d'accès auquel vous êtes lié n'offre pas une qualité de service satisfaisante, vous serez obligé de le supporter pendant toute la durée de ce contrat.

Oui, j'en ai un tout neuf !

Lorsque vous exécuterez l'un des programmes Internet préinstallés (s'il y en a sur votre machine), votre ordinateur vous proposera d'appeler un fournisseur d'accès et de configurer votre compte par la même occasion. N'en faites rien pour l'instant. Lisez d'abord la suite de ce chapitre pour en savoir davantage.

Il existe une méthode très efficace pour se connecter : la connexion à haut débit desservant les installations de télévision par câble. Vous n'avez rien à faire, c'est un technicien de l'entreprise qui loue le câble qui viendra tout installer chez vous. Mais ce n'est que dans les grandes villes que ça existe. Pour séduisante que puisse sembler cette solution, ce n'est pas nécessairement la meilleure comme nous le verrons un peu plus loin.

Non, mais je vais en acheter un

D'interminables discussions opposent les partisans de tel ou tel type d'ordinateur. Nous n'entrerons pas dans cette querelle de chapelles. Sachez néanmoins que les matériels les plus répandus sont actuellement ceux qui "tournent" sous Windows, toutes moutures confondues. On les désigne généralement sous le terme générique de "PC" (*personal computers*). A côté d'eux, on trouve aussi les Macintosh (Apple, la marque à la pomme) qui représentent moins de 5 % du marché des ordinateurs personnels.

Si vous avez un ami versé dans l'informatique et prêt à vous aider dans votre connexion, envisagez l'achat d'un ordinateur du même typc que le sien. Ainsi, lorsque vous aurez un problème, il sera mieux à même de vous aider.

Non, je n'en ai pas ! Il a même fallu que j'emprunte ce livre

Si vous n'avez pas d'ordinateur, et ne souhaitez pas ou ne pouvez pas en acheter un, il reste encore quelques solutions envisageables.

Les écoles, universités et centres de formation permanente pour adultes offrent une autre solution. En effet, ces établissements proposent parfois des cours d'introduction à l'Internet. Un cours présente deux avantages par rapport à un livre : une démonstration en *direct live* de l'utilisation du Net et, plus important encore, quelqu'un à qui poser des questions sur des points qui demeurent obscurs malgré la lecture d'un livre, si bon, si clair, si divertissant soit-il.

Les *cybercafés* qui fleurissent un peu partout aujourd'hui offrent encore une autre possibilité. Comme leur nom l'indique, ce sont des cafés où, en plus de vous abreuver, on vous loue à l'heure l'usage d'un ordinateur déjà raccordé à l'Internet. Inutile de dire que cette solution n'est à envisager que pour une prise de contact initiale et se révélerait à la fois dispendieuse et impraticable pour une exploitation régulière. On en trouve dans la plupart des grandes villes de France. Tant pis pour vous si vous résidez dans une ville de moins de 10 000 habitants !

De toute façon, évitez d'acquérir ce qu'on appelle un *Netbox*, ou *console Internet*, sorte de boîte noire qui se raccorde au téléviseur au moyen d'une prise Péritel et au téléphone par la prise habituelle. Cette solution, assez courante aux Etats-Unis, n'a toujours pas rencontré chez nous un accueil favorable, probablement à cause de son prix trop élevé et de ses possibilités de diversification trop faibles par rapport à un véritable ordinateur (nous y reviendrons plus loin dans ce même chapitre).

Un modem, dites-vous ?

Eh oui, un MOdulateur-DEModulateur, puisqu'il faut l'appeler par son nom ! C'est un petit boîtier (dans le cas d'un modem externe) ou tout simplement une carte électronique présente à l'intérieur de la boîte de l'ordinateur qui va servir à interpréter et à convertir les signaux électriques transitant entre votre ordinateur et la ligne téléphonique. Dans le premier cas, il faudra connecter votre modem à une prise *série* (appelée aussi RS232) ou à un connecteur USB qui se trouvent au dos de votre ordinateur ; dans l'autre, vous n'aurez généralement rien à faire, car il sera très probablement déjà installé dans la machine.

Si vous n'avez réellement pas de modem et que vous deviez donc en acquérir un, choisissez un modèle externe. D'abord, si jamais vous changez de type de machine (par exemple si vous passez de Mac à PC ou inversement), vous pourrez le réutiliser sans aucune difficulté. Ensuite, vous aurez une idée de ce qui se passe pendant la connexion en observant les petites lumières rouges qui clignotent sur sa façade. Il faudra aussi le raccorder à une prise de téléphone. Ce n'est pas pour autant que vous perdrez l'usage de votre téléphone.

L'une des caractéristiques fondamentales d'un modem est sa vitesse, ou plus exactement son *débit*, c'est-à-dire le nombre de caractères qu'il peut acheminer dans un sens ou dans l'autre par unité de temps. Les modems classiques, dits RTC (réseau téléphonique commuté), sont les plus répandus et offrent des connexions de bas débit. Ce débit s'exprime en *bits par seconde* (bps). Attention à ne pas confondre cette unité avec les *bauds*. Ces débits s'étendent généralement de 2 400 à 56 000 bps (on dit aussi : 56 K, la partie bps étant laissée de côté).

Il existe deux autres solutions : une solution de luxe proposée par France Télécom sous le nom de Numéris qui offre un débit plus élevé en plus des deux voies analogiques traditionnelles au prix d'une augmentation sensible de votre facture téléphonique. Ce n'est réellement justifié que pour une utilisation intensive de l'Internet. Il existe aussi l'ADSL (voir un peu plus bas), qui est maintenant disponible dans une grande partie de notre pays. Nous y reviendrons au Chapitre 5.

Vérifiez que le modem qui vous est vendu comporte bien deux câbles : un pour le relier à la prise téléphonique ; l'autre pour le connecter à votre ordinateur. (En réalité, il y en aura un troisième, destiné à le relier à un petit boîtier que vous devrez enficher dans une prise de courant.) Précisez le type de connexion (série ou USB) dont vous disposez à l'extérieur de votre ordinateur. En cas de doute, préférez la connexion série qui existe toujours alors que l'USB ne se trouve que sur des machines relativement récentes. Enfin, en termes de marques, techniquement tous les modems se valent, à peu de choses près.

Note à l'intention des possesseurs d'ordinateurs portables. Les machines récentes ont presque toujours un modem intégré. Si ce n'est pas le cas de la vôtre, elle possède quand même probablement un connecteur permettant d'enficher des dispositifs au format d'une carte de crédit (appelé PCMCIA). Achetez alors une carte modem qui puisse s'y glisser afin de ne pas avoir à transporter le modem en plus de l'ordinateur. Bien que son coût soit nettement plus élevé, cela en vaut la peine.

Les fournisseurs d'accès

Résumons-nous : vous devez d'abord posséder un micro-ordinateur et un modem, avoir le téléphone et, enfin, souscrire un abonnement auprès d'un *fournisseur d'accès*. Là, vous avez deux choix possibles, trois avec un peu de chance :

- **Choix 1. Abonnez-vous à un service en ligne** (qu'on appelle aussi "fournisseur de contenu") tel qu'AOL. Ces services paraissent plus faciles à utiliser au néophyte et les informations qu'ils proposent sont présentées d'une façon plus organisée. Mais tous ne vous donnent pas accès à l'ensemble des ressources de l'Internet et vous devez utiliser *leur* logiciel. En outre, la demande étant très forte et la montée de leur configuration ayant souvent du mal à suivre, leur accès n'est pas toujours facile, surtout aux heures de pointe.

  Enfin, ce type de connexion relève plutôt du passé, car elle fait appel à des solutions non standard (qu'on qualifie de "propriétaires") et ne vous permet pas de changer facilement de fournisseur d'accès.

- **Choix 2. Abonnez-vous à un fournisseur d'accès (FAI)** qui ne vous propose rien d'autre que l'accès à l'ensemble des ressources de l'Internet, sans aucune valeur ajoutée. Pour utiliser ce compte, vous avez besoin d'un programme de connexion à distance, d'un logiciel de messagerie et d'un navigateur Web (nous expliquerons tous ces termes un peu plus loin dans ce chapitre). Aujourd'hui, la plupart des FAI proposent des programmes de connexion automatisés sous forme de kit de connexion.
- **Choix 3 (avec un peu de chance). Optez pour une connexion haut débit du type ADSL ou câble**. Nous spécifions "avec un peu de chance", car l'ADSL (*Analogic Digital Subscriber Line*), qui permet de faire passer simultanément des données et de la voix sur une ligne téléphonique, et le câble (disponible seulement dans les grandes villes bénéficiant de la télédistribution par câble) ne sont pas disponibles sur tout le territoire national. Si l'accès Internet par le câble télévision est disponible dans votre ville, tout ce que vous aurez à faire sera d'appeler le câblo-opérateur pour prendre rendez-vous avec un technicien qui se chargera de l'installation. Vous serez connecté en permanence sans bloquer votre ligne téléphonique. Si vous choisissez cette option, ne vous réjouissez pas trop vite. Ne manquez pas de lire la section "Connexion par câble", un peu plus loin.

Les fournisseurs de services en ligne (ou fournisseurs de contenu)

Ce sont ceux qui vous proposent une "valeur ajoutée" comme l'accès à des forums privés ou à des bases de données non publiques. Parmi eux, citons de façon non exhaustive : AOL, Club Internet ou Wanadoo. Presque toujours, ils vous proposeront un kit de connexion sur CD-ROM, pour vous "aider" dans l'installation du logiciel nécessaire. Sachez qu'en dehors d'AOL, l'utilisation de ce kit n'est absolument pas obligatoire. La tendance actuelle est à l'ouverture des accès à l'ensemble des ressources proposées par l'Internet.

Voici quelques-uns des bons côtés de ces services en ligne :

- Il est assez facile de s'y connecter et de les utiliser.
- Ils prétendent assurer une assistance de qualité à leurs clients, ce que l'expérience (et la consultation du forum `fr.reseaux.internet.fournisseurs`) ne confirme pas totalement.

Combien ça coûte, tout ça ?

Les deux formules les plus courantes sont la connexion gratuite illimitée, hors communications téléphoniques, et le forfait pour un certain nombre d'heures par mois, communications téléphoniques incluses. Si vous dépassez ce quota, vous devez alors payer chaque minute de connexion supplémentaire à un prix qui est presque toujours inférieur à celui pratiqué directement par France Télécom. Dans la gamme des forfaits, vous trouvez des offres allant de 3 à 50 heures ou plus par mois pour une somme à payer qui fluctue entre 10 et 30 €.

Voyons de plus près à qui s'adressent de façon préférentielle ces deux types de connexion :

- L'accès gratuit hors coût de communication téléphonique intéressera surtout ceux qui ne se connectent que peu à l'Internet, principalement pour envoyer ou recevoir du courrier électronique. Leur consommation excède rarement 3 à 5 heures par mois, et le coût des forfaits pour si peu d'heures n'est pas réellement intéressant.
- Les forfaits intéresseront surtout les internautes assidus, car le coût de la minute de connexion est plus faible qu'avec l'autre formule, pour peu qu'on parvienne, toutefois, à une consommation réelle voisine (en plus ou en moins) du nombre d'heures auquel on a souscrit.

- Ils proposent des écrans d'accueil clinquants exploitant pleinement les possibilités d'une souris.
- Ils offrent des services personnalisés d'information, des forums de discussion privés, voire la vente de "produits dérivés".
- Certains proposent des moyens d'exercer un contrôle parental sur l'accès à leurs prestations.

Voici maintenant quelques-uns des "mauvais côtés" de ces services :

- Ils ne vous permettent pas toujours d'accéder à toutes les ressources de l'Internet.
- Ils filtrent assez souvent les forums auxquels ils vous permettent d'accéder afin d'éviter toute controverse juridique sur des sujets considérés comme sensibles (pédophilie, racisme, révisionnisme, néonazisme...).
- Leur politique de prix est souvent désavantageuse dès que vous dépassez le quota d'heures forfaitaire auquel votre abonnement vous donne droit.

La Figure 4.1 vous présente la page d'accueil de Club Internet lorsque vous n'avez pas souscrit d'abonnement auprès de ce fournisseur d'accès, et la Figure 4.2 ce que vous voyez lorsque vous êtes déjà abonné. La différence se situe dans la colonne de droite. Regardez attentivement ce qui vous y est proposé.

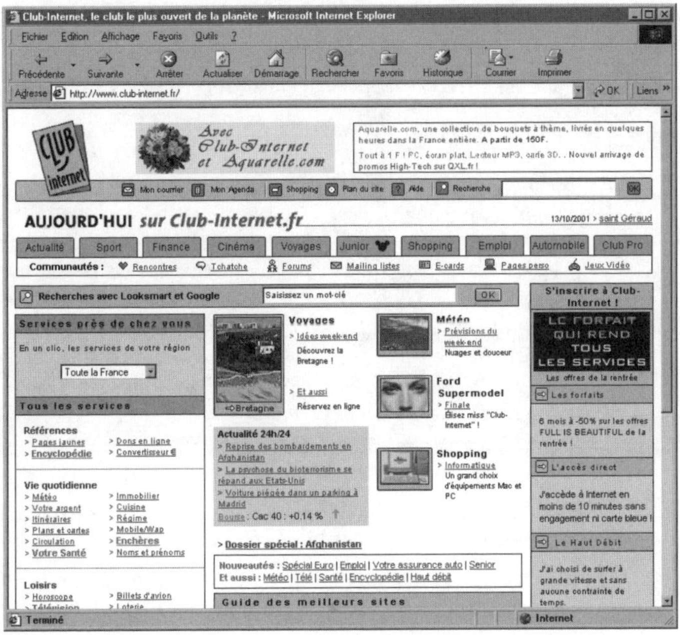

Figure 4.1 : La page d'accueil de Club Internet lorsque vous êtes un "étranger".

L'Internet, tout l'Internet et rien d'autre que l'Internet...

L'autre type de connexion à considérer est la fourniture d'accès "pure et dure", sans rien d'autre, ce que les Américains appellent *ISP* (*Internet Service Provider*). Elle vous fournit de la "connectivité" à l'Internet et rien d'autre. Ici, tout est banalisé et vous ne vous apercevez de la différence d'un fournisseur d'accès à un autre que par la qualité de ses prestations, la facilité et la régularité des connexions, le débit réel de la ligne, la compétence de l'assistance technique, etc.

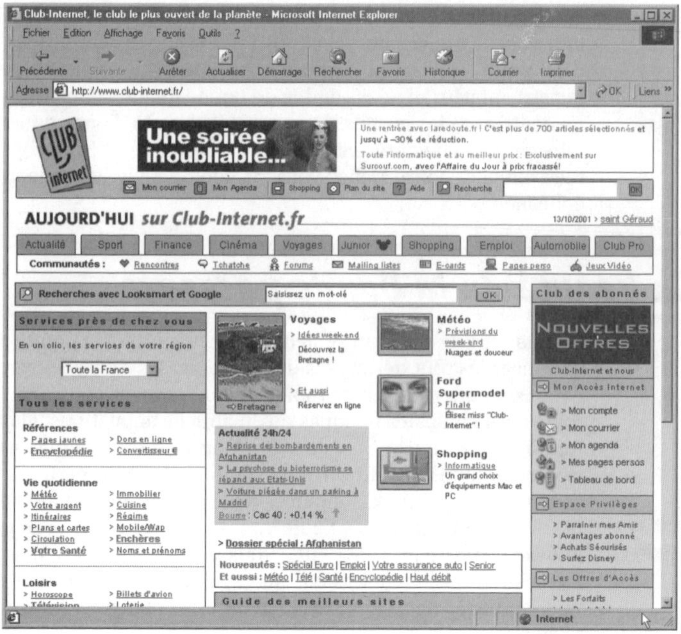

Figure 4.2 : La page d'accueil de Club Internet lorsque vous êtes un abonné.

Ce type d'accès vous permet de profiter de tous les avantages du système d'exploitation de votre ordinateur : affichage graphique, souris, reproduction sonore, etc. Pour les systèmes multitâches comme Windows et le Macintosh, vous pouvez même lancer concurremment plusieurs applications Internet : lire votre courrier électronique, télécharger un fichier, surfer sur le Web...

Autre avantage non négligeable : vous pouvez utiliser n'importe quel programme Internet en plus de ceux que votre fournisseur d'accès a pu vous procurer. Vous pouvez télécharger sur Internet une nouvelle application et la mettre immédiatement en service. Votre fournisseur d'accès n'agit que comme un conduit de données entre votre ordinateur et le Net.

L'Internet en boîte

Il s'agit de boîtes noires équipées d'une prise Péritel pour se raccorder à un téléviseur, d'une prise de téléphone et d'une prise de courant. Un boîtier de télécommande et éventuellement un clavier complètent l'appareil. A l'intérieur se trouve un ordinateur qui ne connaît qu'un

seul programme : celui qui permet d'établir la connexion avec LE fournisseur d'accès Internet choisi par le constructeur de la console. C'est votre téléviseur qui sert d'écran. Mais quel écran ! Si, avec des images animées, il vous semble de bonne qualité, vous déchanterez bien vite avec les images fixes caractéristiques d'une connexion Internet, qui vous présentent des caractères irisés, aux contours flous, bien difficiles à lire. Méfiez-vous : la conjonctivite vous guette à brève échéance.

La beauté de la bande passante

Si vous êtes de ceux qui veulent sans cesse être à la pointe du progrès et utiliser les tout derniers gadgets à la mode, vous allez vouloir la connexion Internet la plus rapide afin de pouvoir vous amuser avec toutes ces fantaisies ludiques qu'on appelle animations, Flash, Real Audio, QuickTime et ainsi de suite. Mais tout ça implique la transmission de grandes quantités d'informations qui, pour certaines, dépassent les possibilités raisonnables de la plupart des connexions par réseau. Les connexions à haute vitesse (à *haut débit*) vous procurent une *bande passante* supérieure, vous permettant de transférer dans le même intervalle de temps une quantité d'informations plus élevée. Pour en bénéficier, vous devrez avoir une connexion ADSL, câble télévision ou Numéris.

Connexion par câble

Les abonnés à un réseau de télévision non hertzien (c'est-à-dire n'utilisant ni antenne ni parabole) bénéficient, dans ce cas, d'un tarif privilégié. Ce type de service n'est encore disponible que dans les grandes villes. N'y comptez pas si vous habitez dans une région desservie par les corbeaux.

Cette solution n'offre pas que des avantages. D'abord, vous êtes lié au fournisseur d'accès qui gère le câble, et il vous est totalement impossible d'en changer. Or, on sait qu'une position de monopole n'incite pas un fournisseur à faire preuve de zèle dans la qualité de ses prestations, quelles qu'elles soient. Ensuite, si vous habitez dans une zone ou un immeuble où beaucoup de gens ont choisi cette solution et se partagent donc l'accès au même câble, le débit réel de la connexion peut être très inférieur à celui annoncé par votre prestataire.

Etant donné le caractère très fluctuant des tarifs et l'existence de fréquentes offres promotionnelles, les prix indiqués sont purement indicatifs. Voici les deux offres principales :

- **Noos (ex-Lyonnaise Câble).** Le coût mensuel de l'abonnement est normalement de 29 € (15 € à l'occasion d'une promotion) auxquels il faut ajouter la location du modem câble (12 €) et les frais fixes d'installation (110 €). Le débit descendant (en réception) maximal est de 512 Kbps et le débit remontant (en émission) de 128 Kbps. Pour plus de détails, consultez le site Web `http://www.noos.com` (Figure 4.3).

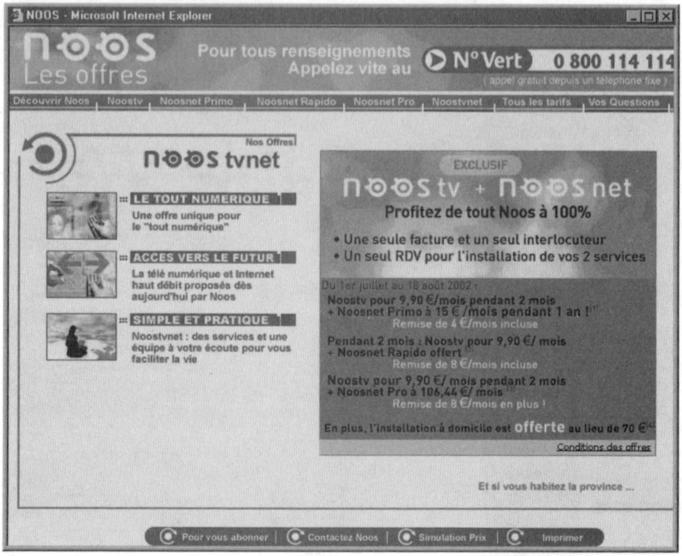

Figure 4.3 : L'offre noos.

- **Wanadoo.** Il existe deux formules d'abonnement. Dans la première, le débit descendant (en réception) maximal est de 512 Kbps et le débit remontant (en émission) de 128 Kbps. Le coût mensuel de l'abonnement est de 31 € auxquels il faut ajouter la location du modem câble (14 €) et les frais fixes d'installation (de l'ordre de 60 €). Le volume maximal de données dans le sens remontant est de 1 Go, volume au-delà duquel tout mégaoctet supplémentaire est facturé 0,30 €.

  La seconde autorise des débits doubles (1 Mbps en réception et 256 Kbps en émission). Le coût mensuel de l'abonnement passe à 77 €, mais le volume maximal de données dans le sens remontant est alors de 10 Go (0,30 € le mégaoctet supplémentaire).

La Figure 4.4 montre la carte des villes françaises dans lesquelles, courant août 2002, ces deux types d'offre sont disponibles. Pour plus de détails, consultez le site Web `http://www.cablewanadoo.com`.

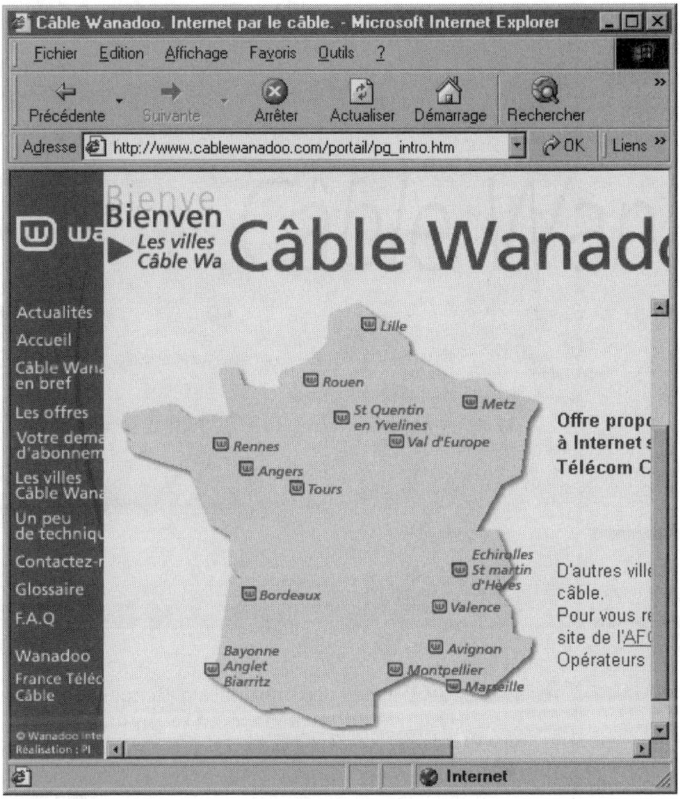

Figure 4.4 : Villes françaises couvertes par l'offre câble de Wanadoo.

Numéris

Il s'agit d'un réseau téléphonique à haut débit appelé Numéris[1] mis en service par France Télécom et qui n'est réellement intéressant (principalement pour des questions tarifaires) que pour ceux qui résident dans des villes non encore desservies par l'offre ADSL.

1. L'équivalent de ce que les Américains appellent ISDN. (N.d.T.)

Deux formules sont proposées :

- **Numéris normal.** Deux voies numériques et deux voies analogiques, ce qui autorise un débit maximal de 128 Kbps. Le coût mensuel de l'abonnement est de 39 € et les frais fixes d'installation et de mise en service se montent à 123 €.
- **Numéris Itoo.** Une seule voie de chaque espèce, ce qui divise par 2 le débit maximal possible (54 Kbps). Le coût mensuel de l'abonnement est de 26 € et les frais fixes d'installation et de mise en service sont identiques.

Actuellement, peu de fournisseurs d'accès proposent un accès Numéris. Et parmi ceux qui le font, presque tous (Wanadoo est de ceux-là) majorent de façon parfois substantielle leur tarif d'abonnement.

L'ADSL

L'ADSL (*Asymetric Digital Subscriber Line*) permet de faire passer simultanément des données et de la voix sur une seule ligne téléphonique en mode haut débit. Ainsi, vous ne bloquez pas votre ligne téléphonique lorsque vous êtes sur le Net. Le débit théorique est fonction de la distance qui sépare l'abonné du sous-répartiteur local, et il décroît lorsque cette distance augmente. Théoriquement, il peut atteindre dans le meilleur des cas 8 Mbps dans le sens descendant (en réception).

En pratique

Sauf très rares exceptions, en France, toutes les liaisons transitent donc par "l'opérateur historique", qui propose actuellement deux formules :

- **Netissimo1** : 500 Kbps en voie descendante et 128 Kbps en voie ascendante. C'est la solution idéale pour le particulier qui n'envisage pas de connecter plus d'un (à la rigueur deux) poste à son domicile.
- **Netissimo 2** : 1 Mbps en voie descendante et 256 Kbps en voie remontante. C'est la solution qui convient bien pour une PME ou une PMI qui envisage de connecter plusieurs postes et éventuellement son réseau local.

Avec ces deux formules, France Télécom se borne à vous fournir une liaison à haut débit, mais sans vous raccorder à l'Internet. Pour cela, il

existe une autre formule commerciale, baptisée Xtense, qui est un package complet couplant la solution Netissimo 1 à la fourniture d'accès par Wanadoo à un modem spécial ADSL accompagné de trois filtres (dont nous verrons le rôle un peu plus loin). D'un autre côté, rien ne vous empêche de souscrire, outre votre abonnement à Netissimo (1 ou 2), un contrat avec un fournisseur d'accès capable de supporter une connexion ADSL (il y en a actuellement un peu moins d'une douzaine sur le territoire français).

TRUC

Avant d'accepter votre demande de raccordement, France Télécom effectuera un essai de la qualité technique de votre ligne et, si le résultat ne permet pas de garantir le débit spécifié pour la formule à laquelle vous souscrivez, votre demande sera refusée. Il ne vous restera plus qu'à espérer qu'un répartiteur soit installé plus près de chez vous ou que la qualité de votre ligne soit améliorée, ce qui peut demander un certain temps.

Les prix

Il est pratiquement impossible de donner autre chose que des ordres de grandeur étant donné l'existence d'offres spéciales fréquentes et la rapidité d'évolution du marché des télécommunications en France. A titre d'exemple, la Figure 4.5 vous présente la page du site Web `http://www.lesproviders.com/adsl/offres.html` détaillant les offres disponibles à l'été 2002.

Pour plus de détails, consultez les sites Web suivants :

- `http://www.netissimo.tm.fr/FRONTOFFICE/consultation/index_pc.html`
- `http://www.club-internet.fr/rejoignezclubinternet/haut_debit.phtml?GST_KIT_NUM=`
- `http://www.adsl-offres.net/cgi-bin/ikon/ikonboard.cgi`
- `http://www.adsl-france.org/`

TRUC

A noter que le fait d'être connecté en permanence *à l'Internet* n'implique pas que vous ne paierez plus vos communications téléphoniques vocales. Ces dernières vous seront facturées bimestriellement, comme à l'accoutumée.

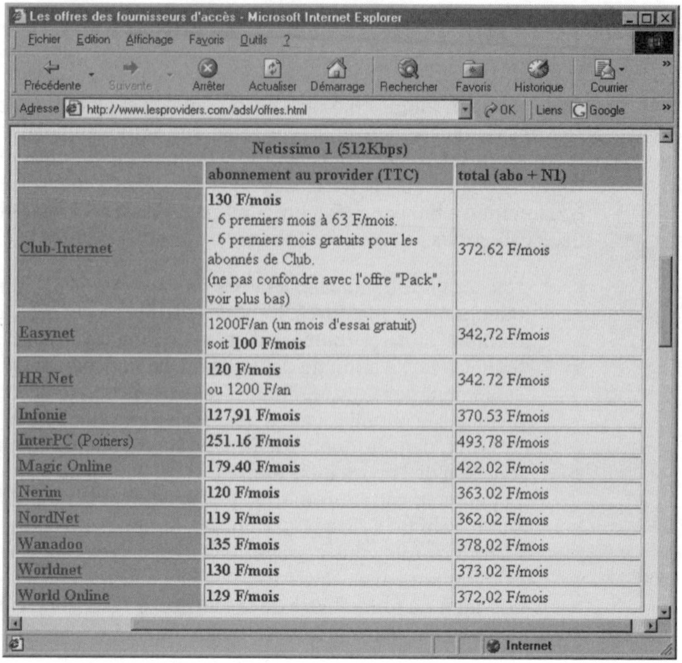

Netissimo 1 (512Kbps)		
	abonnement au provider (TTC)	total (abo + N1)
Club-Internet	**130 F/mois** - 6 premiers mois à 63 F/mois. - 6 premiers mois gratuits pour les abonnés de Club. (ne pas confondre avec l'offre "Pack", voir plus bas)	372.62 F/mois
Easynet	1200F/an (un mois d'essai gratuit) soit **100 F/mois**	342,72 F/mois
HR Net	**120 F/mois** ou 1200 F/an	342.72 F/mois
Infonie	**127,91 F/mois**	370.53 F/mois
InterPC (Poitiers)	**251.16 F/mois**	493.78 F/mois
Magic Online	**179.40 F/mois**	422.02 F/mois
Nerim	**120 F/mois**	363.02 F/mois
NordNet	**119 F/mois**	362.02 F/mois
Wanadoo	**135 F/mois**	378,02 F/mois
Worldnet	**130 F/mois**	373.02 F/mois
World Online	**129 F/mois**	372,02 F/mois

Figure 4.5 : Résumé de l'offre ADSL en France (été 2002).

La technique

En même temps que le modem, vous recevrez trois filtres qui se présentent comme une prise gigogne à enficher à la place de votre fil allant du combiné téléphonique à votre connecteur mural. Il en sort un connecteur PTT classique sur lequel vous rebrancherez votre combiné et une prise RJ45 (toute petite) sur laquelle vous raccorderez votre modem. Une arrivée téléphonique ADSL ne peut pas supporter plus de trois filtres. Au-delà, il faut faire intervenir un technicien, ce qui ne se fera pas gratuitement.

Le délai qui s'écoule entre la demande et la disponibilité de la connexion peut descendre à moins d'une semaine lorsque l'équipement nécessaire existe dans le répartiteur France Télécom.

Le choix d'un fournisseur d'accès

Si vous optez pour une connexion par modem classique sur le RTC (réseau téléphonique commuté), d'un débit réel plafonné à environ 50 Kbps (la plus simple et la plus répandue actuellement), le choix de votre fournisseur d'accès n'est pas évident en raison de la pluralité de l'offre. Après les surenchères des deux dernières années, le réalisme économique a fini par prévaloir et on peut classer les types d'offres en deux catégories :

- L'accès gratuit dans lequel vous ne payez que la communication téléphonique à la durée. L'accès se fait presque exclusivement en mode kiosque (numéro d'appel commençant par 08), dans lequel la tarification ne dépend plus de la distance mais seulement de la durée. France Télécom propose diverses formules économiquement intéressantes, dont Primaliste Internet, dans lesquelles le prix de l'unité téléphonique est fonction de l'heure de la journée et du jour de la semaine. Cependant, cette formule est probablement la moins intéressante, sauf peut-être pour débuter, lorsque vous tâtonnez encore ou que vous ne savez pas très bien ce que vous allez pouvoir faire avec l'Internet. Mais vous n'êtes pas libre de vous connecter à toute heure de la journée si vous voulez éviter de voir s'enfler votre facture téléphonique.
- Le forfait. Pour un coût d'abonnement mensuel dépendant du nombre d'heures souscrites, vous pouvez accéder gratuitement aux services de votre fournisseur d'accès sans payer les communications téléphoniques, quels que soient l'heure de la journée ou le jour de la semaine où vous vous connectez. Le nombre d'heures mensuelles auquel vous avez ainsi droit va de 3 à 50. Au-delà du temps contractuel, vous payez la minute supplémentaire à un prix qui n'est jamais supérieur à celui pratiqué à ce moment par France Télécom. C'est évidemment la formule la plus intéressante dès que vous commencez à savoir naviguer sur l'Internet. Et vous n'avez plus besoin de regarder votre montre avant de vous connecter.

En dehors du prix à payer, d'autres points sont à prendre en considération :

- **La qualité de l'assistance client.** Elle est presque toujours payante, à des prix allant d'environ 0,2 à 0,4€ par minute de consultation. Et vous risquez d'attendre souvent longtemps qu'un technicien soit disponible pour prendre votre appel.

- **La disponibilité.** A certaines heures de la journée (ou plus exactement de la soirée), le nombre de modems en entrée du fournisseur d'accès peut se révéler insuffisant pour accepter un client supplémentaire, et vous ne recevez que la tonalité d'occupation de sa ligne.
- **Le débit maximal.** A l'heure actuelle, la qualité technique des installations est correcte chez la plupart des fournisseurs d'accès. Ce qui les différencie est presque toujours le débit de leur connexion avec l'Internet. S'il est insuffisant, compte tenu du nombre d'abonnés connectés au même instant, le débit moyen "subi" par chacun d'eux risque de baisser substantiellement.

La consultation du forum Usenet `fr.reseaux.internet.fournisseurs` (voir le Chapitre 17) est révélatrice à cet égard, même en tenant compte du caractère polémique et de l'exagération fréquente des propos qui y sont tenus.

Où trouver un fournisseur d'accès ?

- Consultez les magazines informatiques spécialisés dans l'Internet (*.Net*, par exemple). Outre de nombreuses publicités, vous y trouverez fréquemment des tableaux comparatifs.
- Demandez à vos amis ayant un accès Internet quel fournisseur d'accès ils utilisent et quel est le degré de leur satisfaction.
- Le site Web `www.lesproviders.com` (déjà cité plus haut) propose des tableaux régulièrement mis à jour concernant les différents modes de connexion à l'Internet.

Il faut savoir que le nombre de fournisseurs d'accès réellement indépendant ne cesse de diminuer par suite du rachat des plus faibles par les plus gros. C'est ainsi que Tiscali, nouvel opérateur présent en France depuis environ un an, a racheté successivement LibertySurf, Freesbee, World Online et Infonie. Les propositions tarifaires de ces prestataires sont donc maintenant uniformisées.

La souscription d'un abonnement

Tous les fournisseurs d'accès ont un numéro de téléphone que vous pouvez appeler pour avoir des précisions sur leur offre. Vous pouvez ainsi poser toutes les questions qui vous viennent à l'esprit, ce qui peut s'avérer utile, surtout si vous êtes nouveau venu à l'Internet. Parmi ces questions, renseignez-vous sur le ou les logiciels qui vous

seront fournis. Si les réponses que vous obtenez ne vous semblent pas convaincantes ou que votre interlocuteur semble avoir d'autres choses plus importantes à faire qu'à vous renseigner, essayez un autre fournisseur.

Si vous avez déjà de l'expérience, que vous préférez "parler" avec une machine, que vous possédez déjà l'équipement de base nécessaire ou qu'un de vos amis vous permet d'utiliser à cette fin son installation, connectez-vous sur le serveur Web de votre fournisseur (presque toujours indiqué dans sa publicité). Vous pourrez ainsi avoir un maximum de détails ou bien constater le flou de son offre. Dans ce cas, vous avez compris ce qu'il vous reste à faire.

Revenons aux logiciels

Type d'accès et logiciels à utiliser vont de pair.

- **Fournisseurs d'accès commerciaux :** Presque tous les fournisseurs d'accès commerciaux (AOL, Club Internet, Wanadoo, etc.) vous proposent un CD-ROM contenant leur interface plus ou moins personnalisée et leurs programmes particuliers. Faut-il les utiliser ou est-il raisonnable d'installer soi-même les logiciels standards inclus dans votre système d'exploitation ? Pour AOL, vous êtes obligé d'utiliser le kit. Pour les autres, c'est facultatif.
- **Accès à haut débit :** Pour un accès Numéris, vous utilisez les mêmes programmes que pour une connexion RTC (voir le Chapitre 5). Pour un accès ADSL, en revanche, vous devez utiliser les logiciels généralement utilisés dans les réseaux locaux. Les câblo-opérateurs fournissent leurs propres logiciels.

Chapitre 5

A vos marques... Prêts... Connexion !

Dans ce chapitre :

- L'accès via un modem et un fournisseur d'accès.
- Comment se connecter.
- D'où viennent tous ces logiciels ?
- Connexions en tous genres.

Dans ce chapitre, nous allons vous expliquer comment réaliser effectivement votre connexion. Pour cela, nous avons choisi le type d'accès le plus répandu chez les particuliers : la connexion RTC utilisant la ligne téléphonique via un modem.

L'accès par modem avec un fournisseur d'accès

Lorsqu'il compose le numéro de votre fournisseur d'accès via son modem pour se connecter, votre ordinateur communique grâce à un protocole de communication connu sous le nom de *PPP* (*Point-to-Point Protocol*), lequel permet à votre PC de se connecter au Net non pas en tant que terminal mais comme membre à part entière tant que vous restez connecté à votre fournisseur d'accès. Ce protocole est une version du protocole IP (Internet Protocol), sous-couche de TCP/IP (*Transmission Control Protocol/Internet Protocol*), qui est le moyen utilisé par tous les ordinateurs de l'Internet pour communiquer entre eux.

C'est vous qui fournissez les programmes

Pour utiliser votre compte Internet, vous avez besoin de deux types de programmes :

- **Un programme servant à vous connecter à votre fournisseur d'accès.** C'est ce qu'on appelle techniquement une *pile TCP/IP*. Windows l'appelle *accès réseau à distance*. La pile TCP des Mac s'appelle MacTCP et elle fait partie de la dotation de base depuis la version 7 de MacOs (voir la section "Connexion version Macintosh" plus loin dans ce chapitre).
- **Des programmes servant à accéder aux services de l'Internet.** Ce sont ces programmes qui vont vous ouvrir les portes du courrier électronique, du Web et, plus généralement, vers toutes les informations disponibles sur le Net. On les appelle généralement *programmes clients* parce qu'ils constituent l'autre pôle du couple client/serveur. Une partie des programmes est exécutée sur votre ordinateur ; l'autre partie, les *programmes serveurs*, est exécutée sur celui de votre fournisseur d'accès et des autres ordinateurs hôtes de l'Internet. Pour envoyer et recevoir du courrier électronique il vous faut un logiciel de messagerie, et pour surfer sur le Web, un navigateur Web. Certains programmes font les deux à la fois. C'est le cas de Netscape Navigator et de Internet Explorer.

Lorsque vous vous abonnez à un fournisseur d'accès, celui-ci vous procure généralement un CD contenant tout ce qu'il faut pour utiliser pleinement les ressources de l'Internet.

Par ici les bons programmes

Voici quelques-uns des programmes les plus réputés qui existent pour Windows ou Mac :

- **Netscape Navigator et Internet Explorer.** Le premier a été en son temps le plus populaire des navigateurs. Il a perdu une bonne part de cette popularité depuis quelque temps au profit du second, l'enfant chéri de Microsoft. Nous verrons aux Chapitres 6 et 7 comment les utiliser.
- **RealAudio et ShockWave.** Ce sont des *additifs* (*add-on*) venant appuyer Netscape Navigator ou Internet Explorer pour exploiter certains types de fichiers. On les appelle généralement *plugins* ; nous les étudierons au Chapitre 7.

- **Eudora, Netscape Messenger et Outlook Express.** Eudora reste notre lecteur de courrier électronique préféré. Netscape Messenger et Outlook Express sont d'autres bons programmes de messagerie, disponibles tous deux gratuitement. (Les Chapitres 11 et 12 vous expliquent comment les utiliser.)
- **Outlook Express ou Free Agent (pour Windows) et Newswatcher (pour Mac).** Ces logiciels servent à exploiter les forums de discussion de Usenet (les *news*). Pour en savoir davantage sur ces forums de discussion, voyez le Chapitre 17.
- **mIRC (pour Windows) et Ircle (pour Macintosh).** Ces programmes vous permettent de participer en direct à des "salons de conversation" appelés IRC (*Internet Relay Chat*). Nous en reparlerons au Chapitre 15.

Dans la suite de ce chapitre, nous vous précisons quel(s) programme(s) vous devez utiliser selon le type de votre ordinateur (Windows ou Mac).

Comment se connecter

ATTENTION !

Les connexions PPP sont assez faciles à utiliser mais parfois délicates à paramétrer. En fait, c'est la connexion elle-même qui se révèle la pierre d'achoppement de toute expérience d'utilisation de l'Internet. L'installation et le paramétrage d'une connexion Internet demandent, en effet, de saisir certains renseignements qui peuvent laisser pantois le novice en la matière.

C'est lors de l'installation de votre connexion que vous pourrez apprécier la qualité de l'assistance technique apportée par votre fournisseur d'accès. Ou que vous déciderez d'en changer ! Si vous pouvez convaincre un de vos amis ou parents de vous aider dans cette entreprise, ce sera pain bénit.

Les grandes lignes

Pour connecter votre PC sous Windows au Net, suivez ces étapes :

1. **Souscrivez un abonnement auprès d'un fournisseur d'accès "banalisé".** C'est-à-dire qui n'utilise pas de logiciel fortement personnalisé, comme c'est le cas pour AOL. (Retournez au Chapitre 4 pour savoir où trouver un fournisseur d'accès si vous n'en avez aucune idée.)

2. **Procurez-vous les informations nécessaires pour assurer la connexion à votre fournisseur d'accès.** C'est lui qui vous les fera parvenir par courrier ou sous forme de CD-ROM. Nous vous donnerons plus de détails un peu plus loin, dans ce même chapitre.

   Si vous avez affaire à un fournisseur d'accès consciencieux et compétent, il aura configuré d'avance le logiciel qu'il vous aura remis ; ou bien il vous aura fourni, sous forme de petit livret, toutes les instructions nécessaires. Ou encore il vous proposera, en ligne, sur son serveur Web, plusieurs pages détaillant minutieusement les opérations à effectuer. Dans ce dernier cas, c'est malheureusement l'histoire de l'œuf et de la poule. Si vous n'avez pas un ami disposant déjà d'une connexion Internet, vous ne pourrez évidemment pas en profiter.

   Suivez ses instructions à la lettre et tout ira bien. Dans le cas contraire, jetez un œil à la section suivante : "Un peu de numérologie", dans laquelle nous vous disons tout ce qu'il faut savoir des paramètres que vous pourrez rencontrer.

3. **Commencez à tourner la manivelle jusqu'à ce que votre programme de connexion se mette en route.** En cas de difficultés, gardez la tête froide et appelez l'assistance technique. Si vous disposez de deux lignes de téléphone (ou d'un téléphone portable), vous pourrez établir un véritable dialogue avec l'assistance et vous pourrez effectuer les commandes qu'elle vous indiquera et tester votre connexion en direct. Sinon, vous vous en sortirez quand même, mais ce sera plus douloureux. Quoi qu'il en soit, préparez-vous à faire preuve de patience, les lignes de l'assistance technique étant trop souvent embouteillées.

Un peu de numérologie

Votre programme de connexion a besoin d'un certain nombre d'informations techniques plus ésotériques les unes que les autres. En principe, une fois la connexion paramétrée, vous ne devriez plus avoir besoin d'y toucher. Mais néanmoins conservez-les ; ça peut toujours servir (ne serait-ce que si vous changez de machine). Nous vous suggérons de compléter le Tableau 5.1 avec les valeurs propres à votre fournisseur d'accès (à l'exception du mot de passe, que nous vous conseillons de ne stocker que dans votre tête).

Tableau 5.1 : Informations concernant votre connexion PPP.

Information	Description	Exemple
Nom de domaine	C'est le nom de domaine de votre fournisseur d'accès. Il ressemble à une partie d'adresse *e-mail* et se termine presque toujours par `.fr` (pour la France) ou `.com`.	`wanadoo.fr`
Port de communication	C'est le numéro du port série de votre ordinateur auquel est raccordé votre modem, le plus souvent COM1 ou COM2, parfois USB. (Utilisateurs de Mac, vous n'avez que faire de cette information.) Même si vous utilisez un modem interne, vous devez savoir où il est connecté.	COM1
Vitesse du modem	La vitesse la plus élevée à laquelle peuvent dialoguer votre modem et celui de votre fournisseur d'accès. Actuellement (été 2002), c'est presque partout le standard V90 qui permet un débit maximal de 56 Kbps. (Nous laissons de côté pour le moment les connexions à haut débit du type câble télévision ou ADSL.)	
Marque et type du modem	Une même marque fabrique le plus souvent plusieurs types de modems dont le pilotage est parfois différent. Windows contient les infos requises pour de nombreux types de modems, mais la plupart des piles TCP ne se soucient guère de ces détails.	Générique
Numéro d'appel	C'est le numéro de téléphone que devra composer votre modem pour réaliser la connexion avec votre fournisseur d'accès. Si vous êtes un particulier, vous accédez directement au réseau téléphonique, mais si vous êtes dans une entreprise, vous devez probablement composer un numéro spécial pour "sortir". Le mieux est alors de demander une ligne directe pour vous débarrasser de cette sujétion.	08 23 45 67 89
Nom d'utilisateur	Le nom que vous a attribué votre fournisseur d'accès ou que, dans sa grande bonté, il vous a laissé choisir.	jdupont
Mot de passe	Le mot de passe que vous a attribué votre fournisseur d'accès ou que, peut-être, il vous a permis de choisir.	3jP71aU
Adresses DNS du serveur	Ce sont les deux *adresses IP* (groupe de quatre nombres inférieurs à 256, séparés par des points) qui représentent l'adresse de la machine de votre fournisseur d'accès vue de l'Internet. La première est dite "primaire", la seconde... "secondaire" ! Il y a une correspondance biunivoque (oh pardon ! on voulait dire "dans les deux sens") entre adresse IP et adresse de domaine. Par exemple, `net.gurus.net` et `208.31.42.79`, c'est bonnet blanc et blanc bonnet.	`123.45.67.02`

Préparez-vous à héberger ces logiciels

Avant de commencer à gaver votre disque dur avec les programmes que vous avez récoltés un peu partout, préparez-leur un nid douillet sous forme de dossier dans lequel vous placerez uniquement les logiciels utilisés pour vous connecter ou pour exploiter les ressources de l'Internet. A l'exception, toutefois, d'Internet Explorer et d'Outlook Express si vous êtes sous Windows, car ceux-là, mieux vaut les laisser où ils sont.

- Sous Windows, cliquez du bouton droit de la souris sur le bouton Démarrer puis, dans le menu qui surgit, sur Explorer. Une fois celui-ci lancé, cliquez sur Fichier/Nouveau/Dossier. Un nouveau dossier est créé, appelé "Nouveau dossier". Vous pouvez immédiatement modifier ce nom pour qu'il soit plus significatif. Mais ça, c'est de la cuisine Windows (si vous ne savez pas comment faire, achetez donc *Windows pour les Nuls*).
- Sur un Macintosh, cliquez sur Nouveau dossier à partir du menu Fichier.

Si ce n'est pas encore fait, profitez-en pour créer un dossier (ou répertoire) qui vous servira à conserver des fichiers temporaires. Vous en aurez besoin lorsque vous installerez les logiciels téléchargés sur le Net. Sur PC, nous vous recommandons d'appeler ce dossier \TMP ou \TEMP.

Connexions en tous genres

Les sections qui suivent présentent les différents modes de connexion en fonction du système que vous utilisez (Windows ou Mac).

Connexion version Windows

Toute la petite famille Windows à partir de Windows 98 contient d'origine tout ce qui est nécessaire sous le nom d'*accès réseau à distance*, et même des programmes d'inscription automatique auprès de deux ou trois fournisseurs de contenu.

Nous ne vous conseillons franchement pas de les utiliser car ils risquent fort d'être périmés. En effet, vous pensez bien que Microsoft ne va pas ressortir un nouveau CD pour son Windows chaque fois qu'un de ces fournisseurs d'accès modifie ses conditions d'abonnement. Alors, méfiance !

Pour vous abonner à un fournisseur d'accès quelconque, dans l'hypothèse (fort improbable) où celui-ci ne vous aurait pas fourni de kit de connexion sous forme de CD-ROM, vous pouvez lancer l'assistant de connexion Internet pour configurer l'accès réseau à distance avec les informations personnalisées relatives à votre fournisseur d'accès. Vous trouverez probablement une icône associée à cet assistant directement sur le bureau. Dans le cas contraire, choisissez, dans le menu Démarrer, Programmes/Accessoires/Outils Internet/ Assistant de connexion Internet ou Programmes/Internet Explorer/ Assistant de connexion Internet, ce qui devrait afficher une fenêtre plus ou moins identique à celle de la Figure 5.1. Votre version peut être légèrement différente.

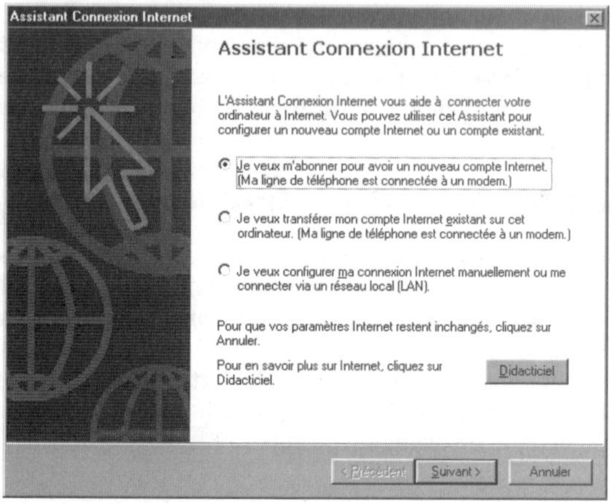

Figure 5.1 : Windows essaie de vous aider à vous connecter.

Après avoir parcouru les étapes nécessaires, vous verrez s'afficher sur le bureau une icône de l'accès réseau à distance pointant sur votre fournisseur d'accès. Pour vous connecter, vous pourrez alors lancer le programme Accès réseau à distance, double-cliquer sur l'icône de votre fournisseur, puis cliquer sur le bouton Connecter.

Connexion version Macintosh

Adorateurs de la pomme, arrêtez-vous ici ! Vous avez déjà presque tout ce qui vous est nécessaire si vous utilisez le Système 8 qui est livré avec MacTCP. Si ce n'est pas votre cas, c'est l'occasion de procéder à une mise à jour. N'oubliez pas qu'il vous faudra aussi un

programme de gestion du modem pouvant fonctionner sous Mac TCP/IP comme FreePPP, MacPPP ou InterSlip que votre fournisseur d'accès devrait être capable de vous fournir. En cas de difficultés de ce côté, mieux vaut chercher un autre fournisseur d'accès. La plupart des nouveaux Macintosh sont livrés avec tout le logiciel de connexion préinstallé.

Qui êtes-vous ?

Quel que soit le type de fournisseur d'accès auquel vous aurez recours, vous devrez utiliser une procédure de sécurité prouvant que vous êtes bien celui que vous prétendez être. C'est pourquoi il vous a été attribué un identifiant, parfois imposé, parfois laissé à votre libre choix. Cet identifiant est composé d'un nom d'utilisateur (*user name*, *login name* ou *user ID*) et d'un mot de passe (*password*). Ce dernier vous est presque toujours imposé par votre fournisseur d'accès.

Comment quitter l'Internet

Une fois que vous serez sur le Net, après avoir bien joué avec, vous aurez envie d'en sortir. Couper le courant de l'ordinateur est une méthode efficace, mais que nous ne pouvons décemment pas vous recommander. Si vous êtes sous Windows, double-cliquez sur l'icône représentant votre connexion (dans la partie droite de la barre des tâches, au voisinage de l'horloge), puis cliquez sur l'option Déconnecter dans la boîte de dialogue qui apparaît.

Troisième partie

Webmania

Dans cette partie...

Le Web est l'endroit le plus populaire de l'Internet. Nous allons vous expliquer ici ce qu'est *exactement* le Web et comment en tirer parti. Nous vous donnerons également de bonnes astuces pour trouver plus facilement ce que vous y cherchez. Un chapitre sur le commerce électronique vous apprendra tout ce qu'il vous faut savoir pour dépenser en toute confiance vos sous en ligne. Enfin, un chapitre sur l'écriture de votre propre page Web vous permettra, à vous aussi, d'être présent sur le Web.

Chapitre 6

Le monde merveilleux et farfelu du Web

Dans ce chapitre :

- Web et hypertexte.
- Tout le monde URL sur le Web !
- L'art de naviguer sur le Web.
- Comment se procurer et installer Netscape Navigator ou Internet Explorer.

Le World Wide Web (que l'on appelle familièrement le Web) n'a d'existence réelle qu'en raison de l'Internet, qui est la couche logicielle et matérielle lui servant de support. L'Internet est le cœur du Web, mais l'Internet existait bien avant le Web, et la disparition de ce dernier ne perturberait l'Internet en aucune façon.

Web et hypertexte

Le Web est une collection de "pages" contenant des informations, reliées logiquement les unes aux autres et réparties sur toute la surface du globe. Chaque page peut contenir du texte, des images, des sons, des animations... Ce sont ces liens entre les pages qui rendent le Web si intéressant. Techniquement, on parle de *liens hypertexte* (en anglais : *hyperlinks*). Chacun de ces liens pointe sur une autre page et, quand on clique dessus, cette page vient s'afficher sur votre écran, quel que soit l'endroit où elle se trouve physiquement. Pour voir ces pages, on se sert d'un programme spécialisé appelé *navigateur* (en anglais : *browser*).

Les liens que peut renfermer chaque page affichée sous vos yeux peuvent vous conduire vers Sydney, Hongkong, Johannesburg, Darmstadt ou Oslo (ou même tout près de chez vous) presque

instantanément. Théoriquement, ce transport est instantané, mais, dans la réalité, la vitesse de ce déplacement virtuel dépend d'un tas de facteurs dont nous reparlerons.

D'où vient le Web ?

Le Web a été inventé en 1989 au CERN (Laboratoire européen pour la physique des particules), à Genève, en Suisse, un endroit assez inattendu pour une révolution en informatique. Le petit génie qui l'a créé se nomme Tim Berners-Lee, un Anglais, actuellement directeur du consortium W3 (World Wide Web Consortium) chargé de l'élaboration des standards du Web. Si vous voulez en savoir davantage sur le développement du Web et le travail du consortium W3, pointez votre navigateur sur `http://www.w3.org`.

C'est ce système de documents pointant les uns vers les autres qu'on appelle *hypertexte*. La Figure 6.1 montre comment se présente une page Web. Chaque mot ou groupe de mots souligné est en réalité un *appel de lien* pointant vers une autre page.

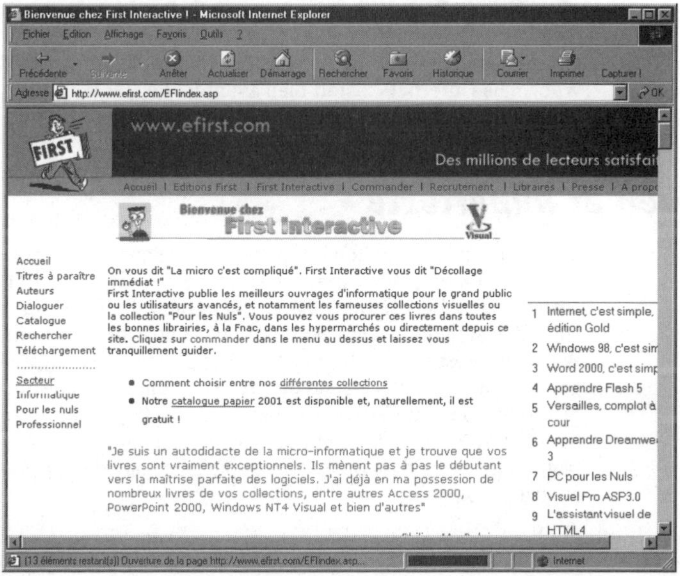

Figure 6.1 : Sur cette page, les mots ou expressions soulignés sont des appels de liens pouvant conduire vers d'autres pages.

Un système hypertexte crée les liens nécessaires entre diverses bribes d'informations de façon que vous puissiez y cheminer facilement. Au fur et à mesure que vous établissez ces liens logiques, vous voyez se tisser cette toile d'araignée d'où le Web tire son nom. Vous pouvez vous représenter le Web sous forme d'un système d'informations analogue à un mille-pattes gigantesque mais amical. Toutes ces informations peuvent être consultées de façon automatisée par des logiciels appelés *moteurs de recherche*, qui vous permettent d'obtenir en quelques secondes toutes les références concernant un argument de recherche formé par l'association de mots clés.

Tout le monde URL sur le Web !

Pour trouver une page particulière sur le Web, encore faut-il pouvoir désigner cette page par son nom comme on désigne un livre par son titre. C'est ici qu'intervient la notion d'URL, un système d'adressage universel permettant une identification unique d'une page donnée. Concrètement, une URL, c'est cet assemblage de mots imprononçables commençant par `http://` et continuant souvent par www. Si vous voulez en savoir davantage sur les URL, voyez l'encadré "Au royaume des URL".

Au royaume des URL

Pour vous permettre d'aller çà et là, d'un serveur à l'autre, la notion de lien est très importante. Mais encore faut-il savoir où aller. Pour cela, le plus simple est de donner une adresse à tout ce qui peut être considéré comme une ressource du Web. Dans la vie quotidienne, c'est par une adresse que vous allez pouvoir localiser la boutique où vous voulez faire quelques emplettes. Voyons comment se présente une adresse Web ordinaire :

```
http://www.monserveur.fr/pub/monfichier.html
```

La première chose qu'on repère dans une URL est son préfixe (ici : `http://`), qui indique le type de ressource auquel on a affaire. `http` signifie *HyperText Transfer Protocol* (protocole de transfert hypertexte), et désigne le protocole utilisé sur le Web. Attention à ne pas confondre "http", la façon dont les pages sont envoyées sur le Net, avec "html", la façon dont les pages sont codées en interne. Nous verrons, au Chapitre 6, ce que représente ce dernier raccourci.

La suite de l'URL dépendra du serveur et du type de ressources. Pour le Web, ce sera en général deux ou trois mots séparés par un point, un slash normal (une barre de fraction), puis une autre suite de mots séparés par des points et/ou des slashes,

Au royaume des URL (suite)

voire des tirets avec, parfois, un tilde (~) en tête. Le dernier mot avant le premier slash ("`fr`", dans notre exemple) désigne généralement, pour les Américains, le type d'organisation qui régit le serveur : `com` (commercial), `edu` (éducation), `mil` (militaire), etc., et, pour le reste de la planète, la nationalité : `fr` (France), `ca`, (Canada), `uk` (Grande-Bretagne), `ch` (Suisse), etc. (Nous disons "généralement", car depuis quelques années, devant la prolifération des sites Web, il a été décidé de créer d'autres types de désignation, plus universels.)

Tout ce qui vient ensuite représente un chemin d'accès suivi d'un nom de fichier. Ici, c'est `pub/monfichier.html`, qui désigne le fichier `monfichier.html` situé dans le répertoire `/pub`. Attention ! Dans une URL, il n'y a pas *d'antislash* (barre oblique inversée). Toutes les barres obliques sont penchées du "bon" côté. Même sur les machines Windows. La seule chose qui puisse différer est l'extension du nom de fichier. Ce sera généralement "`html`" ou "`htm`". Mais d'autres extensions sont possibles.

Au lieu du préfixe `http://`, on peut trouver `ftp://`, `mailto:`, `file:///`, etc. Une URL avec `mailto:` indique qu'il s'agit d'une ressource de type "courrier électronique" ; elle se présente ainsi :

```
mailto:internet6@gurus.com
```

Dans ce cas, c'est la fenêtre du *mailer* qui est affichée. On y indiquera d'autres renseignements et, bien entendu, le texte du message à envoyer au destinataire indiqué par l'URL. Cette méthode est généralement utilisée par le webmaster (le responsable de la page Web) pour que le lecteur puisse lui faire part de ses commentaires.

Une URL dont le préfixe est `ftp://` signale un serveur de fichiers accessible au moyen du protocole FTP (que nous étudierons au Chapitre 16). En voici un exemple :

```
ftp://ftp.univ.lille-1.fr/pc/coast/wulist.zip
```

Enfin, le préfixe `file` permet de voir un document HTML local, c'est-à-dire situé sur la même machine. Dans ce cas, on ne passe pas par l'Internet. C'est le moyen couramment utilisé pour tester localement un document HTML. En voici un exemple :

```
file:///c|/web/index.htm
```

Sous Windows, cela signifie qu'on va examiner le document HTML `index.htm` situé dans le répertoire `\web` du disque C:. On notera que le caractère ":" a été ici remplacé par un caractère "|" (barre verticale), car le caractère ":" a une autre signification (il précède le numéro de port éventuel, de plus en plus rarement utilisé).

L'art de naviguer sur le Web

Pour partir à la découverte du Web, il vous faut un *navigateur*. Sous Windows, vous disposez déjà d'Internet Explorer, qui est toujours installé sur les systèmes d'exploitation de ce type. Et si vous avez déjà un accès à l'Internet, vous en avez peut-être un autre, provenant du kit de connexion sur CD-ROM que vous a remis votre fournisseur d'accès.

Actuellement, il ne subsiste que deux éditeurs de navigateurs : Internet Explorer (déjà nommé) et Netscape Navigator. Un outsider norvégien, Opera (sans accent, s'il vous plaît !), tente de se faire une petite place à côté des deux géants.

Netscape Navigator et Internet Explorer

Lorsque vous lancez Netscape Navigator, vous voyez un écran ressemblant à celui que montre la Figure 6.2. Avec Internet Explorer, vous verriez ce qui est reproduit sur la Figure 6.3. La page qui s'affiche au lancement du navigateur dépend de la façon dont ont été définis ses paramètres.

La plupart des fournisseurs d'accès modifient certains paramètres du navigateur qu'ils vous ont remis, afin que ce soit *leur* page d'accueil qui s'affiche en premier. Dans le cas contraire, c'est la page d'accueil de Netscape ou de Microsoft qui apparaît, selon le navigateur, jusqu'à ce que vous ayez défini une autre page (en passant par Edition/ Préférences pour Netscape et Outils/Options Internet pour Internet Explorer).

En haut de l'écran, vous pouvez voir une rangée de boutons et une longue boîte de saisie (généralement appelée Adresse) dans laquelle figure l'URL de la page couramment affichée.

Petite exploration

La première chose que vous devez savoir, c'est comment aller d'une page à l'autre sur le Web. C'est facile. Il vous suffit de cliquer sur un lien qui vous paraît intéressant. Un lien peut apparaître comme une image, un mot ou une suite de mots affichés d'une autre couleur que le texte normal (en bleu, le plus souvent) et soulignés. Si vous n'êtes pas certain que ce soit bien un lien, observez le pointeur de la souris : de flèche il se change en main lorsqu'il est placé sur un lien. Si vraiment vous êtes dans le doute, alors cliquez dessus, ça ne va pas vous mordre. Si ce n'est pas un lien, il ne se passera tout simplement rien.

Figure 6.2 : Une page Web affichée par Netscape Navigator.

Arrière toute !

Les navigateurs ont de la mémoire : ils se souviennent du chemin qu'ils ont parcouru et, en particulier, de la dernière page affichée. Si celle que vous venez d'afficher ne vous plaît pas et que vous souhaitiez revenir à la précédente, cliquez tout simplement sur l'icône la plus à gauche de la rangée supérieure, celle qui porte une flèche tournée vers la gauche. Vous pouvez également passer par le clavier : tapez sur la touche fléchée pointant vers la gauche tout en maintenant enfoncée la touche <Alt> (celle qui se trouve à gauche de la barre d'espacement).

Sachons lire la carte

Certaines images, telle celle affichée sur la Figure 6.4, ont une curieuse propriété : elles sont sensibles au toucher ! Leur nom anglais est *image map*, que l'on traduit en français par *image réactive*.

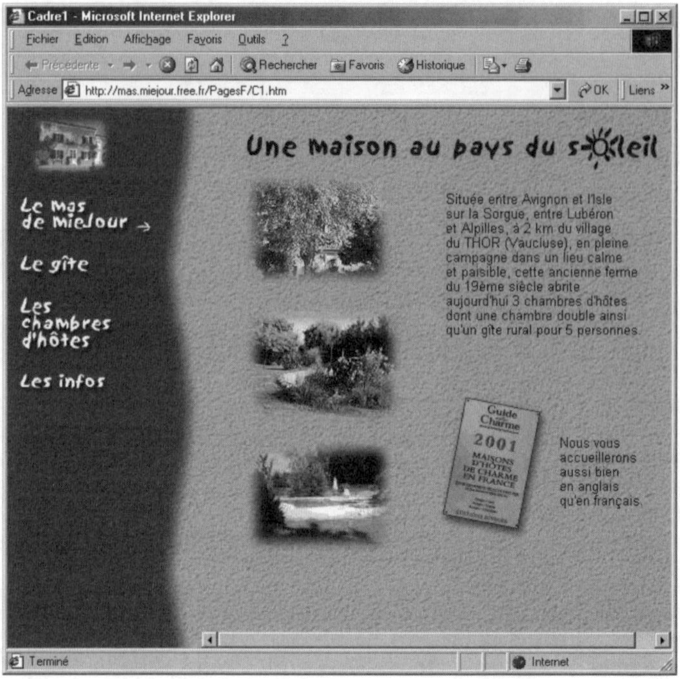

Figure 6.3 : La même page Web affichée par Internet Explorer.

Vous pouvez voir sur la Figure 6.4 comment se présente une image réactive découpée en *zones sensibles*. Lorsque vous cliquez sur une de ces zones, c'est comme si vous aviez cliqué sur un lien fait d'une chaîne de caractères : vous voilà transporté sur un autre serveur Web. Ici, ces zones sont comme les éléments d'un sommaire présentés de façon plus agréable sous forme de petites photos retouchées avec un éditeur d'image.

Lorsque le pointeur de la souris est sur un lien (désigné par du texte ou une image réactive), non seulement sa forme change (de flèche, il devient main), mais en même temps, sur la ligne d'état (celle qui est au bas de la fenêtre), vous voyez s'afficher l'URL de la page à laquelle correspond le lien.

Où aller ?

On appelle *page d'accueil* la page Web principale d'un site Web. Le Chapitre 10 vous explique comment créer votre toute première page.

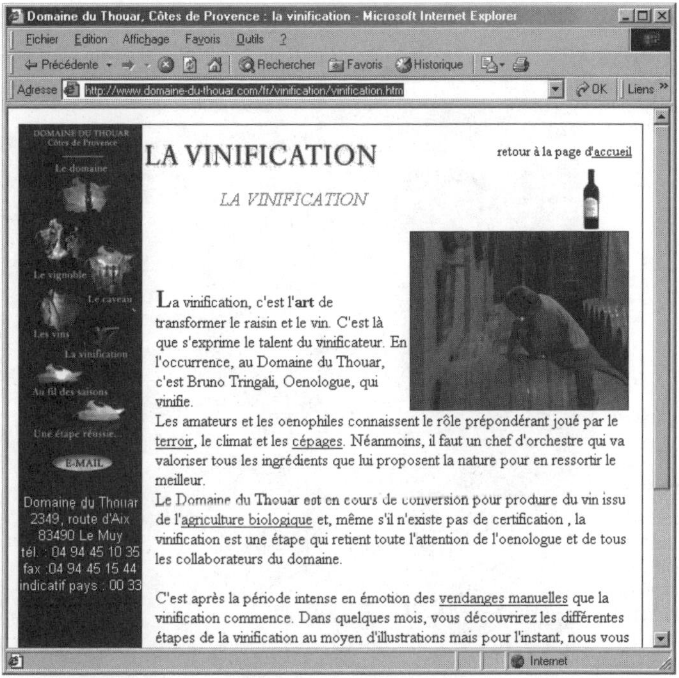

Figure 6.4 : Page Web comportant des zones sensibles pour la navigation.

Si vous souhaitez accéder à une page dont vous connaissez l'URL, voici comment procéder :

1. **Cliquez dans la boîte de saisie marquée Adresse dans Internet Explorer, située en haut de la fenêtre de navigation.**
2. **Tapez l'URL de la page que vous voulez atteindre.**

   C'est quelque chose comme http://www.efirst.com. En général, vous pouvez vous contenter de taper www.efirst.com.
3. **Appuyez sur Entrée.**

TRUC

Si l'URL de la page que vous voulez charger figure dans un courrier électronique, un message lu sur Usenet ou une page de traitement de texte, vous pouvez la transférer dans la boîte de saisie de votre fenêtre de navigation au moyen d'un classique couper/coller, ce qui vous évite de la retaper, avec les risques d'erreur que cela implique. Sous Windows, procédez ainsi :

1. **Sélectionnez l'URL que vous voulez copier** (en général, en la balayant du pointeur de votre souris, tout en maintenant enfoncée la touche <Maj>).

2. **Appuyez sur <Ctrl>+<C> pour copier la chaîne de caractères dans le presse-papiers.**

3. **Cliquez dans la boîte de saisie d'adresse du navigateur.**

4. **Tapez <Ctrl>+<V> pour coller le contenu du presse-papiers.**

Eudora et de nombreux autres logiciels de courrier font mieux encore : ils interprètent automatiquement les URL placées dans leurs messages e-mail de sorte que, lorsque vous passez le pointeur de la souris sur une adresse que vous avez reçue, celui-ci se change en main. Il suffit alors de cliquer ou de double-cliquer pour basculer vers votre navigateur et afficher la page Web correspondante.

Vous pouvez omettre le préfixe `http://` devant l'URL lorsque vous la tapez dans la boîte de saisie d'adresse de votre navigateur. Avec Netscape, vous pouvez même omettre `www.` et `.com`. Ce qui donne, par exemple, pour `http://www.efirst.com`, le raccourci suivant : `efirst`.

Par où commencer ?

Voici un bon moyen d'avoir le pied à l'étrier : allez à la page de Yahoo! (édition française). (Mais oui, ce nom comporte bien un point d'exclamation accolé à la fin.) Pour cela, tapez ce qui suit dans la boîte de saisie Adresse du navigateur :

```
http://www.yahoo.fr
```

Attention : vous **ne devez pas** faire figurer ce point d'exclamation dans l'URL.

Vous êtes aussitôt (enfin, presque, car il faut tenir compte de la charge de l'Internet, et le temps d'attente peut être très variable selon l'heure de la journée où vous faites l'expérience) transporté sur Yahoo! où se trouve un répertoire contenant des millions d'adresses de pages Web classées par sujet. En regardant çà et là, vous allez bien trouver quelque chose d'intéressant.

Interrompre et relancer un téléchargement

Il est possible d'arrêter le chargement d'une page (en cliquant sur l'icône Stop ou Arrêter, dans la barre d'outils). Si, ensuite, vous avez

un regret et que vous voulez la recharger, cliquez tout simplement sur l'icône prévue à cet effet : avec Netscape Communicator version 6.1, cliquez sur la troisième icône à partir de la gauche ou appuyez sur les touches <Ctrl>+<R> ; avec Internet Explorer, cliquez sur l'icône Actualiser ou appuyez sur la touche F5.

Sortez-moi de là !

Pour terminer votre balade sur le Web, fermez votre navigateur exactement comme vous le feriez pour n'importe quel programme Mac ou Windows. Sélectionnez la commande Fichier/Quitter (Fichier/ Fermer avec Internet Explorer, bizarrement) ou tapez la combinaison <Alt>+<F4>. Sous Windows, vous pouvez également cliquer sur le bouton de fermeture (figurant une croix) placé dans le coin supérieur droit de la fenêtre d'affichage.

Attention, cela n'interrompt pas votre connexion à l'Internet, le compteur téléphonique continue de tourner !

Vous disposez de plusieurs moyens pour accélérer Netscape Navigator et Internet Explorer. Nous les passerons en revue au Chapitre 7.

Comment se procurer et installer Netscape Navigator ou Internet Explorer

Avec un peu de chance, l'un, l'autre ou les deux sont déjà installés sur votre machine. Ils se ressemblent tellement que nous vous suggérons de garder celui qui s'y trouve, quel qu'il soit (pour l'instant, du moins). De toute façon, vous ne pouvez pas supprimer Internet Explorer !

Il existe des versions de Netscape Navigator pour presque tous les systèmes d'exploitation courants. La dernière mouture porte le numéro de version 6.1. On y trouve également un logiciel de messagerie (dont nous reparlerons plus loin au Chapitre 11), un éditeur de pages Web, des modules d'extensions multimédias et d'autres utilitaires.

Même si vous possédez déjà une version de Netscape Navigator ou d'Internet Explorer, il n'est pas mauvais de voir s'il n'en existe pas de plus récente. Les versions récentes corrigent les bugs des précédentes et n'en introduisent pas toujours de nouveaux. Les étapes sont relativement simples : une fois en possession du CD-ROM sur lequel se trouve le navigateur, recherchez son nom dans le menu du CD-ROM ou

dans l'explorateur de Windows et double-cliquez dessus. Laissez-vous porter ensuite par les questions (au demeurant assez simples) qui vous sont posées.

Comment se procurer un navigateur ?

Votre fournisseur d'accès vous a presque certainement remis une dotation de base sous forme de disquette(s) ou de CD-ROM, dans laquelle vous allez très probablement trouver soit Netscape Navigator, soit Internet Explorer.

Si vous utilisez Windows 98 ou 2000, Internet Explorer se trouve sur le CD-ROM d'installation, mais c'est presque toujours une version ancienne. Si ça peut suffire pour démarrer, vous avez intérêt à vous procurer ensuite une version plus récente. A peu de frais, puisque ces navigateurs sont maintenant distribués gratuitement.

Vous pouvez également télécharger directement l'un de ces navigateurs à partir de l'un des sites suivants à condition que vous bénéficiez d'une liaison à haut débit, la taille des fichiers étant de plusieurs dizaines de mégaoctets :

- **TUCOWS :** `http://www.tucows.com` ou l'un des sites miroir français : `http://tucows.ciril.fr/` ou `http://tucows.club-internet.fr`.
- **The Consummate WinSock Applications :** `http://cws.internet.com`.
- **Le site français de Netscape (pour Netscape Navigator) :** `http://home.netscape.com/fr/download`.
- **Le site de Microsoft (pour Internet Explorer) :** `http://www.microsoft.com/ie` ou `http://www.microsoft.com/france/internet/produits/navigateurs.asp`.

Pointez alors votre navigateur sur l'une des adresses ci-dessus et suivez les instructions qui vous seront données pour télécharger celui que vous souhaitez utiliser. Vous trouverez d'autres informations à ce sujet au Chapitre 16.

TRUC

Plutôt que de tenter un téléchargement hasardeux (si vous n'avez qu'une connexion par modem), achetez une revue d'informatique spécialisée sur l'Internet. Les deux navigateurs sont en effet disponibles dans le commerce en version complète sur CD-ROM. En plus, vous aurez sans doute des articles intéressants à lire.

Il faut maintenant déballer et installer

Une fois en possession du navigateur par l'un quelconque des moyens que nous venons de passer en revue, il vous reste à l'installer. Dans presque tous les cas, il s'agira d'un fichier auto décompactable dont vous devrez lancer l'exécution à partir du CD-ROM sur lequel il se trouve. Suivez ensuite les instructions qui seront affichées.

TRUC

Microsoft a récemment modifié son vocabulaire. Ce que l'on appelait autrefois *répertoire* (*directory*) est maintenant désigné sous le nom de *dossier* (*folder*).

Chapitre 7

A la découverte du Web

Dans ce chapitre :

- Des fenêtres ouvertes sur le monde.
- Favoris et signets.
- Plus vite !
- Plus grand !
- Formulaires à remplir.
- A garder !
- La chose qui tue les arbres (l'impression).

Netscape Navigator et Internet Explorer vous ouvrent les portes du monde. Encore faut-il savoir bien les utiliser.

Des fenêtres ouvertes sur le monde

Tous les navigateurs sont capables de faire plusieurs choses à la fois (ce qu'on appelle du *multitraitement*), et notamment d'afficher plusieurs pages Web en même temps. Vous pouvez également afficher plusieurs fenêtres côte à côte, ce qui constitue un bon moyen pour comparer les prix de certaines marchandises dans les magasins en ligne.

Des fenêtres un peu partout

Pour ouvrir une page dans une nouvelle fenêtre, cliquez du bouton droit de la souris sur un lien et, dans le menu qui surgit, choisissez la rubrique Ouvrir dans une nouvelle fenêtre. Pour fermer une fenêtre,

cliquez sur sa case de fermeture (la croix dans le coin supérieur droit) ou appuyez simultanément sur les touches <Alt> et <F4>. Les Macintosh n'ont qu'un seul bouton, aussi, pour ouvrir une nouvelle fenêtre, devez-vous le maintenir enfoncé pour faire surgir un menu dynamique et sélectionner la commande appropriée. Vous fermez toutes les fenêtres de votre Mac de la même façon, en cliquant sur un bouton en haut de la fenêtre.

Vous pouvez aussi ouvrir une nouvelle fenêtre sans pour autant suivre un autre lien. Pour cela, tapez <Ctrl>+<N> ou cliquez sur Fichier/ Nouveau/Fenêtre. Tout au long de cette section, les utilisateurs de Mac penseront "pomme" à la place de <Ctrl>.

Multitâche et téléchargement

Si vous demandez à votre navigateur de commencer à télécharger un gros fichier, il vous affichera généralement une petite fenêtre dans un coin de votre écran. Netscape Navigator y affiche un bargraphe illustrant la progression du transfert. Internet Explorer, lui, affiche des petites pages voletant de la gauche vers la droite, d'un dossier à un autre. Pendant ce temps-là, vous pouvez revenir à la fenêtre principale de votre navigateur et continuer votre promenade sur le Web.

Faire deux ou trois choses à la fois avec votre navigateur lorsque vous êtes connecté à l'Internet par une ligne téléphonique peut vous faire gagner du temps. Tout dépend, en fait, du débit maximal de votre modem. La vitesse de transfert – toutes choses égales par ailleurs – sera divisée par le nombre de fenêtres actives du navigateur. En général, si plusieurs activités sont lancées, elles se dérouleront toutes plus lentement.

Si une tâche consiste en un téléchargement de gros fichier et que l'autre est une simple promenade sur le Web, tout se passe au mieux parce que vous passez pas mal de temps à contempler la page que vous venez de charger, ce qui permet au fichier de continuer à se transférer. En général, il est inutile de télécharger plus de deux fichiers à la fois.

Favoris et signets

Les *bookmarks* vous permettent de mémoriser facilement les URL des pages Web que vous souhaiteriez revisiter. En France, on les appelle des *signets*, sauf Microsoft, qui leur a donné le nom de *favoris*. Voyez cela comme un carnet d'adresses que vous n'aurez qu'à "feuilleter" pour retrouver les adresses des sites qui vous intéressent.

L'approche de Netscape

Pour accéder aux signets de Netscape Navigator 6, cliquez sur le menu Signets. Pour ajouter un signet correspondant à la page actuellement affichée, cliquez sur la rubrique Ajoutez la page en cours ou tapez <Ctrl>+<D>. Les signets se présentent comme des entrées du menu qui apparaît lorsque vous cliquez sur le bouton Signets. Pour atteindre une des pages de la liste, il suffit de cliquer sur l'entrée correspondante.

Pour raccourcir votre liste de signets, cliquez sur le menu Signets puis sur la rubrique Gérer les signets. Dans la fenêtre qui s'affiche (voir la Figure 7.1), cliquez du bouton droit sur le signet que vous voulez supprimer puis, dans le menu qui surgit, sur la rubrique Supprimer.

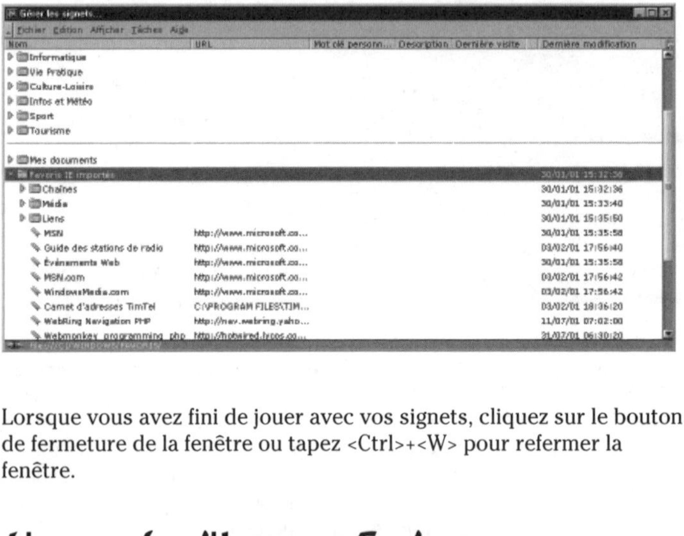

Figure 7.1 : Comment se présente la fenêtre des signets avec Netscape Navigator.

Lorsque vous avez fini de jouer avec vos signets, cliquez sur le bouton de fermeture de la fenêtre ou tapez <Ctrl>+<W> pour refermer la fenêtre.

L'approche d'Internet Explorer

Vous pouvez enrichir votre liste de "favoris" avec l'URL de la page couramment affichée, puis consulter et réorganiser votre dossier des favoris. Sous Windows, le dossier des favoris est partagé avec d'autres programmes qui peuvent, eux aussi, y ajouter des éléments. C'est pourquoi on peut y trouver un peu n'importe quoi et pas seulement des éléments touchant au Web.

Pour ajouter la page courante à la liste des favoris, cliquez sur l'entrée Ajouter aux favoris dans le menu Favoris. Pour consulter le dossier des favoris, cliquez sur Favoris/Organiser les favoris.

La Figure 7.2 montre comment se présente la liste avec la version 5.5 pour Windows 32 bits. Vous pouvez créer des sous-dossiers pour y ranger différentes catégories de liens. Pour créer un dossier, cliquez sur le bouton Créer un dossier (le premier des quatre). Pour déplacer une entrée, sélectionnez-la en cliquant dessus, puis cliquez sur le bouton Déplacer vers le dossier. Dans la fenêtre qui s'ouvre, cliquez sur son nouvel emplacement, puis sur le bouton OK. Pour voir le contenu d'un dossier, double-cliquez sur son nom. Une fois que vous avez fini d'organiser vos favoris, cliquez sur le bouton Fermer.

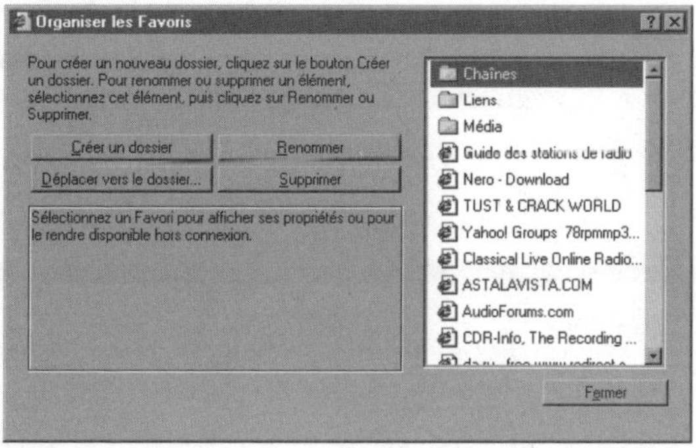

Figure 7.2 : La liste des favoris avec Internet Explorer 5.5.

TRUC

A partir de la version 5 d'Internet Explorer, vous pouvez rendre des pages Web disponibles lorsque votre ordinateur n'est pas connecté en cliquant du bouton droit sur la page souhaitée dans la liste des Favoris, puis en cliquant sur la rubrique Rendre disponible hors connexion. Internet Explorer récupère alors cette page sur le disque et la met à jour de temps en temps lorsque vous êtes en ligne pour que vous puissiez l'afficher hors connexion.

ATTENTION !

Si vous rendez le contenu de nombreuses pages disponible hors connexion, vous vous apercevrez peut-être que votre navigateur passe beaucoup de temps à les mettre à jour. Aussi, lorsque vous n'avez plus besoin de consulter une page hors connexion, pensez à supprimer la coche Rendre disponible hors connexion correspondant à cette page ou supprimez directement cette page de votre liste.

TRUC

Sous Windows 32 bits, le dossier des favoris apparaît dans le menu du bouton Démarrer. Cliquez sur Démarrer/Favoris, puis sélectionnez l'élément souhaité dans le menu proposé. Si cet élément est une page

Web, votre navigateur est aussitôt lancé et si votre ordinateur est connecté, il charge la page correspondante.

Plus vite !

A moins de bénéficier d'une connexion directe à l'Internet par une ligne à haut débit (ou par le câble), vous allez passer une grande partie de votre temps à attendre que vos pages se chargent. Voici quelques astuces pour accélérer les choses.

Au tout début

Lorsque vous lancez votre navigateur, il tente de charger la page d'accueil de sa maison mère ou celle de votre fournisseur d'accès selon sa provenance. Il est facile de supprimer définitivement ce chargement inutile.

Avec Netscape Navigator

Pour cela, procédez comme suit :

1. **Dans le menu Edition, cliquez sur Préférences.** La fenêtre des préférences s'affiche.

2. **Cliquez sur la catégorie Navigator dans la zone située à gauche de la fenêtre.**

3. **Cliquez sur le bouton radio Page vierge** (voir la Figure 7.3).

   Pour spécifier une page quelconque, cliquez sur le bouton radio Page d'accueil, puis indiquez, dans la boîte de saisie, le nom de la page que vous voulez charger.

   Vous avez également la possibilité de démarrer par là où vous avez terminé, en cliquant sur le bouton radio Dernière page consultée.

4. **Cliquez sur OK.**

Avec Microsoft Internet Explorer

Ce n'est pas plus compliqué :

1. **Cliquez sur Outils/Options Internet.**

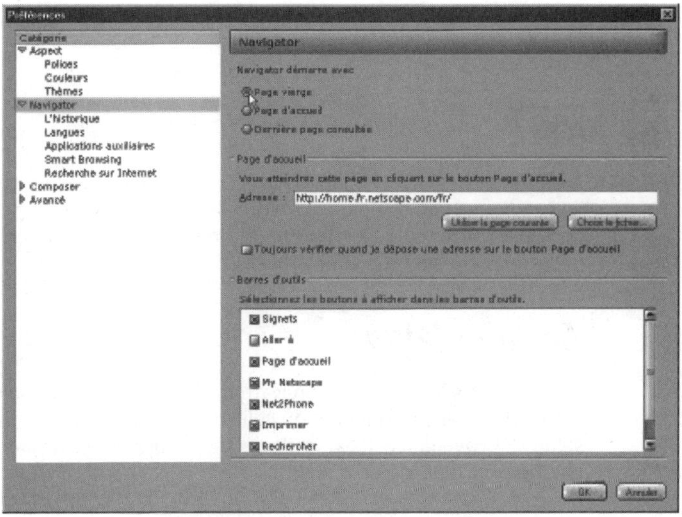

Figure 7.3 : Comment démarrer sur une page vierge avec Netscape Navigator.

2. **Dans l'onglet Général, cliquez sur le bouton Page vierge, à droite, dans la rangée des trois boutons du haut (voir la Figure 7.4).**

3. **Cliquez sur le bouton OK pour refermer la fenêtre.**

Privez-vous des attraits du Web

Vous pouvez gagner beaucoup de temps lorsque vous surfez sur le Web en refusant de charger les images. Le spectacle va beaucoup y perdre en qualité et en attrait, mais vous constaterez une nette accélération.

Avec Netscape Navigator 6

Dans le menu Edition, choisissez Préférences, puis cliquez sur la rubrique Avancées, ce qui va dérouler une liste d'options. Cliquez sur Images. Dans le volet de droite, cliquez sur le bouton placé devant Ne charger aucune image. (Dans les versions antérieures à la version 6, supprimez la coche placée devant l'entrée Charger les images automatiquement.) A la place de l'image, s'affiche une petite icône comportant trois formes géométriques colorées. Si vous voulez quand même voir l'image, cliquez du bouton droit sur cette icône, puis, dans le menu

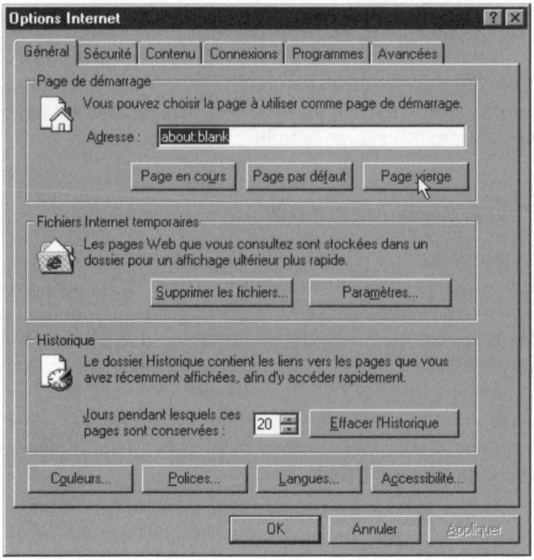

Figure 7.4 : Comment démarrer sur une page vierge avec Internet Explorer.

contextuel qui apparaît, sur l'entrée Afficher l'image. Cliquez sur OK pour refermer la boîte de dialogue.

Avec Microsoft Internet Explorer 5.5

Cliquez sur Outils/Options Internet. Dans le volet Avancées de la fenêtre qui s'affiche, supprimez la coche placée devant l'option Afficher les images (rubrique Multimédia), puis cliquez sur OK. A l'endroit où devrait apparaître une image, s'affiche alors une petite icône comportant trois formes géométriques. Pour voir une image en particulier, cliquez avec le bouton droit de la souris sur cette image et, dans le menu contextuel qui apparaît, choisissez l'option Afficher l'image.

Jouez à cache-cache

Lorsque Netscape Navigator ou Internet Explorer affiche une page, il la sauvegarde sur votre disque dur. Si vous redemandez la même page cinq minutes plus tard, votre navigateur n'ira pas la recharger sur le serveur mais la récupérera depuis le disque dur. C'est la raison pour laquelle l'interdiction de chargement des images peut parfois sembler

ne pas avoir d'effet : les images ne sont effectivement pas rechargées mais récupérées localement.

Cette zone de disque dur est appelée *cache*. Plus vous lui allouez de place et plus vous pourrez y conserver d'images (et de texte). Voici la marche à suivre pour fixer sa taille :

Avec Netscape Navigator

Cliquez sur Editions/Préférences puis, dans la boîte de dialogue Préférences, cliquez sur Avancées puis sur la rubrique Cache. Dans le volet de droite, ajustez les valeurs placées dans les petites cases libellées respectivement Cache en mémoire et Cache sur disque. Les valeurs y sont exprimées en kilo-octets. Par défaut, elles valent respectivement 1 024 et 7 680. Si vous avez une machine récente, bien dotée en mémoire, vous pouvez multiplier ces valeurs par 2 ou 3. Sinon, conservez-les. Cliquez sur OK pour valider vos choix et refermer la boîte de dialogue.

Avec Internet Explorer

Cliquez sur Outils/Options Internet puis sur l'onglet Général. Cliquez ensuite sur le bouton Paramètres dans la zone Fichiers Internet temporaires (Temporary Internet files). La boîte de dialogue Paramètres, qui contient des informations sur le cache, s'affiche. Cliquez sur le curseur marqué Espace disque à utiliser et déplacez-le vers la droite pour augmenter la taille du cache. Pour terminer, cliquez deux fois sur OK.

En principe, le navigateur est censé tester la validité des copies qu'il détient dans son cache. Mais il n'est pas sûr que ce test donne toujours un résultat correct. En cliquant sur le bouton Recharger ou Actualiser, vous aurez davantage de chances d'afficher une page réellement chargée à partir du serveur.

Formulaires à remplir

Un *formulaire* du Web ressemble à un formulaire imprimé en ce qu'il comporte des champs que vous devez renseigner. La Figure 7.5 montre comment se présente un formulaire ordinaire.

Les deux boîtes de saisie du haut sont des zones de texte à renseigner avec les informations demandées (ici, votre nom et votre adresse *e-mail*). Puis, vous trouvez une zone rectangulaire comportant une colonne de cases à cocher et une colonne de boutons radio. Dans la

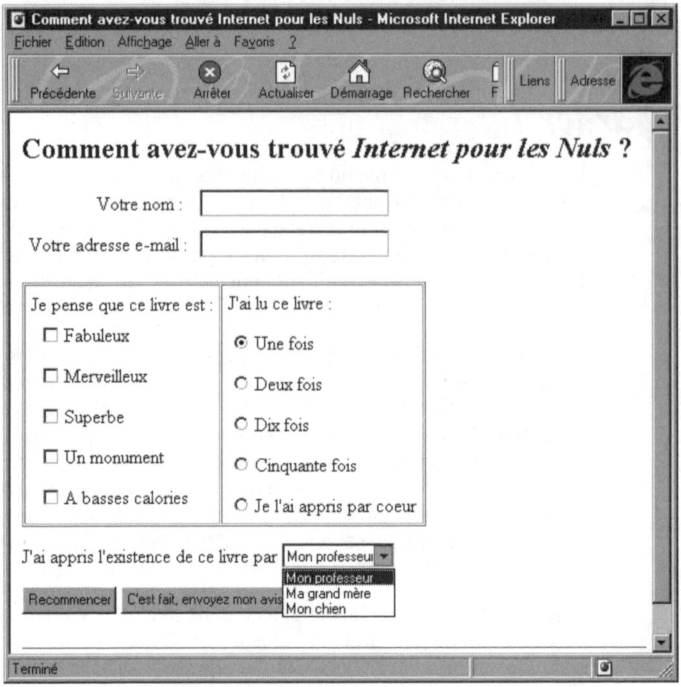

Figure 7.5 : Exemple de formulaire ordinaire.

première, vous devriez trouver une ou plusieurs options qui vous conviennent. Dans la seconde, vous ne pouvez cocher qu'une seule case, car il s'agit de choix mutuellement exclusifs. En dessous, une boîte à liste déroulante vous propose différentes possibilités parmi lesquelles vous pouvez choisir celle qui vous plaît. Généralement, ces boîtes contiennent davantage de choix qu'il n'en pourrait tenir dans l'écran, c'est pourquoi il est prévu un moyen de les faire défiler (le petit bouton en forme de flèche vers le bas, à droite de la petite zone d'affichage). En général (mais pas toujours), un seul choix est autorisé.

Au bas du formulaire, vous voyez deux boutons : celui de gauche vous permet d'effacer tout et de recommencer ; celui de droite (*Submit*, dans la littérature de langue anglaise) envoie les renseignements que vous venez de fournir au serveur qui en fera ce que l'auteur de la présentation Web a prévu.

Certaines pages Web contiennent des rubriques de recherche qui sont en réalité des formulaires simplifiés vous permettant de saisir des mots clés de recherche. Selon le navigateur que vous utilisez, vous

pouvez cliquer sur le bouton d'envoi ou simplement appuyer sur la touche <Entrée>.

A garder !

Sauvegarder une image ou une page Web est chose facile. Vous pouvez enregistrer soit uniquement le texte, soit la version HTML complète de la page, autrement dit le texte accompagné de ses balises de mise en forme (voir le Chapitre 10 pour en savoir un peu plus sur le langage HTML). Vous pouvez également sauvegarder les images qui apparaissent sur les pages Web.

Pour recopier le fichier sur votre disque dur, cliquez sur Fichier/ Enregistrer sous puis, dans la boîte de sélection de fichier, choisissez le répertoire de sauvegarde et indiquez le nom que vous allez donner à ce fichier. Presque toujours, un nom vous est déjà proposé. Dans la boîte de saisie Type, vous avez généralement le choix entre Page Web complète ou HTML (*.htm, *.html) et fichier texte ou texte brut (*.txt). La première option sauvegarde le document sous sa forme originale (document HTML) ; la seconde vous donne un texte dépourvu de tous ses enrichissements. Pour effectuer la sauvegarde, cliquez sur OK.

Pour sauvegarder une image placée dans une page Web, cliquez du bouton droit de la souris sur l'image puis, dans le menu contextuel qui s'affiche, cliquez sur Enregistrer l'image sous. Dans la boîte de dialogue qui s'affiche, sélectionnez le répertoire dans lequel vous voulez placer le fichier graphique, entrez un nom de fichier dans la boîte de saisie Nom, puis cliquez sur le bouton OK ou Enregistrer.

ATTENTION !

Attention au copyright ! Presque tout ce qui est diffusé sur le Net est la propriété de l'auteur. En effectuer une sauvegarde ne vous donne pas pour autant le droit de le reproduire pour votre usage personnel. Avant de réemployer de tels matériaux dans des pages personnelles, le moins que vous puissiez faire est d'envoyer un courrier électronique au propriétaire du site pour lui en demander l'autorisation.

La chose qui tue les arbres (l'impression)

Pour imprimer une page, cliquez sur le bouton d'impression de la barre d'outils ou tapez <Ctrl>+<P>. Vous pouvez également cliquer sur Fichier/Imprimer (ou ce qui y ressemble dans le navigateur que vous utilisez). La mise en forme pour impression peut demander un peu de temps, aussi ne soyez pas trop pressé.

TRUC

Si la page que vous souhaitez imprimer utilise des cadres (une technique qui divise la fenêtre en différentes zones indépendantes), cliquez sur la zone de la fenêtre que vous voulez imprimer avant de valider la commande d'impression ; sinon, il y a de fortes chances pour que vous imprimiez uniquement le cadre le plus extérieur, lequel contient généralement juste un titre et quelques boutons.

Soyez in : dansez, chantez et bavardez avec votre navigateur !

Maintenant, on voit souvent des animations, des banderoles qui clignotent et qui défilent et on entend des musiquettes. Chaque mois apparaissent des nouveautés dans ce domaine, et les navigateurs ont bien du mal à rester dans la course. Vous pouvez étendre les fonctionnalités de Netscape Navigator avec des *plug-ins* qui sont de petits programmes (des assistants, aussi appelés *compléments*) qui viennent l'aider à exécuter certaines fonctions, particulièrement dans le domaine du multimédia. Chez Microsoft, ce sont des contrôles *ActiveX* qui viennent au secours d'Internet Explorer.

Que peut faire un navigateur avec toutes ces informations ? Les ignorer (ou vous proposer de sauvegarder leurs fichiers sur disque) ou encore télécharger le plug-in approprié capable de traiter ce nouveau type d'information et de l'ajouter aux fonctionnalités de Netscape ou d'Internet Explorer. Les fans de *Star Trek* y verront une forme de vie parasitaire qui se colle à votre navigateur et accroît son "intelligence".

Au palmarès des plug-ins

Voici quelques-uns des plug-ins les plus courants :

- **RealPlayer :** Reproduction de fichiers audio au fur et à mesure de leur téléchargement (d'autres programmes doivent attendre que le fichier audio soit complètement chargé avant de lancer sa reproduction). Vous pouvez télécharger une version gratuite du programme sur le site `www.real.com`.
- **QuickTime :** Reproduction d'animations permettant de les "jouer" au fur et à mesure de leur chargement (disponible sur `www.apple.com/quicktime`).
- **Shockwave :** Reproduction de sons et d'animations de types divers (disponible sur `www.shockwave.com`).

Comment utiliser des plug-ins

Vous pouvez trouver des plug-ins pour Netscape Navigator et des contrôles ActiveX pour Internet Explorer aux URL suivantes :

- `http://www.tucows.com`. TUCOWS est un important distributeur de sharewares qui possède plusieurs sites miroirs en France, dont `http://tucows.ciril.fr/` et `http://tucows.club-internet.fr`.
- `http://cws.internet.com`. CWSApps est un autre distributeur de sharewares.
- `http://home.netscape.com`. Le propre site de Netscape.

Une fois que vous vous êtes procuré un plug-in, il faut le lancer, c'est-à-dire double-cliquer sur son nom de fichier dans l'Explorateur de Windows afin de l'installer. Selon ses fonctionnalités, vous avez différents moyens de le tester. En général, choisissez un fichier que ce plug-in puisse "lire", et contentez-vous de regarder (ou d'écouter) ce qui se passe.

Historique ? Quelle histoire !

Tous les navigateurs, quels qu'ils soient, contiennent une fonction très utile souvent appelée Historique. Adjacente à la boîte dans laquelle vous entrez les URL des pages que vous souhaitez afficher, se trouve une petite flèche pointant vers le bas. Lorsque vous cliquez sur cette flèche, une liste des dernières pages Web affichées apparaît. Pour effacer des traces de votre passage, c'est-à-dire retirer des références de cet historique, voici comment procéder :

Netscape Navigator 6 : Choisissez Edition/Préférences, cliquez sur la catégorie Navigator, puis sur le gros bouton Effacer la barre d'outils d'adresse.

Internet Explorer 4.0 et 5.0 et 6 : Choisissez Affichage/Options Internet ou Outils/Options Internet ou Affichage/Volet d'exploration, cliquez sur l'onglet Général, puis sur le bouton Effacer l'Historique. Choisissez Oui lorsque le programme vous demande de confirmer votre choix.

Chapitre 8

Aiguilles et bottes de foin (ou comment trouver ce que l'on cherche sur le Net)

Dans ce chapitre :

- Stratégies de base.
- Passons à la pratique.
- Avec votre navigateur.
- Recherche de personnes sur le Web.
- Et le commerce électronique ?

Le Net offre plusieurs types d'index et de répertoires différents pour rechercher tout ce que vous souhaitez y trouver. Vous pouvez lancer vos recherches exactement comme vous l'entendez, selon ce que vous cherchez et selon la manière dont vous aimez procéder.

Pour structurer cette étude, nous avons défini plusieurs sortes de recherches :

- **Thèmes.** Endroits, choses, idées, entreprises – tout ce que vous voulez savoir sur le sujet.

- **Recherches intégrées.** Recherches par thème qu'un navigateur est capable de lancer automatiquement.
- **Personnes.** Etres humains en chair et en os que vous voudriez contacter ou espionner.
- **Produits et services.** Tout ce que vous pouvez acquérir, depuis un prêt hypothécaire jusqu'à du dentifrice.

TRUC

Index et répertoires : même combat ?

Quand nous parlons de *répertoire*, c'est au sens de l'accessoire de bureau qu'on peut assimiler à un carnet d'adresses. Plus précisément, il s'agit d'une liste dont les entrées sont réparties par catégorie, partiellement ou totalement, par une main humaine et non par un ordinateur. On peut dire que le sommaire de ce livre est un répertoire.

En revanche, un *index* est une liste de mots clés extraits d'articles desquels ont été supprimés tous les *le, la, au, aux*, etc., c'est-à-dire tout ce qui n'est pas vraiment significatif. La recherche s'effectue ainsi sur les mots et l'on obtient toutes les entrées qui les contiennent. Un peu comme l'index qui se trouve à la fin de ce livre.

Chacun de ces deux systèmes présente des avantages et des inconvénients. Les répertoires bénéficient d'une meilleure organisation, mais les index recensent davantage de termes. Les répertoires utilisent une terminologie cohérente, alors que les index utilisent tous les termes, quels qu'ils soient, des pages Web référencées. Les répertoires comportent donc moins de pages inutiles, mais les index (dans la mesure où ils sont générés plus ou moins automatiquement) sont plus souvent mis à jour.

Il y a un certain degré de recoupement entre les deux méthodes ; Yahoo!, par exemple, le répertoire de pages Web le plus connu, vous permet d'effectuer des recherches par mot clé, et de nombreux index classent leurs entrées par catégorie, ce qui vous aide à affiner votre recherche.

Pour trouver quelque chose sur un sujet donné, nous allons utiliser l'un des nombreux index et répertoires disponibles tels que Yahoo! et AltaVista. Pour rechercher des personnes, nous devrons utiliser des annuaires qui sont différents des répertoires des pages Web.

Stratégies de base

Lorsque nous devons faire une recherche sur le Web concernant un sujet précis, nous commençons toujours avec un des guides du Web (index et répertoires) que nous allons étudier dans cette section.

Tous s'utilisent à peu près de la même façon :

1. **Lancez votre navigateur (Netscape Navigator, Internet Explorer ou autre).**
2. **Pointez-le sur le répertoire ou l'index que vous préférez.** (Vous trouverez une liste de leurs URL un peu plus loin dans cette section.)

   Une fois la page d'accueil chargée, vous avez le choix entre deux approches possibles :
3. **a.** S'il existe une boîte de saisie, tapez-y quelques mots clés et cliquez sur Search (ou Recherche). C'est l'approche par index. Après un délai plus ou moins long, une page d'index va vous être renvoyée avec des liens vers les pages qui correspondent à vos critères de recherche.

   b. Si vous voyez une liste de liens vers différents domaines délimitant le sujet de votre recherche, choisissez celui qui, à vos yeux, s'en rapproche le plus.
4. **Affinez et répétez votre recherche jusqu'à ce que vous trouviez quelque chose qui vous convienne.** De clic en clic, vous finirez par trouver ce que vous recherchez.

Vous avez certainement entendu parler des *moteurs de recherche*. Il s'agit d'un terme générique recouvrant à la fois les index et les répertoires.

Passons à la pratique

Nous allons vous expliquer comment nous procédons. Nous utiliserons pour cela nos deux moteurs de recherche favoris : Yahoo!. (qui est un répertoire) et AltaVista (qui est un index).

Yahoo!, le roi des répertoires

Il existe deux façons de trouver quelque chose avec Yahoo! (N'oubliez pas le point d'exclamation, il fait partie du nom.) La plus facile

consiste à cliquer de catégorie en catégorie jusqu'à ce que vous trouviez votre bonheur.

Yahoo! (`http://www.yahoo.com`) est l'un des moteurs de recherche qui ont essaimé dans quelques pays européens, dont la France où son URL est `http://www.yahoo.fr` ou `http://fr.yahoo.com`. Sa page d'accueil se présente comme vous le montre la Figure 8.1.

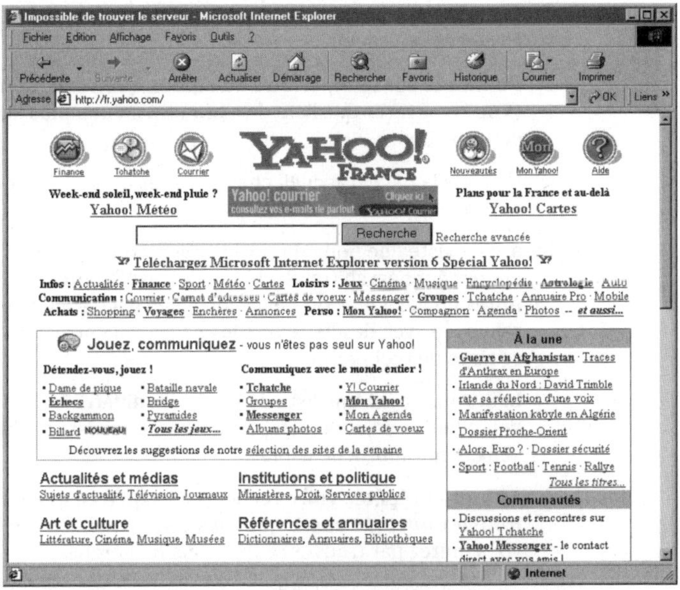

Figure 8.1 : Page d'accueil de Yahoo! France.

Attention, *il n'y a pas* de point d'exclamation dans ces URL.

En tête de chaque page de Yahoo!, vous trouvez la liste des catégories, sous-catégories, et les liens qui mènent à la page correspondante. Si vous voulez revenir un ou plusieurs niveaux plus haut et vous diriger vers d'autres sous-catégories, cliquez sur l'une de ces références. Avec un peu de pratique, ces manœuvres de va-et-vient vous deviendront familières.

Certaines catégories de Yahoo! offrent plus de détails que d'autres. Si vous recherchez une page commerciale par exemple, cela peut vous aider de savoir que Yahoo! place toute information reliée de près ou de loin au commerce dans la catégorie Commerce et économie. Si vous souhaitez consulter le site des éditions First, par exemple, et n'en

connaissez pas l'adresse exacte, vous pouvez y parvenir en cliquant sur la catégorie Commerce et économie, puis en cliquant sur Produits et services pour les particuliers sur cette page, puis sur Informatique, ensuite sur Livres et enfin sur Maisons d'édition. Vous obtenez alors la page illustrée sur la Figure 8.2.

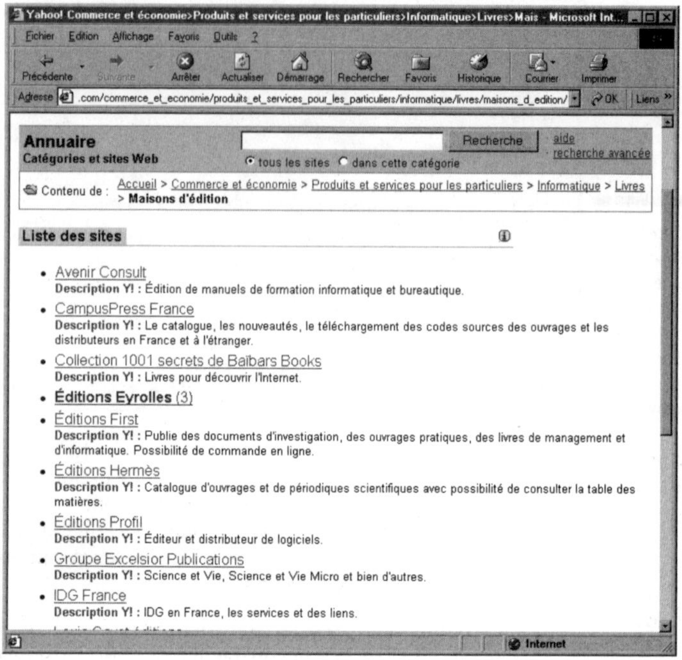

Figure 8.2 : Liste des éditeurs informatiques en partant de la rubrique initiale Commerce et économie.

Plus vite avec Yahoo!

Plutôt que de partir à la découverte en cliquant de sous-catégorie en sous-catégorie, vous pouvez aussi demander une recherche par mot clé. Dans l'exemple précédent, il aurait été plus simple et surtout bien plus rapide d'utiliser comme clé de recherche le nom "First" et de le taper dans la boîte de saisie située à côté du bouton Recherche. Vous auriez alors directement atterri sur la page que vous montre la Figure 8.3.

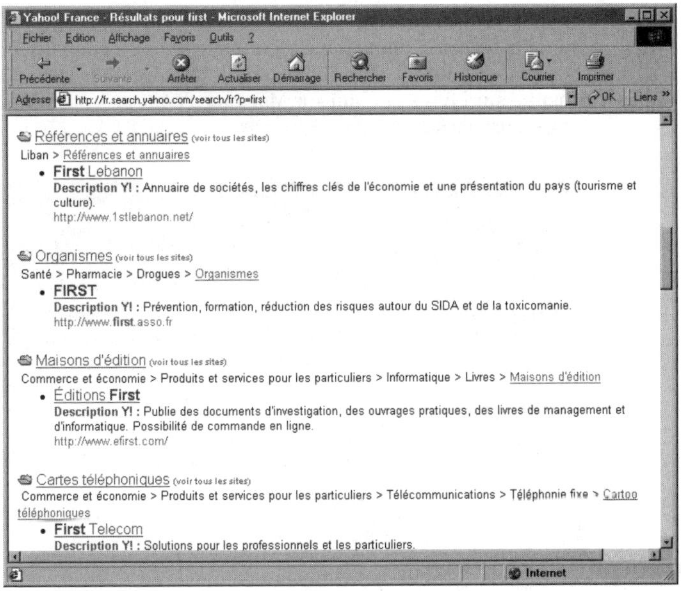

Figure 8.3 : Résultat d'une recherche avec Yahoo! sur le nom "First".

Au-dessus de chaque entrée répertoriée, Yahoo! indique la catégorie d'où elle provient. Si l'entrée trouvée ne correspond pas exactement à ce que vous recherchez, vous pouvez toujours cliquer sur la catégorie à laquelle elle appartient pour trouver d'autres titres connexes qui pourront peut-être mieux vous satisfaire.

Si Yahoo! trouve des tonnes de pages (leur nombre est indiqué pour chaque catégorie), cela signifie qu'il faut resserrer votre recherche, peut-être en associant plusieurs mots clés ou critères de recherche. Pour cela, cliquez sur Recherche avancée, à côté du bouton Recherche. Vous allez arriver sur une page de recherche plus fouillée qui vous indiquera comment préciser davantage l'objet de votre recherche. Elle vous permet notamment de limiter votre recherche dans le temps : afficher par exemple les sites créés il y a moins d'un an (la valeur par défaut étant de trois ans).

Autres voies de recherche avec Yahoo!

Yahoo! est aussi un *portail*, ce qui signifie qu'il contient d'autres bases de données auxquelles vous pouvez accéder par son point d'entrée, ce qui est conçu pour que vous l'utilisiez davantage. Chacune d'entre

elles est identifiée par un lien qui apparaît dans la page d'accueil juste au-dessous de la boîte de saisie Recherche. En voici quelques uns :

- **Mon Yahoo! :** Pour accéder à une page de démarrage personnalisée avec en-têtes, résultats sportifs, etc., selon les préférences que vous avez définies.
- **Courrier :** Pour obtenir une adresse e-mail gratuite sur le format `@yahoo.fr`.
- **Annuaire Pro :** Annuaire des entreprises.
- **Annuaire** : Adresses et numéros de téléphone. Un peu comme notre Minitel national.
- **Petites annonces :** Petites annonces (à lire ou à composer) concernant des sujets aussi divers que voitures, appartements, ordinateurs, emplois.
- **Tchache :** Vous permet de dialoguer en direct avec vos amis sur le Web.

AltaVista

AltaVista, notre index préféré, possède un index gigantesque de tous les mots qu'on peut rencontrer dans les pages explorées. Cela complique un peu les recherches si on ne veut pas ramener trop de "bruit de fond". En particulier, il est important d'affiner votre recherche afin d'aboutir à quelque chose de plus facile à gérer.

Par exemple, si vous recherchez des informations sur le fromage italien appelé "gorgonzola" en vous limitant à la langue française et aux sites de notre pays, vous n'allez obtenir "que" 324 pages (voir la Figure 8.4). D'un autre côté, si vous cherchez une recette de gâteau au citron et que vous tapez les mots "gâteau citron", AltaVista va fièrement vous annoncer qu'il a trouvé 52 224 pages (voir la Figure 8.5).

Comment affiner sa recherche avec AltaVista

Il est plus facile d'affiner la recherche avec AltaVista qu'avec Yahoo!. Après chaque recherche, les termes de celle-ci sont affichés dans une boîte située en haut de la page, ce qui vous permet de les modifier commodément et de lancer une nouvelle recherche. Voici quelques indications sur la façon de faire ces modifications :

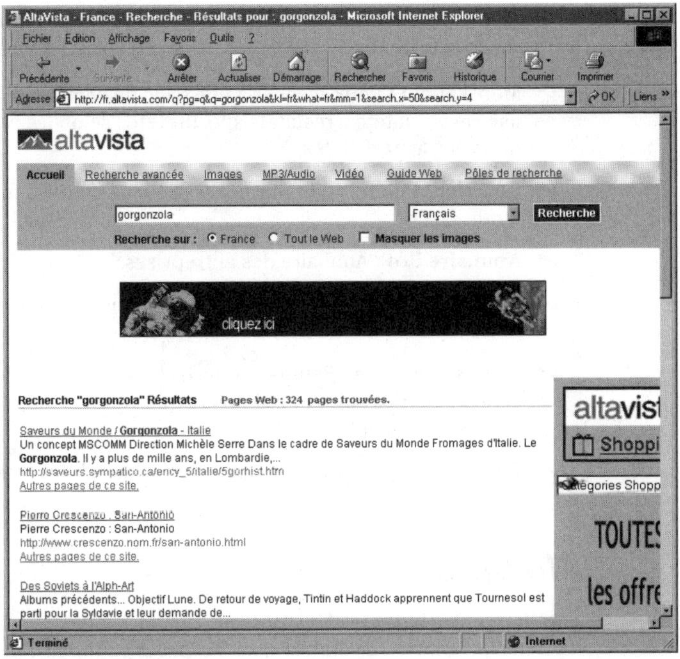

Figure 8.4 : AltaVista ne connaît que 324 pages traitant du gorgonzola…

- Tapez la plupart des mots en minuscules et les noms propres avec une majuscule initiale comme dans `Elvis`. Ne tapez aucun mot uniquement en majuscules.
- Si deux ou plusieurs mots doivent apparaître ensemble, entourez-les par des guillemets comme dans `"Elvis Presley"`.
- Servez-vous des signes + et – pour spécifier les mots qui doivent apparaître ou, au contraire, ne pas apparaître, comme dans `+Elvis+Costello-Presley` si vous recherchez l'Elvis moderne et non le King.

TRUC

AltaVista vous permet de limiter la recherche à des documents écrits dans une langue particulière. C'est ce que nous avions fait pour le gorgonzola en cliquant sur la flèche pointant vers le bas, à côté de l'option *tous langages* et en choisissant Français.

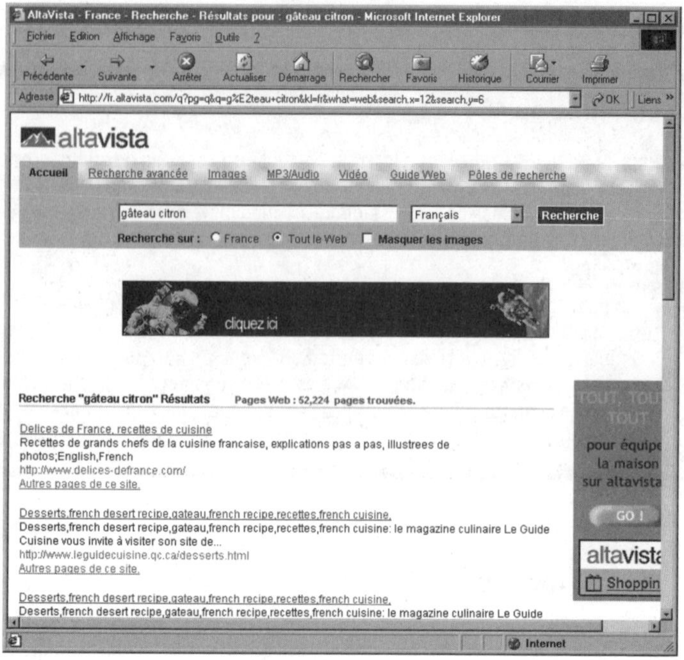

Figure 8.5 : ... mais il en recense 52 224 ayant trait au gâteau au citron.

Yahoo! et plus

Notre expérience nous a montré que, pour une recherche efficace, il fallait commencer par consulter le répertoire de Yahoo! Ensuite, si on n'y trouve rien qui convienne, essayer les autres outils de recherche proposés. Si vous regardez de près le bas d'une page contenant les résultats d'une recherche sur Yahoo!, vous y verrez des liens vers d'autres moteurs de recherche. En cliquant sur l'un d'eux, vous vous trouverez transporté dans une page du moteur de recherche choisi vous montrant les résultats de la recherche en cours.

Recherche d'entreprises

Les sites de recherche dont les noms suivent vous donneront des informations presque exclusivement sur des entreprises américaines.

TRUC

Le blues du 404

Plus souvent qu'à notre tour, lorsque nous cliquons sur un des liens proposés par Yahoo! ou un de ses compétiteurs, nous aboutissons à un message du genre `404 not found`. Qu'est-ce que ça signifie ? Tout simplement que les pages Web vont et viennent à grande vitesse et que les moteurs de recherche ont bien du mal à se tenir à jour.

A cet égard, les index automatisés comme celui d'AltaVista sont mieux faits que les répertoires du genre de Yahoo!. Les systèmes automatisés utilisent des robots logiciels qui visitent et revisitent périodiquement les adresses indexées et notent celles qui n'existent plus. Mais, même ainsi, il peut s'écouler plusieurs mois avant que ces disparitions soient repérées et, pendant ce temps-là, il peut se passer bien des choses sur le Web.

Hoover's

```
http://www.hoovers.com
```

Hoover's est depuis longtemps un spécialiste de l'édition des annuaires papier, qui a maintenant un pied sur le Net. Son site Web offre plusieurs services gratuits et davantage sur abonnement, mais même le peu que vous obtiendrez gratuitement vaut la peine de s'y connecter.

Demandez à EDGAR

```
http://edgar.sec.gov (gouvernement)
http://www.edgar-online.com (privé)
```

C'est le serveur de l'U.S. Securities and Exchange Commission (SEC) – l'équivalent de notre COB, Commission des opérations de Bourse – qui collecte des informations financières officielles sur les entreprises. Bien qu'il s'agisse là de documentation plutôt aride, si vous êtes capable de la comprendre, vous y trouverez beaucoup de choses intéressantes, par exemple le salaire de Bill Gates.

D'autres serveurs pour les affaires

Des tonnes d'informations existent sur le Net. Voici quelques-uns des endroits que vous pouvez commencer à explorer pour les découvrir.

Inc. magazine

```
http://www.inc.com
http://www/inc.com/500
```

Chaque année, le magazine *Inc.* établit un classement des 500 entreprises qu'il préfère.

Yellow Pages

```
http://www.bigyellow.com
http://www.switchboard.com
http://www.abii.com
```

L'équivalent de nos "Pages jaunes" (devinez qui a copié sur qui ?) mais pour les entreprises américaines.

Quelques annuaires européens

- L'annuaire Pro de Yahoo! France : `http://fr.yp.yahoo.com`.
- Annuaires professionnels des entreprises françaises : `http://www.adx.fr`, `http://www.guidexpress.fr`, `http://www.entreprises.fr`.
- L'annuaire européen des affaires : `http://www.europages.com/home-fr.html`.
- Nos Pages Jaunes à nous : `http://www.pagesjaunes.fr`.

Recherche de personnes

Trouver quelqu'un sur le Net n'est pas chose facile, surtout pour les personnes n'habitant pas les Etats-Unis. Il existe deux systèmes de recherche de personnes qui se recoupent : ceux qui recherchent des personnes sur le Net avec adresse *e-mail* et/ou Web, et ceux qui recherchent des personnes dans la vie réelle avec adresse postale et numéro de téléphone. Pour ce dernier type de recherche, rappelons

l'existence du Minitel, qu'on peut fort bien consulter à partir d'une interface Minitel sur ordinateur.

Comme il n'existe pas et n'a jamais existé de document comparable à un annuaire papier pour les adresses Internet, une telle recherche sera presque toujours un coup d'épée dans l'eau. Les différents serveurs de recherche utilisent chacun des sources d'informations différentes, ce qui fait que leurs résultats ne se recoupent généralement pas. Leur caractéristique commune est de ne pas être à jour et de traîner des références périmées depuis longtemps.

Pour savoir si quelqu'un a une page Web, utilisez AltaVista et recherchez son nom. Si vous voulez savoir quelle est l'étendue de votre popularité, vous risquez quelques surprises, particulièrement si votre patronyme est répandu ou a une connotation historique.

Yahoo! France Annuaire

`http://fr.people.yahoo.com`

Vous pouvez, ici, effectuer trois types de recherche : numéro de téléphone d'un particulier, numéro de téléphone d'une entreprise et recherche d'une adresse e-mail. Le formulaire proposé est illustré sur la Figure 8.6.

Les Pages Blanches

`http://wwwpagesblanches.com`

Le courrier, une fois encore

Les listes de diffusion constituent une autre ressource d'importance. La plupart d'entre elles acceptent volontiers des questions correctement et poliment formulées concernant les sujets qu'elles traitent. Consultez le Chapitre 13 pour en savoir plus sur les listes de diffusion.

Et le commerce électronique ?

Tous les répertoires et index sérieux font une large part aux entreprises de vente en ligne. Certains d'entre eux sont sponsorisés par VISA.

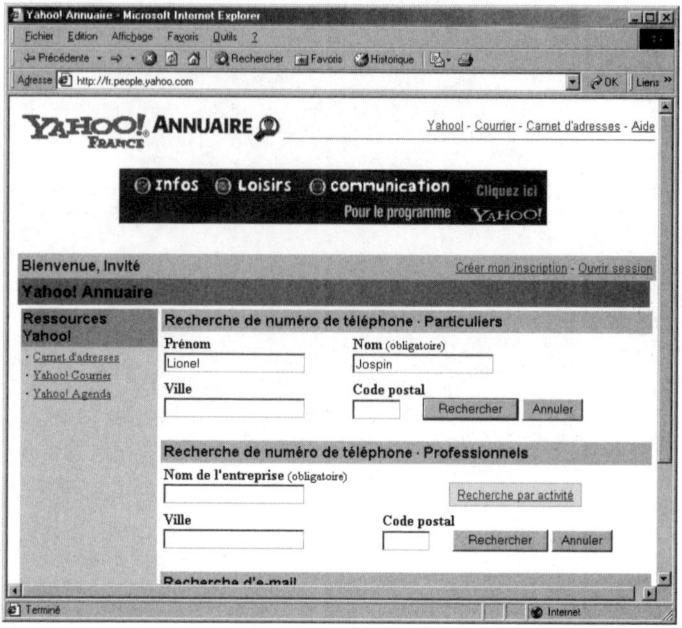

Figure 8.6 : L'annuaire de Yahoo! France.

Vous pouvez y trouver des grands magasins et des catalogues proposant à peu près n'importe quel article. Nous vous en dirons davantage dans le Chapitre 9.

Chapitre 9

Le commerce électronique

Dans ce chapitre :

- Pour ou contre les achats en ligne.
- Le problème des cartes de crédit.
- Allons faire nos courses !
- Tour d'horizon de quelques sites marchands.

Sans doute avez-vous déjà acheté quelque chose ou réservé un billet de train ou d'avion avec un Minitel. Avec l'Internet, c'est le monde entier qui s'offre à votre convoitise.

Pour ou contre les achats en ligne

Voici les raisons pour lesquelles nous aimons bien faire nos achats en ligne :

- Les magasins en ligne sont ouverts toute la nuit et vous n'agacez personne si vous ne faites que regarder pendant des jours et des jours avant d'acheter.
- Le choix peut être meilleur et les prix parfois inférieurs.
- Ceux qui vivent dans des petites villes perdues dans la campagne trouvent sur le Net de nombreux articles difficiles à dénicher, sinon introuvables, dans leur village.

D'un autre côté, voici quelques raisons qui nous poussent à ne pas *tout* acheter sur le Net :

- Vous ne pouvez pas physiquement essayer, tester ou regarder ce que vous achetez, et parfois, les délais de livraison sont assez longs.
- Nous aimons bien nos petits commerces locaux, et nous essayons de contribuer à l'économie de notre région aussi souvent que nous le pouvons.

Le problème des cartes de crédit

La plupart du temps, c'est avec une carte de crédit qu'on règle ses achats en ligne. Cependant, beaucoup de gens craignent que des individus malintentionnés et armés de divers outils électroniques soient à l'affût pour tenter de s'approprier les numéros de cartes de crédit circulant sur le Net. Jamais tel incident ne nous est arrivé. Sachez que la plupart des entreprises de vente en ligne effectuent leurs transactions commerciales en mode sécurisé (les informations que vous leur envoyez sont chiffrées). Et puis, songez que tenter d'intercepter une information de ce type dans le flot du trafic de l'Internet est une véritable gageure, même sans chiffrement.

Allons faire nos courses !

Il existe deux méthodes générales d'achat sur le Net :

- **Avec un caddie virtuel.** Vous ajoutez au fur et à mesure que vous les voyez les articles choisis dans votre caddie puis vous visualisez le récapitulatif. A tout moment vous pouvez ajouter ou retirer des articles à votre gré, de la même façon que dans un véritable magasin, à ce détail près que vous n'êtes pas obligé, ici, de remettre l'article dans son rayon.
- **Sans caddie virtuel.** Ou bien vous commandez un seul article à la fois, ou bien vous remplissez un formulaire de commande en cochant des cases en face du nom des articles commandés.

Dans les deux cas, il ne vous reste plus qu'à indiquer votre mode de paiement ainsi que toutes indications utiles pour la livraison.

Un achat simple

Nous allons visiter le site Web américain appelé *Great Tapes for Kids*, qui propose des cassettes vidéo ou audio et des livres pour enfants.

Pointez votre navigateur sur l'URL `www.greattapes.com` et vous verrez ce que montre la Figure 9.1.

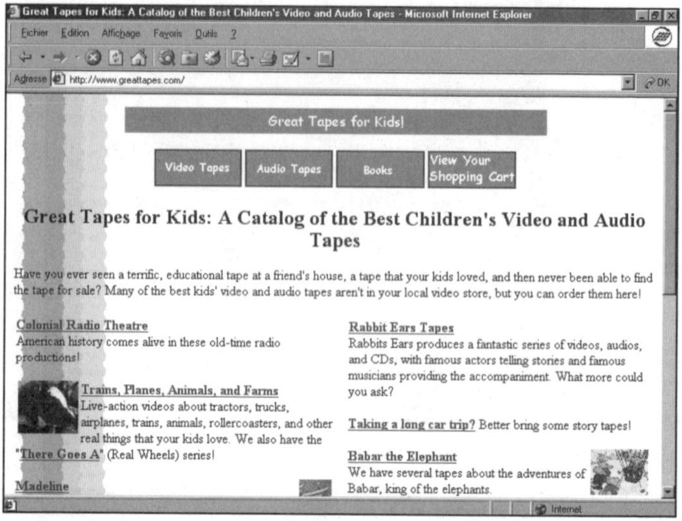

Figure 9.1 : Bienvenue sur le site Web Great Tapes for Kids.

Les cookies

Les *cookies* sont de petits morceaux de texte envoyés par un site Web à un ordinateur client. Ils sont stockés sur votre ordinateur sous la forme d'un petit fichier (pas plus de 4 Ko de texte). Ils permettent à un serveur Web de mieux suivre votre "caddie virtuel" contenant les produits sélectionnés mais non encore achetés, même si vous déconnectez votre ordinateur avant de conclure votre achat. Vous pouvez voir les cookies en consultant un fichier dont le nom ressemble à `cookies.txt`. (Avec Netscape Navigator, il se trouve probablement dans votre dossier C:\Program Files\Netscape\Users*votrenom*. Avec Internet Explorer, vos cookies sont rangés dans le dossier C:\Windows\Cookies.)

Une fois que vous aurez fait votre choix, cliquez sur l'icône Order form (bon de commande) dans l'une des pages du site. Un bon de commande de grande taille va s'afficher avec une case en face de chaque titre, comme le montre la Figure 9.2. Faites-le défiler et cochez les articles choisis. Au bas du bon de commande, indiquez dans le formulaire votre identité et le moyen de paiement choisi (Figure 9.3).

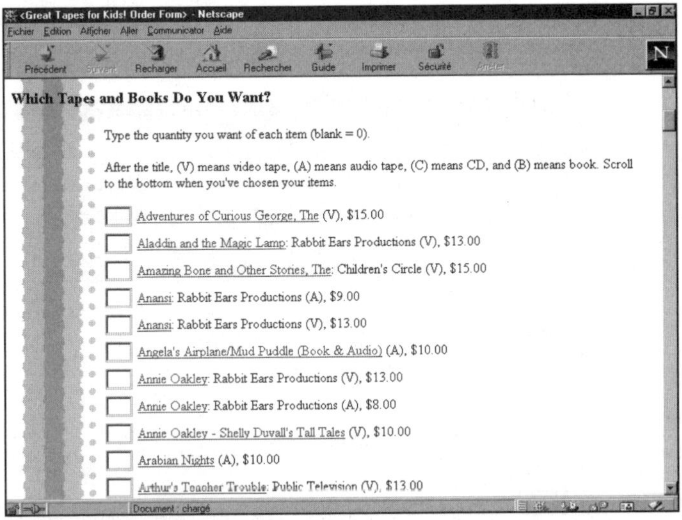

Figure 9.2 : Cochez la case en face de l'article que vous commandez.

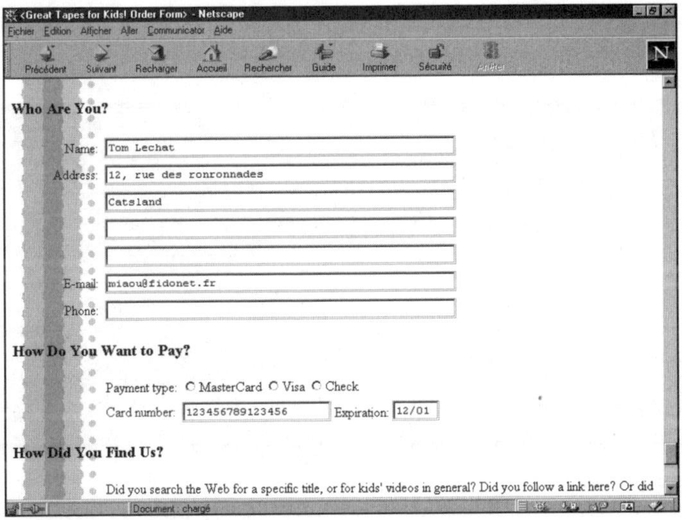

Figure 9.3 : Les derniers détails ne sont pas les moins importants.

Si vous craignez d'y inscrire votre numéro de carte de crédit, vous pouvez laisser cette case vierge et communiquer plus tard ce renseignement par téléphone. Cliquez ensuite sur le bouton Send (envoyer)

et votre commande sera enregistrée. Vous recevez généralement un message d'accusé de réception.

Des achats plus élaborés

Au cours de votre visite d'un site marchand, vous pouvez remplir votre caddie virtuel avec les articles sélectionnés, en ajouter et en supprimer à votre gré, simplement en cliquant sur un bouton marqué "Ajouter à votre caddie" ou quelque chose du même genre. Ensuite, lorsque vous avez ainsi repéré tous les articles qui vous intéressent, vous pouvez passer en caisse pour payer les articles placés dans votre panier. Jusqu'au dernier moment, vous conservez la faculté de supprimer les articles qu'après réflexion vous avez décidé de ne pas acquérir.

C'est ce qui a été réalisé dans la nouvelle version de Great Tapes for Kids. Au moment où vous cliquez sur le bouton Order (commande), l'interminable liste d'articles a disparu, faisant place à la page du caddie virtuel dont la partie la plus intéressante est visible sur la Figure 9.4. On voit que seul l'article sélectionné y figure déjà.

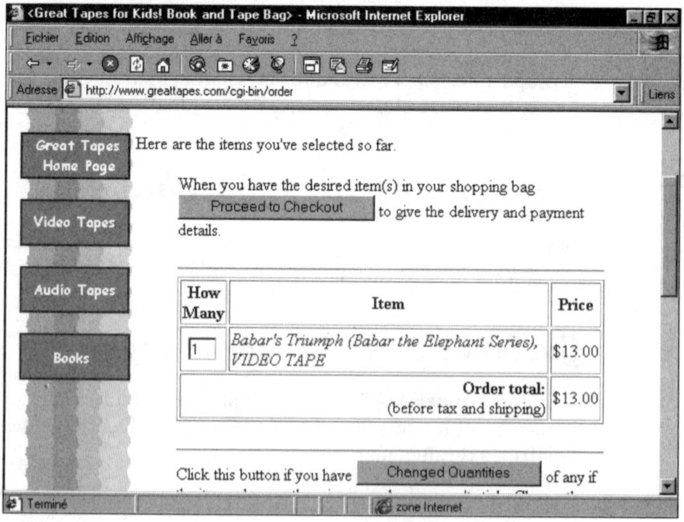

Figure 9.4 : Un éléphant dans un caddie (virtuel) !

Supposons qu'une seule cassette vidéo ne vous suffise pas parce que vous avez deux neveux. Vous allez cliquer sur le bouton Resume Shopping (reprendre le cours des achats), chercher une autre cassette

et cliquer à nouveau sur Order. Vous avez maintenant deux cassettes sur votre carte d'achats, comme on le voit sur la Figure 9.5.

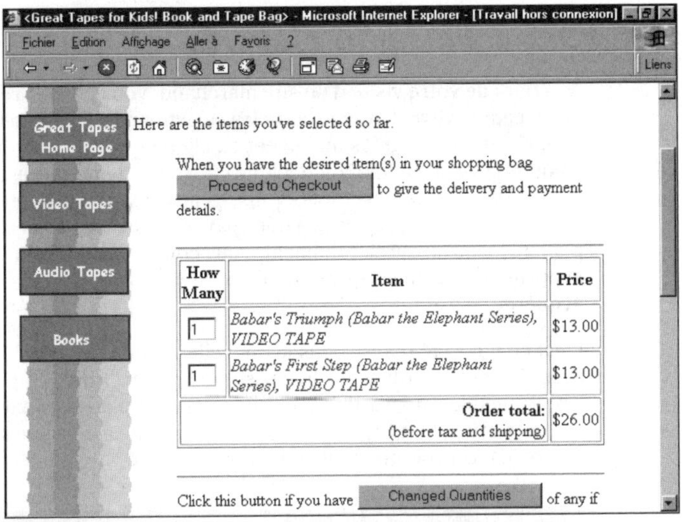

Figure 9.5 : Deux éléphants dans le même caddie !

La plupart des sites marchands utilisent la méthode des cookies, dont nous avons parlé plus avant, pour vous identifier.

Tour d'horizon des sites marchands

Dans le reste de ce chapitre, nous allons vous présenter quelques sites marchands (ou *e-commerces*).

Quelques portails pour le shopping

Pour commencer, voici une petite liste de portails offrant une rubrique Shopping sur laquelle il suffit de cliquer pour accéder à une multitude de vitrines de sites marchands :

- **Yahoo! Shopping** (`fr.shopping.yahoo.com`) : C'est l'un des plus avancés.
- **Wanadoo** (`www.wanadoo.fr`) : La rubrique Shopping de Wanadoo est une des plus anciennes du Web. Elle expose plus d'une trentaine d'enseignes.

- **Citons encore :** `www.aol.fr`, `www.msn.fr`, `www.tiscali.fr`, `www.rueducommerce.fr`.

Si vous partez en voyage

Voici deux portails et un site à connaître par ceux qui projettent de partir en voyage :

- **Yahoo! Voyages :** `fr.travel.yahoo.com`.
- **Dégriftour :** `www.degriftour.com`. Nombreux vols et séjours, et vols dégriffés à des prix cassés.

Le veau d'or

Si vous aimez jouer en Bourse, vous trouverez une gamme remarquable de ressources en ligne propres à satisfaire votre passion. Voici, sans engagement de notre part, quelques adresses de sites boursiers en France (informations, conseils, négociation...) :

- `www.cob.fr`. La très officielle Commission des opérations de bourse dont la page d'accueil est reproduite sur la Figure 9.6.

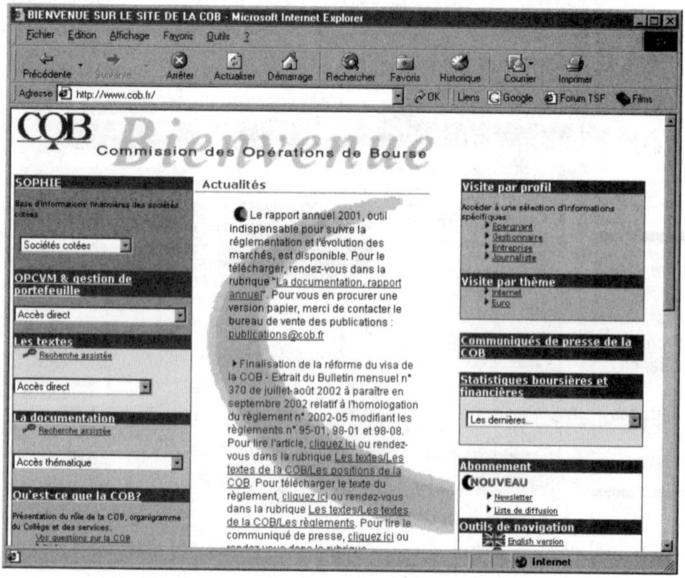

Figure 9.6 : La page d'accueil du site Web de la COB.

- www.boursier.com.
- www.boursedirect.fr.
- www.abcbourse.com.
- www.boursediscount.com.
- www.i-bourse.fr.

Livres et produits similaires

C'est probablement le domaine où l'achat en ligne est le moins risqué (pas de problème de taille, de couleur ou de matière). Voici quelques adresses de base :

- **Amazon.com** (www.amazon.com aux Etats-Unis ; www.amazon.fr, en France – voir la Figure 9.7). C'est l'un des plus importants sites marchands consacrés aux livres de l'Internet. Son catalogue est énorme et vous pouvez recevoir en quelques jours la plupart des articles qui y figurent.

Figure 9.7 : Tous les livres disponibles en France sont répertoriés sur Amazon.fr.

- **La FNAC** (`www.fnac.com`). Livres, disques, voyages, spectacles, etc., ainsi que d'autres informations dans le domaine culturel ou multimédia. Sa page d'accueil est illustrée par la Figure 9.8.

Figure 9.8 : Une grande enseigne sur le Net.

- **Citons encore :** `www.alapage.com`, `www.chapitre.com` et `www.librairieonline.com`.

Habillement

Les deux principales d'enseignes de VPC bien connues des habitués du Minitel ont maintenant leur site Web :

- **La Redoute :** `www.redoute.fr`.
- **Les 3 Suisses :** `www.3suisses.fr`.

Ventes aux enchères et marchandises d'occasion

Sur le Net, plusieurs sites vous permettent de participer à des ventes aux enchères en ligne offrant de nombreux articles allant d'ordinateurs complets ou en pièces détachées à des antiquités. Tout s'y passe comme dans les ventes aux enchères traditionnelles : si vous savez ce que vous faites, vous pouvez y réaliser de bonnes affaires, sinon, vous risquez fort de ne pas en avoir pour votre argent.

Certains sites vous permettent de proposer vous-même des articles à la vente, ce qui est une façon comme une autre de vous débarrasser de tout le fatras qui encombre votre maison.

- **eBay** (`www.ebay.com`) : C'est le site d'enchères le plus populaire aux Etats-Unis.
- **Wanadoo** (`aucland.wanadoo.fr`) : Site de vente de Wanadoo. Sa rubrique Enchères renferme de nombreuses catégories (Art et Antiquités, Auto-Moto, Informatique, Voyages, Circuits, etc.).

La check-list de l'acheteur en ligne

Voici quelques-unes des questions que vous devez vous poser lorsque vous effectuez des achats en ligne. Vous remarquerez qu'elles ne sont pas très différentes de celles qui conviennent aux achats traditionnels.

- Est-ce que la description des articles est suffisamment claire pour que vous vous rendiez bien compte de la nature de votre achat ?
- Est-ce que les prix proposés sont compétitifs, comparativement à d'autres entreprises de VPC ou au commerce traditionnel ?
- Est-ce que les produits proposés sont en stock ? Sinon quel est leur délai de livraison ?
- Est-ce que l'entreprise jouit d'une bonne réputation ?
- Peut-on rendre les articles ne convenant pas ?

Chapitre 10

Ma première page Web

Dans ce chapitre :

- Les bases de la publication sur le Web.
- Le texte et l'image.
- Publier ou périr.

Au bout d'un temps plus ou moins long, tout surfeur songe à écrire une page personnelle et à la placer sur le Web. En général, un site Web se compose d'une suite de pages dont la première est traditionnellement appelée *page d'accueil* (*home page*). Si vous souhaitez, vous aussi, avoir la vôtre, lisez ce chapitre.

Bien que la création d'une page ne soit pas difficile, cela peut sembler compliqué pour un nouveau venu à l'informatique. Mais, si vous êtes capable d'utiliser un traitement de texte tel que Word pour taper une lettre, vous pouvez très bien créer une page d'accueil.

Les bases de la publication sur le Web

Si une page d'accueil est une page Web, l'inverse n'est pas vrai. Nous allons donc vous montrer comment créer une page Web, que ce soit ou non une page d'accueil.

Les grandes étapes

Les principales étapes de la création d'un site Web sont très simples :

1. **Ecrivez quelques pages Web.** Commencez par une seule page. N'importe quel éditeur ou traitement de texte peut faire l'affaire mais de nombreux outils logiciels on été spécialement conçus à cet effet. Enregistrez ensuite les pages sur votre disque dur.
2. **Testez-les sur votre propre navigateur.** Avant d'exposer votre œuvre au public, assurez-vous que sa présentation est conforme à ce que vous attendez. Ouvrez vos pages dans votre navigateur (appuyez sur les touches <Ctrl>+<O> et tapez le nom du fichier contenant votre page).
3. **Publiez-les sur le système de votre fournisseur d'accès.** Pour que tout le monde puisse les voir, vous devez les recopier sur les disques de votre fournisseur d'accès ou d'un autre "hébergeur".

Fournisseur d'accès ou hébergeur ?

Outre les fournisseurs d'accès, il existe des professionnels du Web qui acceptent – parfois en vous imposant d'une façon ou d'une autre des bandeaux publicitaires – d'héberger vos pages. En France, nous avons par exemple Multimania (`www.multimania.fr`). C'est une alternative importante si vous estimez, par exemple, que les conditions imposées par votre fournisseur d'accès sont trop contraignantes.

Pour cette dernière phase, le mieux est d'utiliser un logiciel *client FTP* (voir le Chapitre 16). Quelle que soit la méthode choisie, vous devez connaître certains détails avant de procéder :

- **Le nom de l'ordinateur vers lequel vous téléchargez vos fichiers.** Ce n'est généralement pas le même que celui du serveur Web. Par exemple, chez Multimania, l'URL du serveur FTP est `ftp.multimania.com` alors que l'URL de la page d'accueil est `www.multimania.fr`.
- **Le nom d'utilisateur et le mot de passe pour effectuer des échanges FTP.** Ce sera généralement les mêmes que ceux que vous utilisez pour vous connecter au Net, sauf si vous utilisez les services d'un hébergeur différent.
- **Le nom du répertoire du serveur vers lequel vous téléchargez vos pages.** Presque toujours, ce sera inutile car vous serez

automatiquement dirigé vers le répertoire qui vous a été attribué et qui correspond à votre nom d'utilisateur.

- **Le nom de fichier correspondant à votre page d'accueil.** Vous pouvez donner à votre page d'accueil le nom qui vous convient mais on préfère souvent l'appeler `index.htm` ou `index.html`.
- **L'URL de vos pages.** Elle vous aura été précisée par celui qui héberge votre page. Par exemple : `jules.dupont.multimania.com` ou `www.chez.fr/votre page`. Chez le fournisseur d'accès Wanadoo, ce serait `perso.wanado.fr/votre_nom`.

Prenez votre crayon

Pour l'essentiel, il existe deux niveaux d'approche de la création de pages Web : la méthode compliquée, dans laquelle vous écrivez vous-même les codes HTML, et la méthode simple, dans laquelle vous laissez à un programme spécifique le soin de les écrire pour vous. Nous ne dirons rien ici de la première approche, la laissant aux bidouilleurs et autres accros de la technique (dont vous ne faites pas partie puisque vous lisez ce chapitre). L'approche la plus normale donc est d'utiliser un des nombreux éditeurs HTML WYSIWYG du marché.

WYSIWYG signifie littéralement *what you see is what you get*, ce qu'on traduit chez nous par *tel écran, tel écrit*. Concrètement, cela veut dire que ce que vous obtiendrez finalement sera conforme à ce que vous montre l'écran de l'éditeur.

Les navigateurs de Netscape et de Microsoft contiennent tous deux dans leur package un éditeur de pages Web. Pour Netscape Navigator, c'est Netscape Composer (Communicator/Composer). Pour Internet Explorer, c'est un module distinct, FrontPage Express, que vous devez installer à partir du CD-ROM de Internet Explorer.

Les fanatiques de la pomme estiment que BBEdit Lite (`www.barebones.com/free/free.html`) est un excellent outil de composition de pages Web.

Bien que certains traitements de texte comme Word et WordPerfect version 8 aient des possibilités d'édition HTML, les éditeurs graphiques HTML spécialisés sont néanmoins plus appropriés.

Le pied à l'étrier

Une page Web est un fichier, tout comme un document produit par un traitement de texte ou une feuille de calcul issue d'un tableur. Vous devez donc commencer par créer votre page Web sur votre disque dur. Vous pouvez ensuite voir à quoi elle ressemble avec votre navigateur. Les cycles d'édition et d'examen vont alors se succéder jusqu'à ce que le résultat obtenu vous satisfasse.

Voici, pas à pas, l'approche de la création d'une page Web à l'aide d'un traitement de texte comme Word de Microsoft.

1. **Lancez votre traitement de texte.**
2. **Cliquez sur Fichier/Nouveau.** Dans la boîte de dialogue qui s'ouvre, cliquez sur l'onglet Pages Web et choisissez un modèle quelconque. Vous voilà face à une grande page blanche. Tapez quelque chose. Par exemple, commencez par un titre : "Bienvenue" en police 16, centré et en gras. Puis, sur deux lignes normales, au-dessous, présentez-vous et dites ce que vous faites.
4. **Sauvegardez votre travail.** Pour cela, cliquez sur Fichier/ Enregistrer sous... et dans la rubrique Type de la boîte de sélection de fichier qui s'ouvre, sélectionnez HTML document. Dans la rubrique Nom de fichier, tapez Index. Cliquez sur Enregistrer et tout est dit.

La Figure 10.1 vous donne une idée de ce que peut donner votre texte dans la fenêtre de Word. La Figure 10.2 vous montre comment elle apparaît dans Internet Explorer.

S'il s'agit d'une page personnelle, nous vous recommandons de ne pas y mettre votre adresse postale ou votre numéro de téléphone. S'il s'agit d'une page professionnelle, au contraire, n'oubliez pas de les faire figurer.

Quelques images

Presque toutes les pages Web contiennent des images d'un style ou d'un autre. Ces images peuvent se trouver dans le même répertoire que les pages elles-mêmes ou dans un fichier à part.

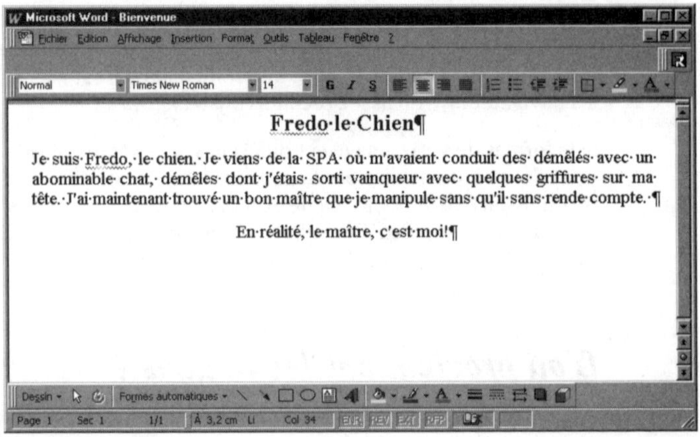

Figure 10.1 : A quoi peut ressembler votre première page Web composée dans Word.

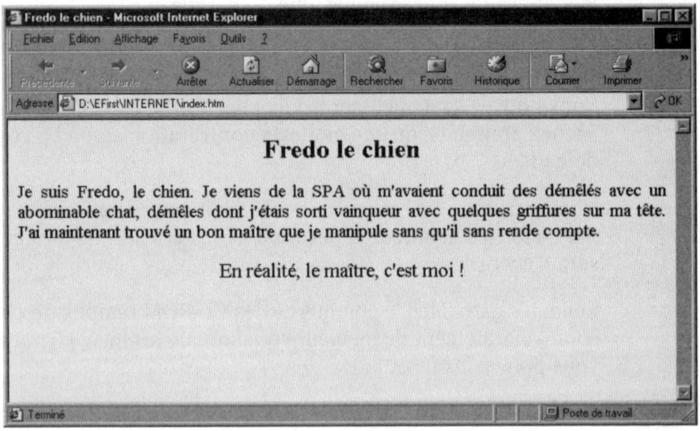

Figure 10.2 : Comment se présente cette page dans un navigateur.

Formats d'image

Il existe des douzaines de formats d'image. Par bonheur, trois seulement sont communément utilisés sur le Web. On les appelle GIF, PNG et JPEG. GIF utilise une technique de compression dont les droits appartiennent à Unisys qui, de temps à autre, rappelle qu'elle est titulaire du copyright de ce format. La prudence commande donc

d'éviter ce format. Les fichiers JPEG sont généralement de plus petite taille et s'utilisent sans licence. Le format PNG est un remplaçant du format GIF, plus évolué et libre de droits mais il n'est reconnu que par les navigateurs Web assez récents (post-1999).

Si le format de votre image est différent (par exemple BMP ou PCX), vous devez commencer par la convertir dans l'un des trois formats reconnus. Il existe pour cela de nombreux programmes tels que LView Pro ou Paint Shop Pro. Consultez l'un des miroirs français de TUCOWS (`http://tucows.ciril.fr/` ou `http://tucows.club-internet.fr`).

D'où proviennent les images ?

Vous pouvez les faire vous-même à l'aide d'un éditeur graphique, scanner des photos ou utiliser votre appareil photo numérique (si vous en avez un). Il existe aussi de nombreuses sources d'images sur le Web. Faites, par exemple, une recherche sur `www.yahoo.com` en choisissant la catégorie Computers and Internet, puis Graphics et enfin Clip Art.

Vous pouvez également en trouver sur le site `www.arttoday.com`. Sachez, toutefois, qu'une modeste contribution annuelle vous sera demandée.

Si vous trouvez une image qui vous plaît sur une page Web, demandez par e-mail à son auteur la permission de l'utiliser. Généralement, il sera d'accord.

Enfin, il existe dans le commerce des CD-ROM remplis de cliparts qui sont généralement de meilleure qualité que les images gratuites que vous pouvez trouver.

La plupart des gens se montrent très raisonnables lorsque vous leur demandez de vous permettre d'utiliser quelque chose sur lequel ils ont un droit de propriété. Si l'image que vous voulez utiliser n'est pas accompagnée d'une déclaration stipulant que son utilisation est libre de toute contrainte et/ou paiement de royalties, il faut prendre contact avec son possesseur avant de l'incorporer à votre page Web.

Liens avec d'autres pages

Un *lien* est l'astuce qui vous permet de réellement "surfer" sur le Web, c'est-à-dire d'aller de page en page en cliquant simplement sur des

liens. Une page Web n'est pas une vraie page Web si elle ne contient aucun lien.

L'immense richesse du Web provient précisément des liens que les auteurs ont placés dans leurs pages. Vous pouvez contribuer à cette richesse en plaçant dans la vôtre (ou les vôtres) des liens vers les endroits susceptibles d'intéresser vos visiteurs. Evitez les liens pointant vers des sites archi connus comme les moteurs de recherche. Si votre page traite d'un sujet assez pointu qui vous intéresse particulièrement comme la sculpture sur pierre, les techniques de peinture à l'ancienne ou la vinification, vous pouvez y placer des liens vers vos sites préférés dans ce domaine.

Des pages bien conçues

Après avoir créé une page Web élémentaire, suivez les conseils de cette section qui vous permettront d'éviter certaines erreurs courantes chez les débutants :

Polices de caractères et styles

Ne tombez pas dans le défaut classique des débutants en traitement de texte qui est d'utiliser toutes les couleurs du spectre dans leur texte et d'abuser du **gras**, de *l'italique*, du `soulignement` ou même d'une `combinaison` des trois. Fuyez comme la peste le clignotement du texte.

Images d'arrière-plan

Les images d'arrière-plan affichées en mosaïque peuvent ajouter de l'agrément à une page à condition qu'elles restent discrètes. Mais, la plupart du temps, leur effet le plus visible est de rendre le texte qui les recouvre difficile à lire. On utilise depuis toujours du texte de couleur noire sur un fond uni de couleur blanche (comme les pages de ce livre) et tout le monde trouve ça bien.

Images de grande taille

Trop de pages sont remplies d'images de grande taille dont l'effet le plus perceptible est d'allonger le temps de chargement de la page. Tellement, parfois, que le visiteur, impatienté, arrête la transmission et

part explorer un autre lien. Tout le monde ne dispose pas d'une connexion à haut débit.

Limitez la taille des images utilisées. Vous pouvez estimer le temps de chargement des images à 1 Ko par seconde sur une connexion par ligne téléphonique, ce qui fait qu'une image de 5 Ko ne demande que 5 secondes, ce qui est parfaitement acceptable. En revanche, une image de 120 Ko demandera deux minutes, autant dire qu'il faut vraiment qu'elle en vaille la peine.

Vous pouvez placer une image de petite taille (une *vignette*) dans votre page et proposer à vos visiteurs de charger, en cliquant dessus, une version de cette même image dans une plus grande taille.

Si vos images sont au format GIF, sachez que moins elles contiennent de couleurs et plus leur chargement est rapide. Si, à l'aide d'un éditeur graphique, vous réduisez le nombre de couleurs d'une image de 256 à 32 ou même à 16, son aspect n'aura guère changé, mais sa taille sera réduite dans de notables proportions.

Si vos images sont au format JPEG, vous pouvez choisir leur niveau de "qualité". Plus il est faible et plus l'image est petite. Vous pouvez définir cette qualité comme assez basse tout en préservant un aspect suffisamment bon dans le navigateur de ceux qui viendront voir votre page.

Enfin, vous pouvez également tirer parti du *cache* dont disposent la plupart des navigateurs. Ce cache sert à conserver une copie des pages précédemment chargées. Si l'image d'une nouvelle page est identique à une image déjà placée dans le cache, elle ne sera pas réellement chargée ; c'est la copie du cache qui sera transférée sur l'écran. Lorsque vous utilisez la même icône à plusieurs endroits d'une page ou de plusieurs pages, son fichier n'est chargé qu'une seule fois.

Observez et apprenez

En visitant d'autres pages du Web, vous aurez l'occasion de voir des présentations qui vous plairont particulièrement. Vous pourrez alors regarder de près le code HTML de ces pages pour voir comment elles ont été construites. Avec Netscape Navigator 4.7, cliquez sur Afficher/ Source de la page ; avec Internet Explorer, cliquez sur Affichage/ Source.

Publier ou périr

Lorsque vous serez satisfait de l'aspect de votre page, il sera temps de la montrer au reste du monde. Pour cela, il est nécessaire de la placer sur un *serveur Web* accessible par n'importe qui.

La plupart des fournisseurs d'accès vous proposent de 10 à 100 mégaoctets sur leurs disques pour y loger vos pages Web, mais la façon d'exploiter cet emplacement varie de l'un à l'autre. C'est donc à vous de vous renseigner avec exactitude sur la procédure à respecter pour enregistrer votre page. Voici la stratégie générale à appliquer :

1. **Lancez votre programme client FTP.** L'un des plus simples est WS_FTP (que nous décrirons au Chapitre 16).

2. **Avec ce programme, connectez-vous au serveur Web où va être placée votre page sous votre nom d'utilisateur, en donnant votre mot de passe.**

3. **Placez-vous dans le répertoire (dossier), dont le nom vous a été indiqué.** Presque toujours, vous n'aurez rien à spécifier car vous serez automatiquement dans le répertoire qui vous a été alloué en fonction de votre nom d'utilisateur.

4. **Téléchargez vos pages.** N'oubliez pas, ensuite, de vérifier comment se présente votre page maintenant qu'elle est réellement publiée sur le Web, donc publique.

On recommande souvent aux auteurs d'appeler leur page d'accueil `index.htm` ou `index.html`. Le seul avantage de cette astuce est de permettre à vos visiteurs d'ignorer le nom de votre page d'accueil et de n'indiquer de l'URL que tout ce qui précède le slash (/). Ces deux noms font en effet partie des noms par défaut des fichiers à charger lorsque l'URL est incomplète.

Si vous découvrez une affreuse erreur qui vous avait échappé, corrigez-la d'abord localement, sur votre disque dur, puis transférez le nouveau fichier sur le serveur Web où se trouve votre page. Il viendra remplacer la précédente version. Si vous ne modifiez qu'une partie de vos pages, il est inutile de recharger les pages qui n'ont pas été changées.

Soyez maître de votre domaine

Une adresse Web telle que :

```
www.celebrites.stradford-on-avon.com/~Shakespeare/PrinceDuDanemark/
index.html
```

est bien moins attrayante que :

```
www.hamlet.org
```

Obtenir un nom de domaine est bien moins compliqué et onéreux qu'il n'y paraît. Enfin, aux Etats-Unis... Parce qu'en France, la bureaucratie ne perd jamais ses droits. Pour tout savoir sur la procédure à suivre, consultez la page de l'AFNIC, organisme français ayant en charge l'attribution des noms de domaines en France, à l'URL `www.nic.fr`. Nous extrayons de son site Web les deux paragraphes qui suivent :

Tout individu ou toute organisation souhaitant déposer un nom de domaine dans la zone .fr doit impérativement s'adresser à un prestataire Internet membre de l'AFNIC.

Ce fournisseur d'accès vous aidera à déterminer votre nom de domaine de façon à être en conformité avec la charte de nommage. Il transmettra à l'AFNIC les documents nécessaires que vous lui aurez préalablement fournis pour l'enregistrement de votre nom de domaine.

Mais rien ne vous empêche de vous adresser à un organisme américain. Pour cela :

1. **Choisissez un nom.**
2. **Enregistrez votre nom**. Le plus ancien organisme d'enregistrement a une page Web à l'URL `www.nic.com`. Il existe aujourd'hui d'autres fournisseurs de nom de domaine (dont certains sont gratuits en échange de bandeaux publicitaires, tels que `www.24pm.com/domainegratuit` pour les `.net` et `.org`).
3. **Demandez à votre fournisseur d'accès d'*héberger* votre nom**. En général, s'il accepte, il vous fera payer ce service.

Un peu de pub

Une fois votre page en ligne, vous voudrez sans doute qu'on vienne la visiter. Voici quelques moyens de vous faire un peu de pub :

- Visitez vos moteurs de recherche et index favoris et déclarez l'URL de votre page. Tous ont une option à cette fin, proposée sur leur page d'accueil. Les index automatisés, tels que AltaVista, le font rapidement, alors que les répertoires gérés

manuellement, tels que Yahoo!, en revanche, peuvent carrément les refuser.

- Faites un tour sur le site www.submit-it.com, qui vous fera référencer par tout un ensemble d'index et de moteurs de recherche. Vous pouvez ainsi, gratuitement et en une seule fois, vous faire référencer par une vingtaine d'index et de moteurs de recherche du Web. Moyennant finance, vous pourrez considérablement augmenter ce nombre.
- Découvrez et visitez d'autres sites traitant du même sujet que le vôtre et proposez-leur d'échanger mutuellement vos liens.

ATTENTION !

Depuis quelque temps, le référencement par de nombreux moteurs de recherche n'est plus gratuit. Renseignez-vous avec soin. Nous vous conseillons de visiter, par exemple, le site d'Olivier Andrieu, à l'URL www.abondance.com.

Il vous faudra attendre un certain temps pour que votre site soit connu et régulièrement visité. S'il propose quelque chose de différent qu'on ne trouve pas ailleurs et présente un réel intérêt pour certaines catégories d'amateurs, il peut devenir très populaire.

Quatrième partie

L'essentiel de l'Internet

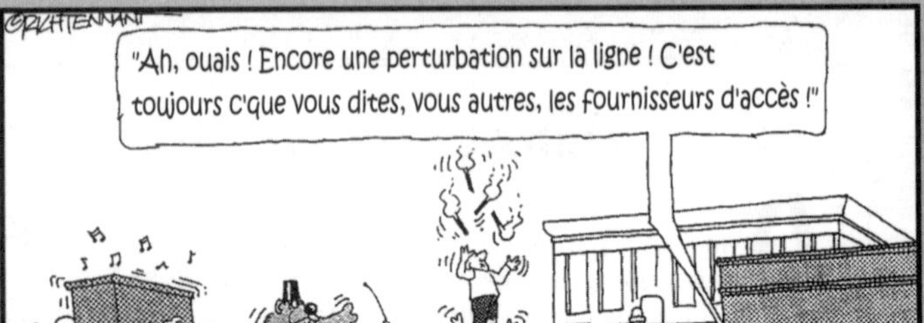

Dans cette partie...

Dans cette partie, nous allons vous expliquer tout ce qu'il faut savoir pour utiliser le courrier électronique et nous détaillerons le mécanisme des listes de diffusion (*mailing lists*). Ceux qui souhaitent communiquer plus rapidement trouveront des chapitres sur la messagerie instantanée et l'*IRC* (moyens de dialogue en direct).

Chapitre 11

Courrier par-ci, courrier par-là !

Dans ce chapitre :

- Les adresses e-mail.
- Envoi de courrier.
- Réception du courrier.
- La netiquette de l'e-mail.

Le courrier électronique, ou *e-mail*, est sans aucun doute le service le plus populaire de l'Internet. Chaque système raccordé au Net supporte, d'une façon ou d'une autre, un système de messagerie, ce qui signifie que, quel que soit le type de votre ordinateur, pour peu qu'il soit connecté au Net, vous pouvez envoyer et recevoir du courrier.

Quelle est mon adresse ?

Toute personne ayant un accès au Net par courrier électronique dispose d'une *adresse électronique*. C'est l'équivalent, dans le cyberespace, d'une adresse postale ou d'un numéro de téléphone dans le monde réel. Lorsque vous écrivez une lettre, vous mettez l'adresse de son destinataire sur l'enveloppe. Lorsque vous envoyez un message par courrier électronique, vous mettez dans son en-tête l'adresse électronique de votre correspondant. Vous pouvez même y mettre une liste d'adresses pour diffuser le même message à plusieurs destinataires.

Les adresses électroniques de l'Internet se composent de deux parties séparées par le caractère "@" (*arobase*). Ce qui se trouve à gauche est votre identifiant personnel (votre boîte aux lettres), et ce qui est à

droite est le *nom de domaine* (généralement le nom de votre fournisseur d'accès : `aol.com` ou `wanadoo.fr`, par exemple).

Votre nom d'utilisateur

Presque toujours, votre fournisseur d'accès vous laissera choisir le nom de votre boîte aux lettres. Toutefois, si vous vous appelez Pierre Martin, il y a probablement déjà un Martin parmi sa clientèle ; peut-être même un Paul Martin ou un autre Pierre Martin. Vous devrez alors utiliser une variante du genre `pmartin` ou `p.martin` ou `martinp`.

La plupart des fournisseurs d'accès vous permettent même d'avoir plusieurs adresses électroniques, de la même façon que vous pouvez avoir une résidence secondaire, voire tertiaire.

Le nom de domaine

Pour les Etats-Unis, le nom de domaine se termine par un groupe de trois lettres précédé d'un point, qui s'appelle le nom de *zone*. Le plus courant est `.com` (commercial). On trouve aussi `.mil`, `.edu`, `.gov`, `.net` ou `.org`, dont la signification est évidente. `.com`, `.net` et `.org` sont aussi autorisés à l'extérieur des Etats-Unis.

Pour le reste du monde le nom de domaine ne comprend que deux lettres représentatives du pays où est situé le domaine : `.fr` pour la France, `.ch` pour la Suisse, `.jp` pour le Japon, etc. Chez nous (comme en Angleterre), les règles de *nommage* se sont compliquées par l'ajout de noms de sous-domaines. Pour en savoir plus, consultez la page située à l'URL `www.nic.fr/Procedures/nommage.html`.

Votre boîte aux lettres est généralement située sur le serveur de courrier de votre fournisseur d'accès, puisque, lorsque vous avez souscrit un abonnement, il a mis automatiquement à votre disposition une ou plusieurs boîtes aux lettres. En outre, de nombreux sites Web proposent gratuitement des boîtes aux lettres. Citons : Hotmail (`www.hotmail.com`), notre Poste nationale (`www.laposte.net`) ou encore Yahoo! (`mail.yahoo.com`). Dans ce cas, la partie de votre adresse électronique située après le signe @ porte le nom de domaine du site (par exemple, `jules.dupont@hotmail.com` ou `jules.dupont@ laposte.net`).

Rassemblons le tout

Majuscules et minuscules sont généralement considérées comme équivalentes dans les adresses électroniques, notamment dans les noms de domaines (la différence pouvant – quoique rarement – être significative pour les noms d'utilisateurs). Voici les éléments qui caractérisent votre adresse e-mail :

- **Adresse e-mail.** Exemple : `arturo.ui@wanadoo.fr`.
- **Mot de passe.** Il est généralement identique à celui que vous utilisez pour votre login. Exemple : `uh71mk9`.
- **Le nom de votre serveur de courrier entrant (POP3).** Exemple : `pop.wanadoo.fr`.
- **Le nom de votre serveur de courrier sortant (SMTP).** Exemple : `smtp.wanadoo.fr`.

Les deux dernières adresses vous auront été communiquées par votre fournisseur d'accès ou auront été automatiquement configurées par l'exécution de son kit de connexion. Quant à votre adresse électronique, elle vous aura nécessairement été communiquée (par courrier postal électronique) par votre fournisseur d'accès.

Où se trouve mon courrier ?

Lorsque des messages arrivent à votre intention, ils ne vont pas pouvoir parvenir directement sur votre machine puisque vous n'êtes pas connecté en permanence. Ils seront reçus par un *serveur de courrier arrivée* (aussi appelé *serveur POP3*[1]), qui va jouer le rôle de bureau de poste et garder votre courrier jusqu'à ce que vous alliez le récupérer en lançant votre mailer après vous être connecté. Parallèlement, pour que votre courrier parte vers sa destination, votre *mailer* doit le faire parvenir au bureau de poste de votre fournisseur d'accès (à son *serveur de courrier départ*, aussi appelé *serveur SMTP*[2]). Tout se passe donc comme s'il n'y avait pas de facteur et que vous deviez aller vous-même déposer et recevoir votre courrier au bureau de poste local.

Si vous avez opté pour un système de courrier électronique par le Web, c'est avec votre navigateur que vous irez lire votre courrier.

1 Post Office Protocol.

2 Simple Mail Transfer Protocol.

Dans le cas général, c'est depuis le serveur de courrier entrant de votre fournisseur d'accès que votre logiciel de messagerie va transférer le courrier en attente vers votre propre disque dur. Ensuite, vous vous déconnecterez pour lire tranquillement vos messages.

Quelques logiciels de courrier

Il existe un très grand nombre de logiciels de courrier électronique, qu'on appelle des *mailers*. Tous font peu ou prou la même chose. Voici un aperçu de ce qui existe :

- **PC/Windows ou Macintosh avec un compte Internet :** Les plus répandus des logiciels de courrier électronique sont Eudora, Netscape Messenger (livré avec la suite Netscape Communicator) et Outlook Express (livré avec Internet Explorer et Windows). Citons encore Pegasus, disponible gratuitement mais peut-être un peu plus complexe à utiliser. Consultez le Chapitre 16 pour savoir comment vous les procurer.
- **America Online (AOL) :** Le pack AOL comprend un logiciel de courrier intégré qui est le seul que les abonnés d'AOL puissent utiliser.
- **Serveurs Web de courrier électronique :** Il existe quelques serveurs Web qui vous offrent un accès gratuit à un service de courrier électronique. Les plus connus sont Hotmail (`www.hotmail.com`) et Yahoo Mail (`mail.yahoo.com`). Si vous disposez d'une boîte aux lettres sur l'un de ces sites, vous utiliserez votre navigateur Web pour lire et envoyer des messages (voir le Chapitre 6).

Quel que soit le type de logiciel que vous utilisez, les principes généraux de lecture, d'envoi, de classement de messages et d'adressage restent les mêmes, aussi est-il intéressant de continuer à lire ce chapitre, même si le système que vous utilisez n'y figure pas explicitement.

Quatre mailers très utilisés

Nous allons décrire ci-après quatre des logiciels de courrier électronique les plus utilisés[3].

---

3 Abonnés à AOL, rien de ce que nous allons dire dans cette section ne peut vous intéresser.

- **Eudora Light :** Il s'agit d'un logiciel prévu pour fonctionner sous Windows et Macintosh. Il est populaire pour deux raisons : il est simple à utiliser et gratuit dans sa version limitée (Eudora Light) tout à fait suffisante dans la très grande majorité des cas. Les exemples que nous donnerons ici ont été illustrés avec Eudora Light mais sont aussi valables pour la version Pro. Les deux versions peuvent être téléchargées à l'URL `www.eudora.com`.
- **Netscape Messenger :** C'est un produit assez facile à utiliser et qui présente l'avantage de faire un tout avec le navigateur. Un seul logiciel suffit donc pour accomplir les deux fonctions (trois, en réalité, parce qu'il comporte aussi un lecteur de news). Ce chapitre décrit la version de Netscape Messenger fournie avec Netscape Navigator version 4.7.
- **Outlook Express :** Avec Windows, Microsoft propose Outlook Express qui accompagne Internet Explorer 5.0.

TRUC

Ne confondez pas Outlook Express avec Outlook 97, Outlook 98 et Outlook 2000, qui font partie de Microsoft Office.

Lorsque vous installez Eudora, Netscape Messenger ou Outlook Express, vous devez paramétrer votre programme avec les informations que nous avons énumérées à la section *Rassemblons le tout*. Pour modifier plus tard ces paramètres, dans Eudora (version anglaise), vous cliquerez sur Tools/Options ; avec Netscape Messenger, sur Edition/Préférences ; avec Outlook Express, sur Outils/Comptes.

Envoi de courrier

Il est si facile d'envoyer du courrier électronique que, plutôt que de vous expliquer le processus théorique, nous allons vous donner directement quelques exemples.

Le problème des caractères accentués

Bien que l'Internet et le courrier électronique aient été créés par un peuple qui ignore ce qu'est un signe diacritique, il est néanmoins possible d'y utiliser des caractères accentués. Il faut, pour cela, que les *mailers* soient capables de gérer un procédé de codification appelé MIME (ce qui est presque toujours le cas), et que les utilisateurs de ces logiciels sachent les paramétrer correctement (ce qui est moins fréquent).

Avec Eudora

Voici la marche à suivre pour envoyer du courrier électronique avec Eudora :

1. **Commencez par lancer Eudora**. Pour cela, double-cliquez (sous Windows) ou cliquez (avec un Macintosh) sur son icône. Vous voyez s'afficher une fenêtre de présentation qui disparaît ensuite au bout de quelques secondes, remplacée par ce que vous montre la Figure 11.1.

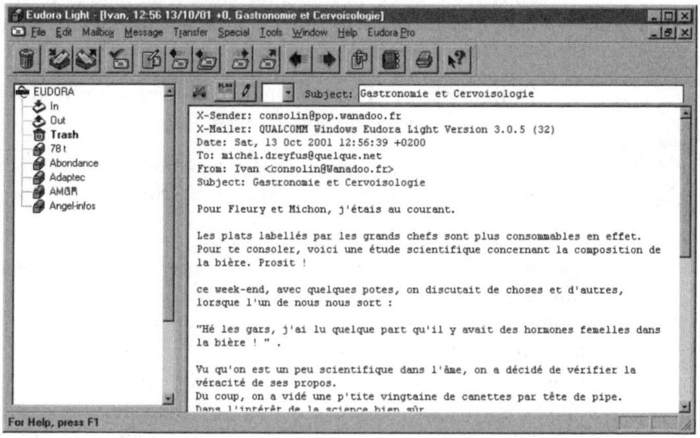

Figure 11.1 : Eudora Light en pleine action.

2. **Pour envoyer un message, cliquez sur Message/New message ou tapez <Ctrl>+<N>**. Vous pouvez aussi cliquer sur le cinquième bouton de la barre d'outils à partir de la gauche.

3. **Sur la ligne marquée To, tapez l'adresse *e-mail* du destinataire.** `arturo.ui@wanadoo.fr`, par exemple.

4. **Appuyez sur <Tab> pour passer à la ligne marquée Subject.** La ligne From a été automatiquement renseignée en partant des éléments de configuration que vous avez fournis préalablement, une fois pour toutes. Soyez bref. En général, un mot suffit ; cinq, c'est déjà trop.

5. **Appuyez plusieurs fois sur Tab pour sauter les champs Cc: et Bcc: (à moins que vous ne souhaitiez envoyer des copies de votre message à d'autres destinataires).** "Cc:" permet d'envoyer une copie de votre message à quelqu'un d'autre. Le destinataire principal saura à qui est envoyée cette copie. "Bcc" signifie que

le destinataire principal ne saura pas qu'une copie a été envoyée à quelqu'un.

6. **Appuyez encore une fois sur Tab pour parvenir à la zone vierge de grande taille qui va contenir le texte de votre message**. Il ne vous reste plus qu'à y taper votre message.

7. **Pour envoyer le message, cliquez sur le bouton Send (*envoyer*) situé à l'extrême droite de la deuxième rangée de boutons.**

8. **Pour cela, si l'ordinateur n'est pas connecté à l'Internet, lancez le processus de connexion sur votre fournisseur d'accès.**

Une fois un message parti, il n'y a plus moyen de l'arrêter.

Même chose avec Netscape Messenger

Pour envoyer des messages avec Netscape Messenger, il n'y a pas tellement de différences. Voici la marche à suivre :

1. **Lancez Netscape Messenger.** Cliquez ensuite sur Communicator Messenger ou tapez <CTR>+<2>. La première fois, un assistant va afficher une suite de boîtes de dialogue grâce auxquelles vous allez pouvoir configurer Messenger.

2. **Pour composer un message, cliquez sur le bouton marqué Nouveau msg de la barre d'icônes ou appuyez sur les touches <Ctrl>+<M>.** Une fenêtre de composition de message s'affiche.

3. **Renseignez les boîtes de saisie qui correspondent au destinataire, au sujet et au corps du message.**

4. **Cliquez sur Envoyer.** Votre message est aussitôt expédié.

Envoi de courrier avec Outlook Express

La première fois que vous démarrez Outlook Express 5.0, un assistant vous pose une série de questions. Reportez-vous au Chapitre 5 pour savoir comment définir une connexion Internet. Outlook Express est capable de gérer plusieurs boîtes aux lettres. Grâce à la commande Outils/Comptes, vous pouvez définir les paramètres d'une ou de plusieurs autres boîtes aux lettres.

Voici comment envoyer un message :

1. **Lancez Outlook Express. Inutile de vous connecter préalablement à votre fournisseur d'accès.** Avec Windows 32 bits, cliquez sur l'icône du programme dans la zone immédiatement à droite du bouton Démarrer. La partie gauche de la fenêtre qui s'affiche (voir la Figure 11.2) présente une liste de dossiers, les en-têtes de messages dans la partie supérieure droite et le texte du message sélectionné dans la partie inférieure droite.

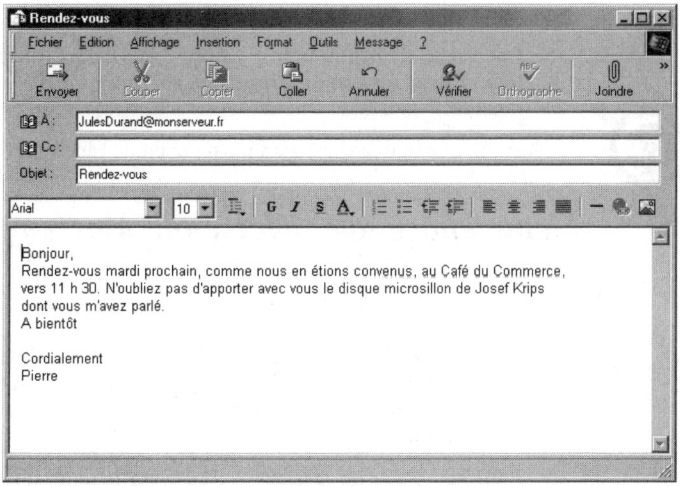

Figure 11.2 : La fenêtre de Outlook Express.

2. **Cliquez sur le dossier Boîte de réception, dans la colonne de gauche.** La première fois que vous démarrez le programme, il risque de lancer l'Assistant de connexion Internet pour vous poser quelques questions relatives à votre compte de courrier électronique. Remplissez les champs appropriés pour indiquer votre nom, votre adresse e-mail, comment vous connecter à votre fournisseur, etc. Lorsque vous avez terminé, la fenêtre Boîte de réception apparaît de nouveau.

3. **Cliquez sur le bouton Nouveau message de la barre d'outils (le premier bouton à gauche), sur Message/Nouveau message dans la barre de menus ou tapez <Ctrl>+<N>.** La fenêtre Nouveau message s'affiche, avec des zones à renseigner afin d'adresser le message.

4. **Dans la zone A:, indiquez l'adresse du destinataire puis appuyez sur la touche <Tab>.** N'appuyez pas sur Entrée, sauf si vous voulez ajouter un second destinataire pour votre message.

5. **Si vous voulez envoyer une copie de votre message, tapez l'adresse *e-mail* du destinataire dans le champ Cc:. Appuyez ensuite sur la touche <Tab> et, dans le champ Objet:, indiquez le sujet du message. Appuyez derechef sur <Tab>.** Le curseur clignote alors dans la zone du message constituée par la moitié inférieure de la fenêtre.

6. **Tapez le texte de votre message dans cette zone.**

7. **Pour envoyer le message, cliquez sur le bouton Envoyer (le plus à gauche de la barre d'outils).** Outlook Express place votre message dans le dossier Boîte d'envoi. Si vous êtes connecté, le message part immédiatement, et vous pouvez sauter les deux étapes suivantes.

8. **Connectez-vous à votre fournisseur d'accès si ce n'est déjà fait.**

9. **Cliquez sur le bouton Envoyer et recevoir tout de la barre d'outils ou choisissez, dans la barre de menus, Outils/Envoyer et recevoir/Envoyer tout.** Votre message est expédié.

Réception du courrier

Si vous envoyez des messages, il y a gros à parier que vous allez en recevoir.

Avec Eudora

Un des nombreux avantages d'Eudora est de vous permettre de faire beaucoup de choses avec votre courrier sans que vous soyez connecté. Mais, si vous voulez savoir si vous avez reçu du courrier, vous devez évidemment vous connecter.

Pour simplifier les manipulations, précisez, lorsque vous installez Eudora, que votre mot de passe de courrier électronique doit être mémorisé.

Voici la marche à suivre pour obtenir votre courrier :

1. **Lancez Eudora.**

2. **Connectez-vous à votre fournisseur d'accès si ce n'est déjà fait.**

3. **Cliquez sur la quatrième icône à partir de la gauche de la barre d'outils ou tapez <Ctr>+<M>.** Les en-têtes de courrier (expéditeur, date, sujet) s'affichent dans la boîte d'arrivée (In) à raison d'une ligne par message.

4. **Pour lire un message, double-cliquez sur la ligne de son en-tête**. Vous pouvez aussi sélectionner cette ligne (au moyen de la souris ou des touches flèches), puis taper sur Entrée. Pour refermer la fenêtre contenant un message, vous pouvez double-cliquer sur le bouton de fermeture de sa fenêtre ou taper <Ctrl>+<W> ou <Ctrl>+<F4>.

Il existe d'autres possibilités de manipulation des messages sur lesquelles nous reviendrons au Chapitre 12. Pour le moment, vous en savez assez.

Lecture de courrier avec Netscape Messenger

La lecture du courrier avec Netscape Messenger ressemble beaucoup à la façon de procéder avec Eudora.

1. **Lancez Netscape Messenger.** La fenêtre, illustrée Figure 11.3, apparaît.

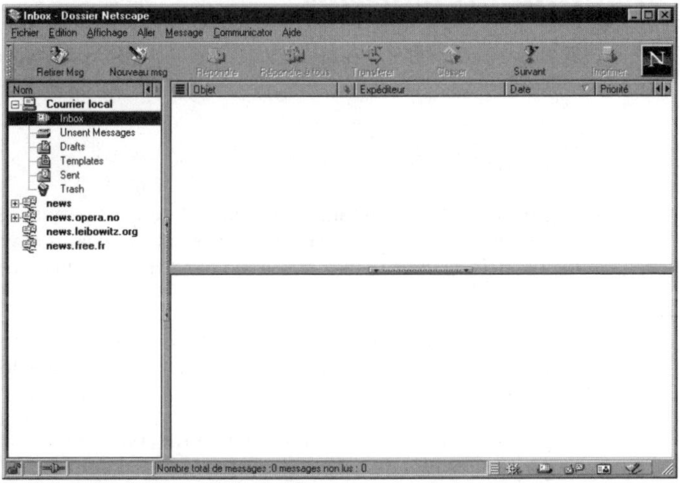

Figure 11.3 : La fenêtre de Netscape Messenger (la boîte de réception – inbox – est vide).

2. **Netscape peut tenter de récupérer spontanément le courrier en attente. Si ce n'est pas le cas, cliquez sur le bouton Retirer Msg.** Le courrier reçu est conservé dans le dossier Inbox. La liste située à gauche de la fenêtre de Netscape Messenger affiche vos dossiers (sous l'en-tête Courrier local), avec un dossier

(généralement Inbox) sélectionné. La partie inférieure droite de la fenêtre affiche le contenu du message sélectionné.

3. **Si le dossier Inbox n'est pas sélectionné dans la liste disponible, cliquez dessus. S'il n'est même pas affiché, cliquez sur Courrier local pour le faire apparaître, puis cliquez sur le dossier Inbox.** Vous pouvez alors lire les sujets de chacun des messages arrivés dans la partie supérieure droite de la fenêtre.

4. **Cliquez sur le sujet d'un message pour lire son texte.** Le message s'affiche alors dans la partie inférieure de la fenêtre.

Lorsque le texte d'un message est affiché, vous pouvez l'imprimer, le supprimer ou le rediriger à l'aide de certains boutons sur lesquels nous reviendrons au Chapitre 12.

Lecture de courrier avec Outlook Express

Avec Outlook Express 5.0, voici comment lire votre courrier :

1. **Lancez Outlook Express et connectez-vous à votre fournisseur d'accès.**

2. **Cliquez sur le bouton Envoyer et recevoir tout dans la barre d'outils (ou tapez <Ctr>+<M>).** Les messages en attente sont alors transférés dans le dossier Boîte de réception. La liste des dossiers est affiché à gauche de la fenêtre et vous pouvez y choisir le dossier que vous voulez examiner. Pour le moment, intéressez-vous au dossier intitulé Boîte de réception.

   La partie supérieure droite de la fenêtre indique l'origine des messages (De), leur sujet (Objet) et leur date d'arrivée (Reçu). La partie inférieure de la fenêtre contient le texte du message sélectionné. La place attribuée à chacune des zones peut être modifiée avec le pointeur de la souris.

3. **Pour voir le texte d'un message, il suffit de cliquer sur son en-tête affiché dans la partie supérieure de la zone de fenêtre.** Vous pouvez aussi l'afficher dans une nouvelle fenêtre séparée en double-cliquant sur cet en-tête. Pour refermer cette fenêtre, cliquez alors sur le bouton de fermeture ou sur Fichier/Fermer.

Une fois le texte d'un message affiché, vous pouvez l'imprimer, le supprimer ou le rediriger à l'aide de certains boutons de la barre d'outils (que nous étudierons au Chapitre 12).

La netiquette de l'e-mail

Ce qui tient lieu, sur l'Internet, de manuel de savoir-vivre, c'est ce qu'on appelle la *netiquette* (contraction de *Net* et *étiquette* – mais sans accent).

Le courrier électronique est quelque chose qui se situe entre le coup de téléphone et la simple lettre. Aussi vous trouverez-vous bien de suivre ces quelques conseils :

- Lorsque vous envoyez un message, surveillez votre langage.
- En dehors de la première lettre de chaque phrase, n'utilisez pas de majuscules ; ce serait comme si vous vous mettiez à CRIER.
- Si quelqu'un vous envoie un message particulièrement agressif, voire grossier, gardez-vous bien d'y répondre immédiatement sur le même ton. Regardez tout d'abord s'il ne s'agirait pas d'une forme d'ironie déguisée (rare mais possible).

Descente en "flame"

Il faut bien reconnaître que, sur l'Internet, on côtoie davantage de rustres que de gens civilisés et que beaucoup de ceux qui le fréquentent ne savent pas manier leur langue mieux que leur clavier. Il en résulte trop souvent des propos peu courtois que votre interlocuteur n'oserait probablement pas tenir en face de vous. Mais le courrier électronique, c'est comme la CB (*Citizen Band*), il est facile de s'y comporter en anonymographe, à l'abri du couple clavier-écran.

Cet état d'esprit a un nom : *flame*, qui a le même sens que son homophone français avec deux "m" : s'enflammer, se mettre en colère, bouillir d'indignation...

TRUC

Lorsque la moutarde vous monte au nez à la lecture d'un message particulièrement odieux ou insultant, laissez décanter et, surtout, gardez-vous bien d'y répondre illico. Peut-être l'expéditeur ne s'est-il pas rendu compte de la portée de ce qu'il écrivait ? Peut-être s'en est-il rendu compte trop tard et se ronge-t-il les ongles en pensant à la façon dont vous allez réagir ? Depuis une vingtaine d'années que nous pratiquons le courrier électronique, nous n'avons jamais, au grand jamais, regretté d'avoir laissé refroidir un message avant d'y répliquer (mais nous avons parfois regretté d'en avoir envoyé quelques-uns).

N'oubliez pas que lorsque le destinataire lit votre message, il n'a aucun moyen de savoir quelles étaient vos intentions. Aussi risque-t-il de prendre vos propos au pied de la lettre. Tout le monde n'a pas le sens

de l'humour et votre interlocuteur n'a peut-être pas l'intelligence nécessaire pour percevoir les sous-entendus de vos propos.

Souriez !

Pour que vous puissiez mettre de l'expression dans vos missives, on a créé les *smileys* (appelés aussi *emoticons* par les Américains et *souriards* par les Québécois) qui servent, en quelque sorte, à marquer l'intonation d'une phrase.

Ce sont de petits graphismes composés de quelques signes de ponctuation et qu'on est censé lire en penchant la tête de côté vers la gauche. En voici un exemple :

```
Les gens ont du mal à croire que nous formons une communauté qui ne
songe qu'à s'aimer et à s'entraider :-).
```

Certes, les smileys ajoutent de l'expression au texte. Mais si une plaisanterie a besoin de cet appui, peut-être manque-t-elle de sel ?

Courrier électronique et intimité

Mieux vaut ne pas confier de secret d'Etat au courrier électronique. Tout destinataire peut faire suivre votre message à qui il veut. Si vous envoyez du courrier depuis votre bureau ou à quelqu'un sur son lieu de travail, votre courrier n'aura rien de privé. En règle générale, les entreprises et leurs employés ne cherchent jamais à lire les messages privés, mais certaines situations peuvent pousser les dirigeants à examiner le courrier de l'entreprise.

La loi française considère comme une violation du secret de la correspondance toute tentative de lecture par une entreprise du courrier électronique personnel. Sauf si elle a pris la précaution de faire signer par ses collaborateurs une "charte" dans laquelle ils sont prévenus qu'ils ne doivent pas utiliser ce moyen de communication à leur usage personnel (jurisprudence datant de 2000). Quoi qu'il en soit, n'envoyez un message que vous ne voudriez à aucun prix voir rediffusé.

On commence à utiliser des procédés de chiffrement, et en particulier PGP (système à clé publique et clé privée), qui permettent d'être raisonnablement sûr que personne d'autre que le destinataire ne pourra comprendre ce que vous avez envoyé.

Dura lex, sed lex

La législation française, auparavant très stricte sur l'emploi des techniques de chiffrement, s'est maintenant assouplie. Pour connaître l'état exact de la législation, on pourra consulter la page Web située à l'URL `http://www.scssi.gouv.fr/fr/reglementation/index.html`. Pour en savoir plus, consultez les pages suivantes :

- `http://www.adminet.com/min/pm/crypto.html`
- `http://www.chez.com/boigien/secret/france/scssi/scssi.htm`
- `http://www.aui.fr/Projets/Crypto/crypto-faq-1.html`

BTW, que signifie IMHO ?

Certains habitués du courrier électronique aiment bien employer des abréviations. Souvent parce que moins ils tapent de caractères et mieux ils se portent. En voici quelques-unes qui ont traversé telles quelles l'océan :

Abréviation	Traduction anglaise	Traduction française
BTW	By The Way	À propos
IMHO	In My Humble Opinion	J'en suis absolument certain
RSN	Real Soon Now	Sans doute jamais
RTFM	Read The Fucked Manual	Lisez le foutu manuel
TIA	Thanks In Advance	Merci d'avance
TLA	Three Letter Acronym	Abréviation en trois lettres

Chapitre 12

Une place pour chaque chose

Dans ce chapitre :

- Suppression de messages.
- Comment répondre aux messages.
- Faire suivre et réexpédier des messages.
- Comment détecter et éviter les chaînes et autres boules de neige.
- Les pièces jointes.
- Echange de courrier avec des robots et des fax.
- Le spam, ce fléau.

Maintenant que vous savez comment envoyer et recevoir du courrier électronique, nous allons pouvoir approfondir certains détails afin de vous transformer en véritable aficionado. Nous parlerons plus longuement d'Eudora Light 5.0, de Netscape Messenger 4.7, et d'Outlook Express 5.0, les mailers que nous vous avons présentés au Chapitre 11.

Lorsque vous avez lu un message, que pouvez-vous en faire ?

- Le jeter.
- Y répondre.
- Le faire suivre à quelqu'un d'autre.
- Le classer.

TRUC

Si votre mailer range automatiquement les messages dans une boîte aux lettres spécifique ayant un nom particulier, n'oubliez pas d'aller voir ce qu'il y a dedans au moins une fois par semaine, faute de quoi elle enflerait démesurément.

Suppression de messages

Sous Windows, avec Eudora, cliquez sur l'en-tête d'un message pour le sélectionner, puis cliquez sur l'icône de la poubelle (la plus à gauche de la barre d'outils) ou bien tapez <Ctrl>+<D> ou encore, appuyez tout simplement sur la touche <Suppr>. Sur un Mac, cliquez sur le message puis appuyez sur <Suppr>. Avec Netscape Messenger et Outlook Express, sélectionnez le message puis cliquez sur le bouton <Supprimer> ou appuyez sur la touche <Suppr>.

Vous pouvez aussi supprimer des messages que vous n'avez même pas lus, mais que vous identifiez rien qu'au vu de leur origine et/ou de leur sujet. Il vous sera généralement demandé de confirmer cette suppression.

Réponse à un message

Avec Eudora, rien de plus simple. Le message étant affiché dans la fenêtre, tapez <Ctr>+<R> ou cliquez sur la cinquième icône de la barre d'outils en partant de la gauche ou encore, cliquez sur Message/Répondre. Avec Outlook Express, cliquez sur l'icône Répondre à l'expéditeur, tapez <Ctrl>+<R> ou cliquez sur Message/Répondre à l'expéditeur. Notez deux points importants :

- **A qui doit aller la réponse ?** Regardez bien le champ `To:` (ou `A:`) déjà renseigné. Est-ce bien à cette adresse que vous voulez envoyer votre réponse ? En particulier, si le message venait d'une liste de diffusion, est-ce bien à toute la communauté des abonnés à la liste que vous voulez répondre ? Si le message est adressé à une liste détaillée de destinataires, vérifiez que vous ne voulez ni exclure ni ajouter quelqu'un.
- **Editez le contenu du message auquel vous répondez.** C'est par paresse, sans-gêne ou laisser-aller que trop de gens se contentent de coller leur réplique au bas du message original. Encore heureux s'ils ne la placent pas *avant* le message ! Si l'auteur du message a posé plusieurs questions dans son texte, insérez vos réponses entre chacune d'elles. Ne tombez pas dans l'excès contraire consistant à répondre à un message sans rien reprendre du tout de son contenu original.

Lorsque vous répondez à un message, votre mailer ajoute le préfixe `Re:` devant le sujet original du message[1].

1 "Re" est l'abréviation de *regarding* (concernant) et non de *reply* (réponse), comme on serait tenté de le penser. (N.d.T.)

Gardez la trace de vos amis

Vous allez souvent correspondre avec les mêmes personnes. Plutôt que de mémoriser des adresses électroniques parfois ésotériques, placez-les donc dans le carnet d'adresses virtuel que gère chaque mailer. Pour les repérer, vous leur donnerez un *alias*, sorte de raccourci facile à mémoriser. Par exemple, l'adresse *e-mail* de votre ami Jules qui est `markwyuwoch@machin.univ-2.tourcoing.fr` sera repérée plus simplement par `jules`. Quand vous voudrez lui envoyer un message, il vous suffira de choisir `jules` dans le carnet d'adresses en choisissant New Message to (au lieu de New Message) dans le menu Message. Vous pouvez aussi créer des *listes* d'adresses sous un alias unique.

Tous les logiciels de courrier vous permettent de copier dans votre carnet d'adresses l'adresse d'un message que vous venez de lire, d'utiliser les adresses que vous avez enregistrées et de modifier votre carnet d'adresses.

Le carnet d'adresses de Netscape

Lorsque vous lisez un message, vous pouvez ajouter l'adresse de l'expéditeur à votre carnet en cliquant sur Message/Ajouter l'expéditeur au carnet d'adresses. Dans la fenêtre qui s'affiche alors, renseignez les champs en blanc et cliquez sur OK. Pour utiliser plus tard ces raccourcis, lorsque vous créez un nouveau message, cliquez sur le bouton Adresse de la fenêtre de rédaction et sélectionnez le ou les adresses de votre carnet personnel, puis cliquez sur OK.

Pour éditer votre carnet d'adresses, choisissez Communicator/Carnet d'adresses. Vous pouvez ajouter les coordonnées d'une nouvelle personne en cliquant sur le bouton Nouvelle carte. Pour créer une liste de diffusion, cliquez sur le bouton Nouvelle liste. Faites ensuite glisser les adresses existantes dans la liste.

Le carnet d'adresses d'Eudora

Eudora vous propose également de profiter des fonctions d'un carnet d'adresses. Cliquez sur Special/Make Address Book Entry ou tapez <Ctrl>+<K>. Eudora vous propose d'utiliser le nom de la personne comme pseudonyme, ce qui est généralement une bonne solution. Cliquez ensuite sur OK.

Pour utiliser le carnet d'adresses à l'occasion de l'envoi d'un message, cliquez sur l'icône Address Book de la barre d'outils (la troisième à partir de la **droite**) ou tapez <Ctrl>+<L>. Dans la fenêtre du carnet d'adresses, cliquez sur l'alias que vous voulez utiliser, puis sur le bouton To:, Cc: ou Bcc: afin d'ajouter l'adresse sélectionnée au message.

Pour ajouter une personne dans votre carnet, cliquez sur le bouton Address Book, puis sur le bouton New. Tapez le nom de la personne, puis cliquez sur OK. Ce nom apparaît dans votre liste de pseudonymes. Tapez ensuite l'adresse électronique de cette personne dans le champ correspondant. Pour créer une liste d'adresses, créez un nouveau nom et tapez les différentes adresses dans la zone Address(es). Vous pouvez également sélectionner des adresses à partir des messages reçus (appuyez sur la touche <Ctrl> et cliquez en même temps sur chaque message pour sélectionner plusieurs adresses), puis appuyez sur <Ctrl>+<K> pour créer une nouvelle entrée qui contiendra les adresses de tous les auteurs des messages sélectionnés.

Le carnet d'adresses d'Outlook Express

Pour copier l'adresse d'un correspondant dans le carnet d'adresses proposé par Outlook Express, cliquez avec le bouton droit de la souris sur le nom de l'expéditeur dans la liste des en-têtes de messages, puis, dans le menu contextuel, cliquez sur Ajouter l'expéditeur au carnet d'adresses.

Pour afficher et modifier votre carnet d'adresses, cliquez sur le bouton Adresses de la barre d'outils. Pour utiliser les entrées de votre carnet d'adresses lors de la rédaction d'un nouveau message, cliquez sur le petit bouton `A:` ou `Cc:` figurant un livre ouvert. Dans la fenêtre Sélectionner les destinataires qui apparaît, double-cliquez sur une ou plusieurs entrées du carnet selon le nombre de destinataires à qui vous voulez envoyer votre message, puis cliquez sur OK.

Le carnet d'adresses d'Outlook Express est un endroit connu des spammeurs (voir plus loin la section *L'horreur du spam*) et des malfaisants qui expédient des virus. Ils connaissent la façon d'y accéder et de s'emparer de son contenu. Alors, n'y laissez pas séjourner vos adresses confidentielles ou celles de vos ami(e)s les plus chers (chères).

Réexpédition de messages

On peut réacheminer un message de deux façons : l'envoyer tel qu'on l'a reçu à un autre destinataire (*redirect*) ou l'englober à l'intérieur d'un autre message (*forward*). Nous allons commencer par étudier cette seconde possibilité.

Avec Eudora, cliquez sur Message/Forward dans le menu principal. Avec Netscape, choisissez Message/Transférer. Avec Outlook Express, cliquez sur l'icône Transférer de la barre d'outils. Le mailer compose un message vide dans lequel il place le texte du message que vous voulez faire suivre ; il ne vous reste plus qu'à indiquer l'adresse du destinataire et à ajouter éventuellement quelques commentaires avant de l'envoyer.

TRUC

Alors que Eudora et Outlook Express reprennent le texte du message reçu, Netscape n'en fait rien et considère le message à transférer comme un *fichier joint* à votre message (dont nous reparlerons plus loin).

Si vous voulez simplement faire suivre tel quel, sans commentaire, le message reçu tout en conservant l'adresse de l'émetteur original, c'est sur Message/Redirect que vous devez cliquer. Eudora ajoute une petite note de façon que le nouveau destinataire sache comment lui est parvenu le message. Ni Netscape ni Outlook Express ne proposent cette fonction.

Classement du courrier

Il existe deux façons d'archiver les messages que vous avez reçus :

- Sauvegarde dans un dossier particulier.
- Sauvegarde dans un fichier ordinaire.

La façon la plus simple est sans doute de les déplacer dans un dossier particulier où vont s'accumuler les messages que vous désirez conserver. Bien entendu, ils restent séparés les uns des autres et vous pouvez toujours retrouver celui qui vous intéresse.

Il y a deux approches de classement possibles : par auteur ou par sujet. C'est affaire de goût. Pour le classement par sujet, c'est à vous de décider des sujets qui vous intéressent. Dans tous les cas, prévoyez un classeur fourre-tout appelé "divers". Choisissez des noms de dossiers en rapport avec votre activité normale : comptabilité, assurances, sécurité, banque, escroquerie, vampirisme...

Si vous utilisez un Macintosh ou un PC sous Windows, vous pouvez sauvegarder tout ou partie d'un message en le recopiant dans un fichier texte. Sélectionnez le texte du message avec votre souris et faites un couper/coller (<Ctrl>+<C> suivi de <Ctrl>+<V> avec Windows).

Le classement avec Eudora

Cliquez sur le message et choisissez Transfer dans la barre de menus. Un menu se déroule, dans lequel figurent les noms de toutes les boîtes aux lettres existantes. Cliquez sur celle dans laquelle vous voulez placer votre message. Pour créer une nouvelle boîte aux lettres, cliquez sur Transfer/New. Pour voir la liste des messages qu'elle contient, il vous suffit de double-cliquer sur son nom dans la colonne de gauche.

Pour créer un fichier texte à partir d'un message, cliquez sur ce message, cliquez sur File/Save As dans la barre de menus, sélectionnez le dossier dans lequel vous voulez placer le message, donnez un nom au fichier et cliquez sur OK.

Le classement avec Netscape

Cliquez sur Message/Déplacer message dans la barre de menus. Dans la liste qui s'affiche, cliquez sur le classeur de destination. Vous pouvez également cliquer avec le bouton droit de la souris sur le message, choisir l'option Déplacer le message, puis sélectionner le nouveau dossier dans le sous-menu. Pour créer un nouveau dossier, choisissez Fichier/Nouveau dossier. Vous pouvez même sélectionner le message et le faire glisser directement vers un dossier de votre liste.

Pour enregistrer un ou plusieurs messages sous forme de fichier texte, sélectionnez le ou les messages et choisissez Fichier/Enregistrer sous/ Fichier. Dans le champ Type, choisissez ensuite Texte brut (*.txt) dans la liste proposée. Tapez un nom de fichier, puis cliquez sur le bouton Enregistrer.

Le classement avec Outlook Express

Pour enregistrer un message dans Outlook Express, placez-le dans un dossier. Vos dossiers par défaut sont les habituels Boîte de réception, Boîte d'envoi, Eléments envoyés et Eléments supprimés. Pour créer un nouveau dossier, choisissez Fichier/Nouveau/Dossier dans la barre de menus. Indiquez le nom que vous voulez donner à ce dossier dans la

fenêtre qui s'affiche et cliquez sur OK. Le nouveau dossier apparaît parmi la liste des dossiers proposés à gauche de la fenêtre. Pour placer un message dans un dossier, il suffit de cliquer sur son en-tête et de le faire glisser sur le dossier voulu. Vous pouvez également passer par la commande Edition/Déplacer vers un dossier. Pour afficher la liste des en-têtes de messages d'un dossier, cliquez simplement sur le nom de ce dossier.

TRUC

Méfiez-vous des chaînes

Vous connaissez sans doute ce genre de correspondance qu'on vous demande de faire suivre, sous un prétexte fallacieux, parfois déguisé en bonne action ou en profit espéré. Gardez-vous bien de propager ces messages. N'hésitez pas à rompre la chaîne.

De temps en temps, tel le monstre du Loch Ness, quelques thèmes récurrents montrent le bout de leur nez et il se trouve toujours des innocents pour se hâter de les propager. En voici quelques exemples classiques :

Le virus Good Times

Fin décembre 94, un message est apparu sur AOL sous la forme d'un avertissement signalant l'apparition d'un nouveau virus informatique capable d'effacer votre disque dur et qui se répandait par le courrier électronique. Il était censé arriver sous forme d'un message ayant pour sujet "Good Times" (les bons moments, la belle époque...). On prétendait qu'il suffisait de le lire, c'est-à-dire de demander à votre mailer d'afficher son contenu, pour qu'il s'introduise dans votre machine et commence à y exercer ses ravages. Ce message (pas le virus !) se répandit très rapidement. L'enfer est pavé de bonnes intentions ! Les experts en virus furent prompts à réagir et à expliquer qu'un simple fichier texte était incapable de colporter un virus parce que, pour cela, il fallait exécuter un programme[2]. A peu près tous les ans ce même canular réapparaît en France et continue à faire des victimes.

2 Depuis, on a eu l'occasion de découvrir que, sans remettre strictement en cause cette affirmation, un virus pouvait néanmoins se transmettre par certains fichiers texte pour peu qu'ils contiennent – comme c'est le cas avec WinWord (le traitement de texte de Microsoft) – des macros pouvant s'exécuter automatiquement dès l'ouverture du fichier. Or, ces macros sont écrites dans un puissant BASIC qui autorise une forte interaction avec le système d'exploitation et permet, effectivement, de causer des dégâts sur les disques durs. (N.d.T.)

Méfiez-vous des chaînes (suite)

Gagnez beaucoup de sous avec une chaîne. C'est ce qu'on appelle des lettres MMF (*Make Money Fast :* gagnez vite de l'argent). Ces messages reproduisent des "témoignages" de ceux qui en ont bénéficié et vous demandent d'envoyer 5 dollars à celui qui est en tête de la liste, de placer votre nom en queue de liste et d'envoyer à votre tour le message à d'autres bonnes poires. Parfois, vous pourrez même lire en tête : "Ce n'est pas une chaîne." Sachez que ce genre de correspondance est illégal (boule de neige).

De grandes entreprises vous enverront de l'argent pour lire des mails. Ce message a circulé, avec comme expéditeur supposé Disney ou Microsoft. Il prétend que l'entreprise effectue un test de marketing et que vous pouvez gagner des dollars ou un voyage à Disneyland en faisant suivre le message.

Un abominable virus va saccager votre ordinateur. Parfois, cela peut être vrai. Exemple, le virus "I love you". Mais surtout avec des mailers comme Outlook Express qui sont sensibles aux méthodes de propagation employées dans ce cas.

Pour sauvegarder un message sous forme de fichier texte, cliquez sur ce message, puis sur Fichier/Enregistrer sous. Dans la fenêtre d'enregistrement qui apparaît, choisissez Texte (*.txt) dans le champ Type. Sélectionnez ensuite le disque et le répertoire de rangement comme pour n'importe quel fichier, donnez un nom au fichier et cliquez sur le bouton Enregistrer.

Les pièces jointes

Il est possible de joindre à un message des fichiers de n'importe quel type, comme des fichiers d'images, par exemple. Parfois un message peut être lui-même dans un format spécial. Il existe trois formes d'envoi de ces pièces jointes :

- **MIME :** Signifie Multipurpose Internet Mail Extensions (extensions du courrier Internet à usages multiples).
- **Uuencodage :** Méthode créée aux temps anciens pour incorporer des informations variées dans un courrier électronique envoyé par la procédure UNIX-to-UNIX (d'où le "uu" dans le nom de cette méthode).
- **Bin-Hex :** Signifie binaire vers hexadécimal.

L'envoi d'une pièce jointe se fait sans difficulté avec l'un quelconque des mailers que nous étudions. Une fois rédigé votre message, vous choisissez la commande spécifique du mailer servant à joindre un fichier, puis vous envoyez le message comme d'habitude. Bien entendu, il mettra davantage de temps à être expédié.

Lorsque vous recevez un document attaché à un message *e-mail*, c'est votre mailer qui va se charger de le décoder pour lui restituer son aspect normal, ou alors de le sauvegarder en tant que fichier autonome dans le répertoire que vous aurez choisi. Ensuite, vous pourrez utiliser ce fichier comme n'importe quel autre fichier.

Au Chapitre 18, nous reviendrons sur les différents types de fichiers que vous pouvez trouver en pièces jointes.

Par prudence, si vous recevez un programme exécutable attaché à un document, ne le lancez pas avant de l'avoir passé au détecteur de virus.

Si vous recevez un message contenant une pièce jointe utilisant une méthode d'encodage telle que MIME, UUENCODE ou Bin-Hex que votre mailer ne sait pas comment traiter, cette "pièce" se présente dans votre fenêtre de courrier comme un grand message incohérent. Le mieux est alors de demander conseil au service d'assistance de votre fournisseur d'accès ou à quelqu'un d'autre de compétent.

Les pièces jointes avec Eudora

Pour joindre un fichier à un message envoyé par Eudora, cliquez dans la barre de menus sur Message/Attach Document, ou sur la cinquième icône de la barre d'outils, ou encore tapez <Ctrl>+<H>. Choisissez alors le fichier à joindre dans la boîte de sélection de fichier qui apparaît. Ici, le mot "document" est pris au sens le plus large (document texte, image, son numérisé). Eudora Light envoie toujours les fichiers sous forme d'attachements MIME et peut traiter les fichiers reçus selon n'importe laquelle des trois formes décrites plus haut.

Si vous faites glisser un fichier depuis l'Explorateur jusque dans la fenêtre de message du programme Eudora, il va se trouver automatiquement traité comme pièce jointe au message que vous composez. Si vous n'avez pas ouvert de fenêtre de rédaction de message, cela provoquera la création d'un nouveau message.

Lorsque Eudora reçoit un message auquel est joint un fichier, celui-ci est automatiquement sauvegardé sur disque et vous êtes informé de son nom et de l'endroit où il a été stocké.

Les pièces jointes avec Netscape

Pour joindre un fichier au message que vous rédigez, cliquez sur l'icône Joindre qui se trouve dans la fenêtre de rédaction de message. A la différence des autres logiciels de courrier, Netscape vous permet de joindre n'importe quel fichier ou document pourvu d'une URL.

Quant il s'agit de message reçu, Netscape affiche les pièces jointes qu'il est capable de traiter lui-même (pages Web, images GIF et JPEG). Pour les autres types de fichiers, il affiche une courte description de l'objet sur laquelle vous pouvez cliquer. Il exécute alors un programme approprié pour vous le faire voir ou entendre. S'il n'en a pas pour ce type de fichier, il vous propose de le sauvegarder sur disque ou de lui indiquer quel programme il doit utiliser. Netscape peut traiter les trois méthodes d'attachements.

Les pièces jointes avec Outlook Express

Cliquez sur Insertion/Pièce jointe dans la barre de menus de la fenêtre Nouveau message ou sur l'icône Joindre de la barre d'outils. Sélectionnez ensuite le fichier à joindre et envoyez le message comme à l'accoutumée.

Lorsqu'un message contenant une pièce jointe arrive, une attache trombone s'affiche à côté du message dans la liste des messages reçus et dans le coin supérieur droit du message lorsque celui-ci est affiché. Cliquez sur cette attache trombone pour afficher le nom du fichier et double-cliquez pour afficher son contenu.

He, monsieur le robot !

Il n'y a pas forcément une personne physique derrière chaque adresse électronique. On peut y trouver des serveurs de listes (dont nous allons parler au Chapitre 13) et des *robots*, c'est-à-dire des programmes chargés de répondre automatiquement aux messages reçus. Les robots de courrier servent principalement à consulter des bases de données. Vous envoyez un message au robot (considéré comme serveur de courrier) et il entreprend telle ou telle action selon le contenu de votre message. Puis il vous renvoie la réponse qu'il a trouvée. Si, par exemple, vous envoyez un message à `internet7@gurus.com`, le message que vous recevrez en réponse contiendra votre propre adresse électronique.

Leur utilisation la plus fréquente est l'abonnement ou le désabonnement à des listes de diffusion (voir le Chapitre 13). Des entreprises les utilisent pour envoyer des réponses toutes prêtes à des demandes d'informations reçues par courrier électronique.

Options de filtrage

Dès l'instant où vous commencez à envoyer du courrier électronique, vous allez en recevoir en retour. Tout spécialement si vous vous êtes abonné à une ou plusieurs listes de diffusion (voir le Chapitre 13). Par bonheur, la plupart des systèmes de courrier électronique vous offrent des moyens d'endiguer le flot et d'éviter ainsi d'être submergé. Pour cela, on crée, d'une façon ou d'une autre, des *filtres* spécifiant certaines caractéristiques des messages à éliminer ou à archiver dès réception.

- **Avec Eudora.** Cliquez sur Tools/Filters. Une fenêtre s'ouvre, vous proposant plusieurs façons d'associer les champs d'en-tête d'un message avec des conditions logiques.
- **Avec Netscape.** Cliquez sur Edition/Filtres du courrier puis, dans la fenêtre Filtres des messages, cliquez sur le bouton Nouveau. La boîte de dialogue qui s'affiche alors vous permet de spécifier les champs que vous utiliserez comme critères de sélection et les conditions logiques à appliquer.
- **Avec Outlook Express.** Cliquez sur Outils/Règles de message/ Courrier et définissez le filtre que vous voulez créer.

Tout cela vous paraîtra bien compliqué et fort ennuyeux. Si vous ne recevez pas plus de 5 ou 10 messages par jour, vous n'avez pas à vous en préoccuper.

Un seul clic de souris pour surfer

Les récentes versions de Netscape Messenger, Outlook Express et Eudora transforment toutes les URL (adresses de sites Web) trouvées dans un message en liens conduisant directement à cette page. Lorsqu'un tel lien apparaît dans un message, il suffit de cliquer ou de double-cliquer dessus pour charger la page sur laquelle il pointe. Le pointeur de la souris se change en une main lorsqu'il passe sur une URL valide.

L'horreur du spam

Vous avez sans doute déjà déploré de voir votre boîte aux lettres postale se remplir de nombreux prospectus ou documents publicitaires pour la plupart inintéressants. Ce dépôt d'immondices existe également dans le courrier électronique où on l'appelle *spam*, *junk e-mail* (courrier poubelle) ou *UCE* (*unsolicited commercial e-mail*, c'est-à-dire courrier électronique commercial non sollicité). C'est actuellement un des problèmes majeurs de l'Internet étant donné le faible investissement que cela représente pour le *spammer* et le très grand nombre de lecteurs potentiels concernés.

Est-ce vraiment si terrible ?

A la différence du courrier postal, vous payez davantage que l'expéditeur. Envoyer du courrier électronique ne coûte pas cher. Un spammer peut ainsi envoyer des milliers de messages par heure à partir d'un PC et d'une connexion téléphonique. Le temps et la place disque perdus pour recevoir ces messages vous coûtent de l'argent (en frais de connexion) et sont une cause de gaspillage de temps. Cette pluie de messages encombre inutilement les disques des fournisseurs d'accès et contribue à augmenter la charge déjà considérable de l'Internet.

Beaucoup de spammers insèrent dans leurs messages une ligne indiquant comment procéder si vous ne voulez plus qu'ils vous adressent de messages. Quelque chose comme "Send us a message with the word REMOVE in it[3]". Pourquoi perdre votre temps à cela ? Sans compter que c'est généralement peu efficace et que cela peut même avoir l'effet contraire (certains se servant de cette méthode pour vérifier que votre adresse est valide).

Que peut-on faire ?

Pas grand-chose, à vrai dire. Si vous pouvez identifier **à coup sûr** l'adresse e-mail de l'expéditeur, envoyez un message de protestation accompagné de la copie complète du message à une adresse électronique particulière formée du nom `abuse` suivi du nom de domaine de l'expéditeur. Par exemple, si l'adresse présente dans la rubrique From: est `rodin_julie@yahoo.fr`, envoyez votre message à

---

3 "Envoyez-nous un message comportant le mot REMOVE." Actuellement, il semble que le spam provienne essentiellement des Etats-Unis. (N.d.T.)

`abuse@yahoo.fr`[4]. Ne comptez pas trop en obtenir des résultats tangibles !

Vous trouverez d'autres informations sur le spam et les moyens de lutte contre ce fléau, techniquement et légalement, aux URL : `www.cauce.org`, `spam.abuse.net` et `www.abuse.net`.

J'ai cru voir un gros virus !

Il y a bien longtemps déjà que l'Internet sert de vecteur aux virus. Aujourd'hui, la plupart d'entre eux sont diffusés par e-mail, soit directement, soit en tant que pièces jointes. Le contenu d'un message écrit en **texte pur** ne peut pas abriter de virus. Il en va tout autrement des messages mis en forme ou rédigés en HTML. De leur côté, les pièces jointes peuvent très bien en contenir. Pour qu'un virus fonctionne (autrement dit, pour qu'il s'exécute, contamine votre ordinateur et envoie des copies de lui-même à d'autres personnes par e-mail), vous devez l'activer.

Dans la plupart des logiciels de courrier (dont Netscape Messenger et Eudora), les programmes contenus dans les fichiers joints ne s'exécutent pas tant que vous ne cliquez pas dessus. Il est donc fortement recommandé de ne pas ouvrir de fichier joint provenant de personnes que vous ne connaissez pas. **N'ouvrez même pas les pièces jointes provenant de personnes que vous connaissez si cet envoi n'était pas prévu.** Le virus Melissa (qui a fait parler de lui au printemps 1999) s'est répandu tout autour du globe en envoyant des copies de lui-même aux 50 premières personnes inscrites dans les carnets d'adresses de tous ceux qui l'avaient reçu.

Si vous utilisez Outlook Express 5.0 ou Outlook (tout court), la situation est encore plus critique. L'Outlook de Microsoft Office ouvre les fichiers joints dès l'ouverture du message accompagnateur. Outlook Express, lui, propose systématiquement un aperçu qui affiche un fichier et ses attachements avant même de cliquer dessus. Les premières versions d'Outlook Express 5.0 et Outlook 97, 98 et peut-être 2000 permettent aux programmes joints à des messages de faire toutes sortes d'horreurs à votre PC. Heureusement, Microsoft a par la suite concocté un remède, disponible à l'URL `www.microsoft.com/security/Bulletins/ms99-032.asp`.

[4] Il s'agit ici d'un cas réel. (N.d.T.)

Chapitre 13

Courrier, courrier, quand tu nous tiens !

Dans ce chapitre :

- Abonnement et désabonnement à des listes de diffusion.
- Le tri entre le bon grain et l'ivraie.
- Quelques listes de diffusion intéressantes.

Si vous aimez recevoir régulièrement du courrier électronique, abonnez-vous à des listes de diffusion (*mailing lists*). Chaque matin, vous trouverez dans votre boîte aux lettres électronique de quoi lire pendant un temps appréciable.

Est-ce réellement intéressant ?

Le principe de ces listes est très simple. La liste possède sa propre adresse électronique et tout ce qui est envoyé à cette adresse est transmis aux abonnés de la liste. Comme, à leur tour, ceux-ci répondent au courrier qu'ils reçoivent, il en résulte une véritable conversation.

Les listes ont chacune leur style propre. Certaines sont assez formelles, ne s'écartant pas du thème officiel de la liste. D'autres ont tendance à virevolter çà et là, abordant souvent des sujets bien étrangers au thème officiel de la liste. Pour en avoir une idée, le mieux est de lire ce qu'elles vous envoient pendant un petit moment.

On peut classer les listes de diffusion en trois catégories :

- **Discussion.** Chaque abonné peut "poster" un message. Ces listes permettent d'entretenir des discussions libres et peuvent même contenir certains messages hors sujet.
- **Modérées.** Un modérateur est une personne de bonne volonté qui lit chaque message avant de le mettre dans le circuit de distribution. Il a le droit d'arrêter tout message sans rapport avec l'objet de la liste, redondant, inutile ou injurieux, évitant ainsi aux abonnés à la liste toute perte de temps et toute polémique stérile.
- **Annonces.** Seul le modérateur peut poster ce type de messages. C'est de cette façon que peuvent être diffusés des bulletins périodiques, par exemple.

Abonnement et désabonnement

Quelqu'un ou quelque chose doit gérer les inscriptions et la distribution des messages à tous les abonnés. Cette tâche étant bien trop rébarbative pour être exécutée par un être humain, ce sont généralement des programmes qui s'en acquittent. Ceux qu'on emploie le plus fréquemment s'appellent LISTSERV, Majordomo et ListProc. Nous étudierons chacun d'eux dans les sections suivantes.

S'abonner à une liste de diffusion est très simple : il suffit d'envoyer un message par courrier électronique au programme serveur de la liste. Dans la mesure où c'est un programme qui lit le message, ce dernier doit être correctement formulé et formaté. Nous vous expliquerons plus loin, dans ce même chapitre, comment procéder.

Certaines listes sont également gérées par des programmes habillés sous une interface Web. Pour vous abonner ou vous désabonner, il suffit alors de cliquer sur le lien approprié de la page Web correspondante. Reportez-vous à la section *S'abonner et se désabonner d'un simple clic*, plus loin dans ce même chapitre.

Gestion humaine

Il existe une convention largement respectée concernant l'adresse des listes gérées "manuellement". Supposons que vous souhaitiez être au courant de tout ce qui concerne James Buchanan, quinzième président des Etats-Unis, le seul qui soit resté célibataire, et que le nom de la liste consacrée à sa célébration soit `buchanan-lovers@gurus.com`. L'adresse électronique du gestionnaire de la liste est très probablement `buchanan-lovers-request@gurus.com`. Autrement dit, il

S'abonner à partir du Web

Vous pouvez vous abonner à de nombreuses listes directement sur le Web. En règle générale, vous saisissez votre adresse e-mail dans un champ prévu à cet effet sur une page Web, vous cliquez sur un bouton Envoi, Send ou Subscribe, et c'est tout. Cette méthode est souvent bien plus pratique que l'envoi d'un message électronique au gestionnaire d'une liste.

Toutefois, avant de vous abonner, assurez-vous que la page en question vous indique la façon de vous désabonner, détail que certains ont tendance à omettre.

Comment éviter de passer pour un crétin

Après vous être abonné à une liste, attendez environ une semaine d'avoir reçu quelques messages émanant de cette liste avant d'en envoyer vous-même. De cette façon, vous allez pouvoir prendre connaissance des usages en cours sur la liste, savoir de quoi on discute et sous quelle forme, repérer les fortes têtes et ceux qui savent tout sur tout. La gaffe classique du nouveau venu est de s'abonner à une liste et d'y envoyer immédiatement un message posant une question stupide ayant fait précisément l'objet de débats passionnés dans les jours précédents. Regardez autour de vous et évitez d'agir ainsi.

L'autre gaffe à éviter est d'envoyer un message directement à la liste pour vous abonner ou vous désabonner. Ce type de message doit être adressé au gestionnaire de la liste ou à une adresse LISTSERV, Majordomo ou ListProc (où un être humain ou un programme pourra le traiter), et non pas à la liste elle-même où chacun pourra s'apercevoir de votre bourde.

Pour nous résumer : le premier message à envoyer pour vous abonner doit être adressé à une adresse `machin-request`, `LISTSERV`, `Majordomo` ou `listproc` et non pas à la liste elle-même. Ce n'est qu'ensuite que vous pourrez communiquer directement avec les membres de la liste.

N'envoyez que des messages en texte pur. Ne les formatez pas et n'y joignez rien. Si vous tenez à envoyer un fichier aux abonnés de la liste, envoyez plutôt un message invitant les personnes intéressées à vous le faire savoir par courrier privé.

Une dernière chose à éviter : si vous n'aimez pas ce qu'une personne envoie à la liste (par exemple, un nouveau venu envoie des messages vides ou des demandes de désabonnement ou encore ne cesse de rabâcher encore et toujours les mêmes propos), ne gaspillez pas le temps des autres abonnés en envoyant votre protestation sur la liste. Adressez plutôt un e-mail directement à cette personne pour lui demander d'arrêter ou envoyez un message au gestionnaire de liste afin qu'il intervienne.

vous suffit d'ajouter `-request`, juste avant le "@", au nom de la liste elle-même pour avoir l'adresse de son gestionnaire. Comme cette liste est gérée par un être humain, votre requête peut être exprimée sans trop de formalisme, l'essentiel étant de faire preuve d'un minimum de politesse. Cela pourrait être quelque chose comme : "Please, add me to the buchanan-lovers list." (Ajoutez-moi, s'il vous plaît, à la liste des buchanan-lovers). Pour mettre fin à votre abonnement, ce serait : "Please, remove me from the buchanan-lovers list." (Rayez-moi, s'il vous plaît, de la liste des buchanan-lovers.)

Les messages de ce genre sont lus et traités par des êtres humains qui ne font pas que ça. Vous devez donc comprendre qu'il peut s'écouler plusieurs jours avant que votre requête soit examinée et prise en considération. En particulier, lorsque vous vous désabonnez, vous pouvez continuer à recevoir plusieurs messages de la liste avant que votre radiation soit effective.

LISTSERV

C'est le premier programme de gestion de liste qui a été créé. Son emploi est resté plutôt lourd, mais il a le grand avantage de pouvoir gérer d'énormes quantités de listes de diffusion dont chacune contient des milliers de membres, ce que tous les programmes généralement utilisés sur le Net ne savent pas faire. Par exemple, il peut envoyer du courrier à un millier d'adresses en quelque cinq minutes alors que `sendmail`, le programme Internet habituellement utilisé à cet effet, demanderait pour cela plus d'une heure.

Prenez donc un comprimé de message

Certaines listes sont "condensées" : les messages reçus pendant un certain laps de temps (un jour ou deux, voire une semaine) sont rassemblés en un seul gros message précédé d'une table des matières. Beaucoup de gens trouvent ça plus pratique que de gérer une foule de petits messages épars. Il existe des programmes de lecture pouvant éclater le gros message en ses constituants, ce qui vous permet de les regrouper d'une autre façon, à votre convenance. On appelle cela *undigestifying* ou *exploding* (décompacter). Consultez la notice du programme que vous utilisez pour en savoir davantage.

Pour tout ce qui touche à la prise ou à la résiliation d'un abonnement à une liste gérée par LISTSERV, vous devez envoyer un message à

`LISTSERV@machin.chose.truc`, où `machin.chose.truc` est le nom de la machine où se trouve la liste qui vous intéresse. C'est l'*adresse administrative* de la liste.

Supposons que le nom de la liste qui vous intéresse soit `LOUISXIV-L` (les noms de listes gérées par LISTSERV se terminent généralement par `-L`) et que vous vous appeliez Pierre Kiroule. Pour vous abonner, vous enverrez le message :

```
SUB LOUISXIV-L Pierre Kiroule
```

Vous n'avez pas besoin d'indiquer un sujet[1]. La ligne ci-dessus suffit amplement. `SUB` est un raccourci pour SUBSCRIBE (s'abonner), `LOUISXIV-L` est le nom de la liste et ce qui se trouve après est censé être votre vrai nom. (Vous pouvez y mettre ce que vous voulez, mais rappelez-vous que cela figurera comme adresse de retour dans l'en-tête des messages que vous enverrez.) Inutile également de préciser votre adresse e-mail, LISTSERV est capable de l'extraire de l'en-tête de votre message.

Peu après avoir accompli cette formalité, vous allez recevoir un message de bienvenue généré automatiquement et qui vous signale que vous faites maintenant partie des abonnés à la liste, accompagné de la description de quelques-unes des commandes que vous pouvez utiliser pour manipuler la liste. Souvent, ce message vous demandera de confirmer que vous l'avez bien reçu afin d'éviter que de mauvais plaisants vous abonnent dans votre dos à n'importe quelle liste. Suivez alors les instructions données. Généralement, vous ne devrez rien modifier dans ce message, vous contentant de le renvoyer tel quel. Si vous n'envoyiez pas la confirmation qui vous est demandée, votre inscription risquerait de ne pas être validée.

Conservez précieusement le message comportant le sommaire des commandes car vous risquez d'en avoir besoin plus tard, lorsque vous voudrez vous désabonner, par exemple.

Une fois inscrit, vous pouvez envoyer un message à la liste en l'adressant à `LOUISXIV-L@machin.chose.truc`. Cette adresse est l'*adresse de la liste* et elle ne doit recevoir que les messages destinés aux membres de la liste. N'oubliez pas d'indiquer un sujet précis et évocateur de façon que tous les destinataires de la liste sachent tout de suite si ça les intéresse ou non.

---

1 A moins que votre mailer ne l'exige. (N.d.T.)

Pour vous désabonner, c'est encore plus simple. Envoyez un message à `LISTSERV@machin.chose.truc` dans le corps dans lequel vous aurez écrit :

```
SIGNOFF LOUISXIV-L
```

Inutile de donner votre nom, cette fois. Dorénavant, LISTSERV ne vous connaît plus. Tout au moins en ce qui concerne cette liste.

Certaines listes ne sont pas ouvertes à tous. Le responsable (humain) de la liste peut décider de ne pas accepter votre demande. La plupart du temps, il vous enverra un message pour vous exposer les raisons de son refus ou vous demander des justifications.

Pour entrer en contact avec ce responsable, vous envoyez un message à `OWNER-` (propriétaire) suivi du nom de la liste. Dans notre exemple, ce serait `OWNER-LOUISXIV-L`. Si vous avez le moindre problème, n'hésitez pas à vous adresser à lui car il est tout-puissant.

Les gadgets de LISTSERV

LISTSERV possède tellement de gadgets qu'il faudrait un livre entier pour les décrire tous. Mais il est utile d'en connaître quelques-uns. Pour chacune de ces commandes, vous envoyez un message à `LISTSERV@machin.chose.truc`. Vous pouvez glisser plusieurs commandes dans le même message.

- **Arrêt temporaire du service.** Si vous devez vous absenter pendant une semaine ou deux, inutile de continuer à recevoir les messages de la liste. Mais vous ne voulez pas vous désabonner afin de continuer à les recevoir à votre retour. Pour arrêter temporairement ces envois, votre message doit se présenter ainsi :

  ```
  SET LOUISXIV-L NOMAIL
  ```

- **Reprise du service.** Pour recommencer à recevoir les messages de la liste, envoyez ce message :

  ```
  SET LOUISXIV-L MAIL
  ```

- **Compression des messages.** Si vous préférez recevoir les messages sous forme condensée, envoyez le message :

  ```
  SET LOUISXIV-L DIGEST
  ```

Toutes les listes n'offrent pas nécessairement ce service. Celles qui ne compriment pas les messages vous le feront savoir. Si vous voulez par la suite recevoir de nouveau vos messages individuellement, envoyez cette commande :

```
SET LOUISXIV-L NODIGEST
```

- **Connaître les noms des autres abonnés.** Attention, il y a des listes qui comportent un très grand nombre d'abonnés. Préparez-vous, en conséquence, à recevoir un très gros message. Pour connaître les noms des abonnés, le message à envoyer s'écrit :

```
REVIEW LOUISXIV-L
```

- **Pour ne pas recevoir vos propres messages.** Normalement, la liste vous renvoie vos propres messages comme à tous les abonnés, ce qui n'est pas vraiment indispensable. Pour exclure vos propres messages de ce que vous recevrez, envoyez :

```
SET LOUISXIV-L NOACK
```

- **Pour recevoir vos propres messages, retirez la négation :**

```
SET LOUISXIV-L ACK
```

- **Pour connaître les noms des fichiers disponibles.** La plupart des serveurs LISTSERV possèdent une bibliothèque de fichiers, généralement constitués par des documents qui leur ont été envoyés par des abonnés. Pour en connaître la liste, envoyez :

```
INDEX
```

- **Pour recevoir un fichier particulier** dont le nom est *nom_fich* par courrier électronique, envoyez :

```
GET LOUISXIV-L nom_fich
```

- **Pour savoir quelles sont les listes qui existent** sur le serveur auquel vous vous adressez, envoyez le message :

```
LIST
```

- **Demander à LISTSERV de faire autre chose.** Il existe une foule d'autres commandes. Si le cœur vous en dit, vous pouvez en prendre connaissance en envoyant le message :

```
HELP
```

Majordomo : c'est un très bon choix, monsieur

L'autre système de liste très utilisé est *Majordomo*, de Brent Chapman. Au début, c'était un ersatz de LISTSERV destiné aux stations de travail mais il a évolué, et c'est maintenant un système à part entière qui donne généralement satisfaction. En raison de son hérédité, les commandes de Majordomo ressemblent à celles de LISTSERV, mais ce ne sont pas *tout à fait* les mêmes.

L'adresse électronique administrative des listes gérées par Majordomo est `Majordomo@machin.chose.truc`. Les listes gérées par Majordomo ont une nette tendance à avoir des noms à rallonge. L'une de nos favorites s'appelle `explosive-cargo`. C'est ce qu'on appelle aux Etats-Unis une *column*, c'est-à-dire une rubrique permanente tenue périodiquement par le même chroniqueur. Cette liste se trouvant sur la machine `world.std.com`, pour vous y abonner, envoyez le message suivant à `majordomo@world.std.com` :

```
subscribe explosive-cargo
```

TRUC

A la différence de LISTSERV, remarquez que votre nom ne doit pas figurer à la suite de la commande.

Pour vous désabonner, ce sera :

```
unsubscribe explosive-cargo
```

Pour envoyer un message à l'ensemble des abonnés de la liste, vous l'adresserez à `nom_de_la_liste@machin.chose.truc`. (Notez que vous ne pouvez pas envoyer de message à `explosive-cargo`, car seul son chroniqueur attitré a le droit d'y écrire quelque chose.)

Les gadgets de Majordomo

Pour ne pas être en reste avec LISTSERV, Majordomo a son propre jeu de commandes pas réellement indispensables. Ici aussi, vous pouvez en regrouper plusieurs dans un même message.

- **Pour savoir à quelles listes vous êtes abonné :**

  ```
  which
  ```

- **Pour connaître le nom de toutes les listes gérées par un système Majordomo :**

```
lists
```

- **Pour connaître le nom des fichiers relatifs à une liste particulière :**

```
index nom_de_la_liste
```

- **Pour demander à recevoir un de ces fichiers par e-mail :**

```
get nom_de_la_liste nom_du_fichier
```

- **Pour connaître les autres commandes de Majordomo :**

```
help
```

- **Si vous voulez joindre la personne responsable d'un système Majordomo,** envoyez un message bien poli à `owner-Majordomo@machin.chose.truc` et ayez la patience d'attendre sa réponse. Ici, ce n'est pas à une machine que vous vous adressez.

ListProc, l'outsider

ListProc n'est pas aussi utilisé que LISTSERV ou Majordomo, mais il gagne en popularité parce qu'il est plus facile à installer que LISTSERV, moins cher et presque aussi puissant.

Pour vous abonner à une liste gérée par ListProc, envoyez à `listproc@machin.chose` le message suivant :

```
subscribe nom_de_la_liste votre_nom
```

Ainsi, en supposant que vous vous appeliez Jacques Cé, et qu'il existe une liste appelée *chickens* (poulets) sur le serveur (réel) `gurus.com`, vous enverriez le message suivant :

```
subscribe chickens Jacques Ce
```

Pour vous désabonner, ce serait :

```
signoff chickens
```

Vous n'aurez pas manqué de remarquer la parenté avec LISTSERV en ce qui concerne le mot clé de résiliation de l'abonnement. Une fois que vous êtes abonné, vous pouvez envoyer des messages aux autres

abonnés à l'adresse `nom_de_la_liste@machin.chose`. Dans notre exemple, ce serait : `chickens@gurus.com`.

Pour savoir ce que ListProc sait faire d'autre, envoyez, comme d'habitude, le message `help` à `listproc@machin.chose`, où `machin.chose` est naturellement le nom de la machine où se trouve le serveur intéressé.

S'abonner et se désabonner d'un simple clic

De nombreux sites Web (quoique leur nombre ait tendance à décroître nettement) hébergent aujourd'hui des listes de diffusion, vous permettant de vous abonner à des listes ou même d'en créer à l'aide de quelques clics de souris sur des liens. Parmi ces sites figurent Topica (`www.topica.com`), Yahoo! Groups (`http://groups.yahoo.com/`) et Coollist (`www.coollist.com`).

Pour vous abonner à une liste proposée sur un site Web, il suffit de suivre les instructions affichées à l'écran. Certaines listes vous permettent de lire les messages postés sans même vous abonner : vous cliquez simplement sur des liens pour afficher directement les messages dans votre navigateur Web. Ces sites Web vous permettent également de créer votre propre liste de diffusion et de l'héberger gratuitement.

Envoyer des messages à des listes de diffusion

Une fois abonné à une liste de diffusion, attendez une petite semaine pour voir comment se présentent les messages circulant sur la liste. Lorsque vous penserez que vous en avez assez vu pour éviter de vous trouver en porte-à-faux, essayez de *poster* quelque chose. Pour cela, utilisez votre mailer. L'adresse de la liste est la même que le nom de la liste, `chickens@gurus.com` par exemple. N'oubliez pas que des centaines, voire des milliers de gens vont lire vos perles de sagesse. Alors, essayez au moins d'éviter les fautes d'orthographe.

Dans certaines listes, il est d'usage que le nouvel abonné envoie un message pour se présenter et indiquer brièvement quels sont les domaines qui l'intéressent. Cette coutume n'est pas universelle, alors attendez d'y être invité pour y sacrifier.

Tout message envoyé à une *liste modérée* doit, avant d'être diffusé, recevoir l'imprimatur d'un *modérateur* qui décide souverainement si votre message peut ou non être diffusé. Dans la pratique, ça rend la liste mille fois plus intéressante en améliorant son rapport signal/bruit de fond.

Les finesses de la dialectique

Il peut vous arriver de trouver un message spécialement intéressant auquel vous souhaiteriez apporter une réponse ou un commentaire. Devez-vous l'adresser à l'auteur ou à la communauté ? Autrement dit, à quelle adresse électronique devez-vous l'envoyer ? C'est à vous qu'il appartient d'en décider. Lorsque vous créez une réponse, votre mailer vous indique à quelle adresse il compte l'envoyer mais vous avez toujours la possibilité de modifier cette adresse.

Peut-être serait-il bon de modifier le sujet original du message ? Après quelques tours de réponses et de réponses aux réponses, le sujet de la discussion est souvent bien loin de l'objet de départ. Aussi, une petite mise à jour, recentrant le débat, est-elle souvent la bienvenue.

Quelques listes intéressantes

Il existe des dizaines de milliers de listes Pour vous aider à en découvrir d'intéressantes, en voici quelques-unes qui nous semblent particulièrement dignes d'intérêt, accompagnées d'une courte description. Ces adresses changent assez souvent et il s'en crée sans cesse de nouvelles. Un annuaire de listes existe à `www.topica.com` mais nous vous recommandons tout particulièrement l'annuaire de listes francophone *Francopholistes* : `www.francopholistes.com`.

En ce qui concerne les listes elles-mêmes, (et tout spécialement celles où on parle français), en voici quelques-unes qui nous semblent particulièrement dignes d'intérêt :

- **consonet@egroups.fr** : Tout ce qui se rapporte aux consommateurs que nous sommes et à la consommation.
- **telecoms@egroups.fr** : Liste francophone des télécoms (téléphone filaire et télécommunications).
- **mobiletel@egroups.fr** : L'actualité du téléphone mobile GSM et DCS.

- **cuisine-fr@cru.fr** : Cuisine et culture culinaire, échanges de recettes et astuces.
- **comprendresonchien@onelist.com** : Education canine.
- **adbs-info@cru.fr** : L'Association des professionnels de l'information et de la documentation.
- **courrierpedago@egroups.fr** : Partage d'idées et d'expériences pédagogiques entre enseignants.
- **montagne@-psud.fr** : Les activités de la montagne.
- **potterharry@egroups.fr** : Cette liste vous permettra de vous exprimer librement sur Harry Potter, le sorcier le plus médiatisé de la littérature.
- **cybergames@lists.exmachina.net** : Les jeux vidéo.

Chapitre 14

Messages instantanés

Dans ce chapitre :

- La messagerie instantanée ICQ.
- La messagerie instantanée AIM.
- Autres systèmes.

Les messageries instantanées vous permettent d'échanger presque en temps réel des messages par écran/clavier. Ce type de programme propose également une liste de contacts (des personnes dont vous connaissez les pseudonymes ou adresses électroniques) et vous avise dès que l'un d'eux est en ligne, de sorte que vous puissiez lui envoyer instantanément un message qui apparaîtra aussitôt sur son écran. Le principal intérêt de ce système est sa rapidité de communication.

Quel système utiliser ?

Malheureusement, les systèmes de messagerie instantanée ne communiquent pas entre eux. Dans la mesure où l'objectif de tous ces systèmes est de vous permettre de rester en contact avec vos amis, optez pour le programme qu'ils utilisent, s'il s'en trouve suffisamment qui utilisent le même. D'ailleurs, rien ne vous empêche de faire tourner plusieurs systèmes en même temps pour être certain d'étendre au maximum votre champ d'action.

ICQ

ICQ (trois lettres qui se prononcent "aï si kiou" pour *I seek you* : je te cherche) est actuellement le roi de la messagerie instantanée. Il

propose une kyrielle de fonctions et d'options diverses. Il faut commencer par télécharger et installer ICQ, puis le configurer pour obtenir un numéro ICQ, sorte de numéro de téléphone à 8 chiffres, destiné à vous identifier. Vous pourrez alors repérer quelques-uns de vos amis et commencer à leur envoyer des messages instantanés qui vous permettront une conversation (par écran-clavier) en temps réel.

Télécharger et installer ICQ

Pour vous procurer le logiciel ICQ, visitez le site officiel d'ICQ à l'URL `www.icq.com` et cliquez sur le lien "Free ICQ software" dans la colonne de gauche. Suivez ensuite les instructions pour installer et lancer ICQ. Une fois installé, le programme vous proposera un numéro d'identification.

Un assistant d'enregistrement vous invite à saisir quelques renseignements personnels et à créer un mot de passe pour protéger votre numéro. Ensuite, le programme ICQ démarre pour de bon en faisant apparaître une petite fenêtre (à gauche de la Figure 14.1).

Après téléchargement de la version anglaise, vous pouvez obtenir une traduction du logiciel en cliquant sur le bouton Services, puis en choisissant l'option Translation/Download ICQ in your own language. Cette opération lance automatiquement votre navigateur par défaut, connecte votre ordinateur sur le Net (s'il n'est pas déjà connecté) et affiche la page Web du service de traduction. Dans cette page, cliquez sur Download Now, puis sur l'option LingoWare 2 French pour télécharger le programme permettant d'obtenir une version traduite en français du logiciel d'ICQ. Lorsque le téléchargement est terminé, cliquez sur l'icône du programme LingoWare posée sur le bureau pour lancer l'installation. (Notez que vous pouvez, si vous le souhaitez, télécharger ce fichier *avant même* d'installer ICQ afin d'effectuer l'installation d'ICQ en français.) La version française de la petite fenêtre du programme est illustrée à droite de la Figure 14.1.

La première fois que vous lancerez ICQ, le serveur vous enverra probablement un message d'accueil. Pour le lire, double-cliquez sur l'icône marquée System Notice (Avis du système) au bas de la fenêtre, puis cliquez sur le bouton Close (Fermer).

A la recherche d'un contact

Pour savoir si certains de vos amis sont en ligne, cliquez sur le bouton marqué Add/Invite Users (Ajoute/Invite Utilisateurs), puis sur le premier bouton marqué Search (Chercher), et enfin sur le bouton

Figure 14.1 : ICQ prêt à démarrer dans la langue qu'il vous plaît.

Wizard mode (Mode Assistant, en bas à droite de la fenêtre) pour lancer un assistant (illustré Figure 14.2) qui va vous aider à identifier vos amis et à ajouter ces personnes à votre liste de contacts.

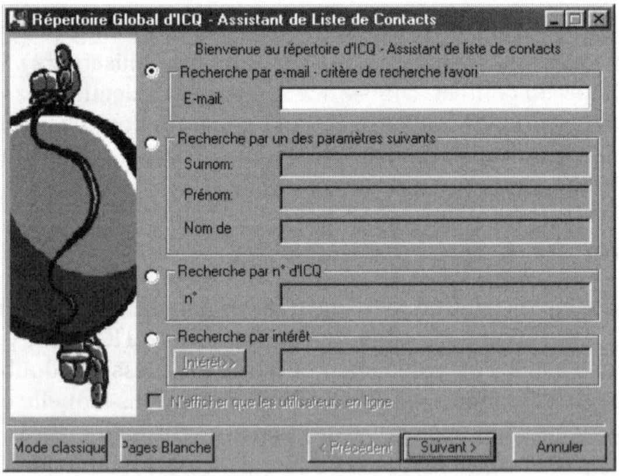

Figure 14.2 : L'assistant permettant d'ajouter des contacts à votre liste.

ICQ propose plusieurs façons de rechercher ou d'ajouter un contact. Il vous sera plus facile de contacter quelqu'un si vous connaissez son numéro ICQ ou son adresse e-mail. Si ICQ trouve alors une correspondance, il l'affiche à l'écran. Il suffit ensuite de cliquer sur le bouton Next (Suivant) pour ajouter cette personne à votre liste de contacts. Si vous obtenez plusieurs résultats, cliquez sur la personne de votre choix, puis sur le bouton Next (Suivant). En règle générale, vous pouvez ajouter le contact immédiatement ; toutefois certains utilisateurs valident une option de sécurité spécifique dans leur programme,

de sorte que vous devez leur demander la permission de les ajouter à votre liste de contacts. Le cas échéant, vous devez taper votre requête dans une petite fenêtre qui apparaît automatiquement, telle que celle illustrée Figure 14.3. Plaidez votre cause et cliquez sur le bouton Request (Demande).

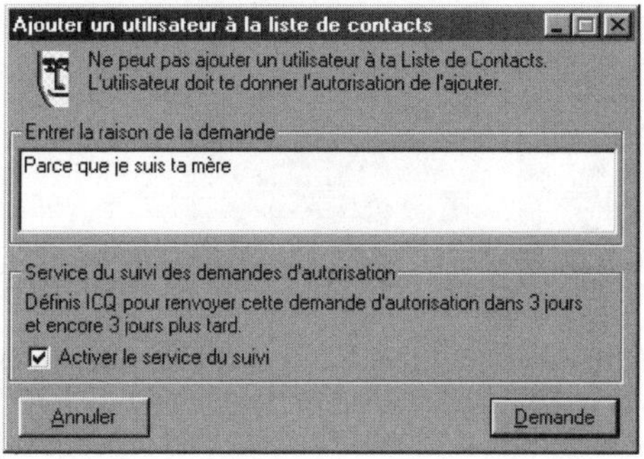

Figure 14.3 : Voilà une requête que l'on ne peut refuser.

Pour ajouter d'autres personnes, il vous suffit de cliquer de nouveau sur le bouton Add/Invite Users (Ajoute/Invite Utilisateurs). Pour supprimer un contact, cliquez sur son nom et sélectionnez l'option Delete (Supprimer) dans le menu qui apparaît. Pour changer son nom, sélectionnez l'option Rename (Renommer) dans ce même menu.

Aussi vite que l'éclair...

Quand vous recevez un message d'une personne ou du système ICQ, l'icône correspondante clignote dans la fenêtre d'ICQ et le programme émet une espèce de grognement. Pour lire le message, double-cliquez sur l'icône clignotante. Une fenêtre apparaît, dans laquelle est affiché le message reçu. Vous pouvez répondre aussitôt en tapant votre texte dans la partie inférieure de la fenêtre. Pour envoyer un message, cliquez sur le nom de la personne à qui vous voulez l'envoyer. Un menu apparaît. Cliquez ensuite sur Message pour ouvrir une fenêtre (voir la Figure 14.4) dans laquelle vous allez écrire le message à envoyer, puis cliquez sur Send (Envoyer). Si la personne n'est pas en ligne, le programme vous propose d'enregistrer votre message pour un envoi ultérieur.

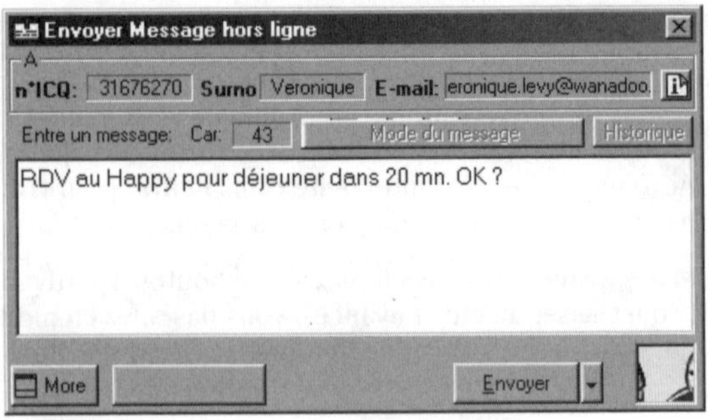

Figure 14.4 : Envoi d'un message d'une extrême importance.

Causerie en temps réel

Si vous voulez converser en temps réel au lieu de vous contenter d'envoyer un message, cliquez sur le nom de votre ami puis sélectionnez ICQ Chat. S'il est en ligne, une boîte de dialogue s'ouvre et vous demande de taper un court message lui indiquant le sujet de votre appel. Cliquez sur Chat pour l'envoyer.

A l'autre bout, la barre correspondant à l'expéditeur va clignoter dans la fenêtre ICQ et le programme indiquera "Incoming chat request" (Demande de communication reçue). En double-cliquant sur cette barre, le message va s'afficher. Le destinataire peut alors accepter la conversation en cliquant sur Accept ou la refuser en cliquant sur Do not Accept.

Une fois que les deux parties se sont mises d'accord, le programme ouvre une fenêtre de conversation. La première fois, il vous demande comment vous voulez organiser cette fenêtre ; acceptez sa proposition de la partager en deux. Chaque personne peut alors taper et voir ce que l'autre tape au même moment.

Des tas d'autres fonctions

En plus de la messagerie instantanée et de la conversation en ligne, ICQ vous permet de faire un tas d'autres choses :

- **Envoi et réception de fichiers.** Les fichiers sont envoyés directement de l'ordinateur de l'expéditeur à celui du destinataire, si bien que le transfert est très rapide.

TRUC

N'acceptez jamais de fichiers provenant de personnes que vous ne connaissez pas (virus, photos choquantes...).

- **Salons de conversations.** Vous pouvez vous joindre à des groupes de conversation sur toutes sortes de sujets. Cliquez sur Add/Invite Users (Ajoute/Invite Utilisateurs) pour trouver les liens qui vous conduisent vers ces salons.
- **Mode avancé.** Si vous cliquez sur le bouton To Advanced Mode (Pour passer au mode avancé), vous basculez en mode avancé, qui vous permet d'accéder à toutes les autres options d'ICQ.

Messagerie instantanée avec AOL

L' unique fonction d'AOL Instant Messenger (AIM en abrégé) est de vous permettre de recevoir et d'envoyer des messages instantanés. Il vous permet de contacter des abonnées à AOL.

Configurer Instant Messenger

Si vous êtes déjà abonné à AOL, AIM vous attend sagement quelque part dans votre navigateur. Dans le cas contraire, vous devez télécharger et installer le programme.

AIM est peut-être déjà intégré à votre Netscape Navigator (s'il est postérieur à la version 4.4). Si ce n'est pas le cas, pointez votre navigateur sur `www.aol.fr` et cliquez sur le lien AOL Messager. Dans la page qui apparaît, saisissez un pseudonyme, un mot de passe et votre adresse électronique. Vous recevrez par courrier électronique une confirmation d'AOL à laquelle vous devrez répondre sous 48 heures pour que votre inscription soit prise en compte. Une fois l'enregistrement effectué, vous pourrez télécharger le programme.

Sélectionnez votre système d'exploitation puis cliquez sur le bouton Télécharger et indiquez le répertoire de votre disque dur où vous voulez que soit placé le logiciel. Lancez ensuite ce programme pour installer AIM.

L'installation terminée, double-cliquez sur l'icône AOL Messager de votre bureau. Dans la fenêtre qui s'affiche, tapez votre pseudo et votre mot de passe puis cliquez sur le bouton Connexion (illustration de gauche de la Figure 14.5).

Si vous souhaitez utiliser AIM chaque fois que vous êtes en ligne, cliquez sur les cases Enregistrer le mot de passe et Connexion automatique avant de cliquer sur le bouton Connexion. AIM vous

Figure 14.5 : La fenêtre de connexion, la fenêtre AIM et l'onglet Répertoire.

connectera automatiquement à l'avenir. La fenêtre, illustrée au centre de la Figure 14.5, s'affiche à l'écran. Vous pouvez appeler un assistant (logiciel) pour vous aider à démarrer en cliquant sur la commande Aide/Assistant AIM de la barre de menus.

AIM pour tous

Commencez par créer votre liste d'amis ; ensuite vous enverrez des messages. Dans la fenêtre AIM, cliquez sur l'onglet Répertoire (à droite sur la Figure 14.5). Il vous faudra peut-être agrandir la fenêtre pour afficher cet onglet. AOL propose trois groupes : Amis, Parents et Collègues. Pour ajouter une personne, cliquez sur le groupe approprié, puis sur le bouton Nouveau contact ; enfin, entrez le pseudonyme de cette personne. Si vous connaissez son adresse électronique, mais pas son pseudo, choisissez Rechercher un contact/Par son adresse électronique dans le menu Contacts. Un assistant vous aide à trouver le pseudo correspondant.

Après avoir sélectionné vos contacts, cliquez sur l'onglet En ligne. AIM affiche les contacts actuellement en ligne. Pour envoyer un message, double-cliquez sur le nom de la personne avec qui vous voulez correspondre, puis cliquez sur le bouton Envoyer. AIM affiche aussitôt une fenêtre sur l'ordinateur du destinataire, et vous et cette personne pouvez commencer à correspondre en direct. Lorsque vous avez terminé, fermez la fenêtre de message.

Protection rapprochée

Le système très élaboré de sécurité d'AIM destiné à filtrer les indésirables tend à prouver que nombreux sont ceux qui ignorent les règles élémentaires de bonne conduite parmi les abonnés d'AOL.

La fenêtre d'AIM propose des boutons d'avertissement et de rejet. Si vous recevez un message que vous jugez "ennuyeux", cliquez sur le bouton Blâmer pour envoyer un avertissement à son auteur. Au bout d'environ cinq avertissements, les messages envoyés par cet utilisateur seront systématiquement refusés pendant un certain temps. Vous pouvez rejeter tous les messages de cette personne et également autoriser certaines personnes et pas d'autres à vous envoyer des messages via la fenêtre Confidentialité : choisissez, dans le menu Mon AIM, la commande Options/Modifier les options, puis cliquez sur l'onglet Confidentialité. Dans cette boîte de dialogue, vous pouvez limiter les messages aux seules personnes figurant dans votre liste de contacts, accepter ou refuser d'être contacté par certains utilisateurs dont vous spécifiez les noms, ou encore éditer votre liste de personnes à rejeter.

Autres systèmes

Le plus souvent, vous ne pouvez envoyer de messages qu'aux seules personnes utilisant le même système que vous.

- **Yahoo Messenger.** Pointez votre navigateur sur le site de Yahoo!, à l'URL `http://fr.messenger.yahoo.com/`, et suivez les instructions pour télécharger et installer le programme. Le programme est disponible en deux versions : l'une est compatible Windows 32 bits en français ; l'autre est une applet Java en anglais pouvant aussi tourner sur Mac et sur Unix.

- **MSN Messenger.** Visitez le site `messenger.msn.fr` et suivez les instructions affichées à l'écran pour télécharger et installer le programme en fonction de votre système. La version pour Windows 32 bits peut envoyer et recevoir des messages en provenance d'Outlook Express 5.0 et de NetMeeting (le programme de conférence en ligne de Microsoft).

Quelques règles de savoir-vivre

Envoyer un message instantané dans le cyberespace revient à aborder quelqu'un dans la rue pour causer avec lui (ou elle). Si vous le(la) connaissez, c'est envisageable ; sinon, c'est une intrusion caractérisée. Aussi, à moins d'avoir une bonne raison pour le faire, n'envoyez aucun message à des personnes que vous ne connaissez pas ou qui ne vous y ont pas invité. Si le destinataire n'autorise que la réception de messages urgents, et que le vôtre n'en soit pas vraiment un, envoyez-le par e-mail. Notez que AIM propose des options de filtrage permettant d'écarter les utilisateurs puérils et/ou débiles.

Chapitre 15

Causons un peu

Dans ce chapitre :

- Les salons de conversation (le *chat*).
- Culture, netiquette et sécurité du *chat*.
- L'IRC.

Il existe sur l'Internet un type de communication instantané (*online chat*) qui vous permet d'échanger des messages par écrit sous forme de dialogue avec des interlocuteurs situés n'importe où sur le globe. Contrairement aux messages instantanés dont nous avons parlé au Chapitre 14, vous pouvez ainsi entretenir une véritable conversation.

Qui est là ?

Cette forme de téléconférence ressemble à s'y méprendre à la CB (*Citizen Band*). Tout se passe comme dans une conversation téléphonique, à ceci près qu'au lieu d'un micro(phone) et d'un écouteur, on utilise le couple écran/clavier. Bien que les participants puissent tous taper en même temps, leurs propos s'affichent sur l'écran dans des zones différentes, accompagnés de l'identification de l'émetteur. Lorsque vous répondez, votre message est, lui aussi, affiché sur l'écran, sous votre identifiant d'utilisateur.

Vous pouvez causer (ou *tchatcher*) principalement de deux façons :

- *Channels* (canaux) ou *rooms* (salons). C'est une véritable téléconférence à plusieurs. Dès que vous avez "rejoint un

---

[1] Ici, plus encore qu'avec les autres médias de l'Internet, le franglais est de rigueur. (N.d.T.)

channel[1]", les conversations en cours s'affichent sur votre écran et vous pouvez vous-même y participer.

- *Connexion directe.* C'est une conversation privée entre vous et une autre personne utilisant ce moyen de communication.

Qui utilise ce média ?

Si vous êtes abonné à AOL (où les groupes sont appelés *salons – chat rooms*), vous causez avec d'autres abonnés à AOL. Si vous êtes abonné à un fournisseur d'accès ordinaire, vous utilisez l'IRC (*Internet Relay Chat*) et le monde entier s'offre à vous.

Chaque canal porte un nom. Avec un peu de chance, ce nom est significatif et vous indique le sujet général des bavardages. Certains groupes s'appellent `#chat`, ce qui implique qu'ils existent uniquement par souci de sociabilité (ou en tant que manifestation d'instinct grégaire).

Qui suis-je ?

Quel que soit le moyen que vous utilisez, sachez qu'il faut adopter ici un *screen name* (nom d'écran), aussi appelé *nickname* (surnom, pseudo) avant de s'incorporer à un groupe. Les autres membres du groupe ne vous connaîtront que sous cette identité. Il doit, naturellement, être unique et, éventuellement, pittoresque. Sa durée de vie est souvent d'une seule session. Si, au cours d'une conversation, vous avez eu d'intéressants échanges avec *Concombre masqué*, rien ne vous garantit que, la prochaine fois, ce sera la même personne qui se présentera sous ce pseudo.

Lorsque vous rejoignez un groupe, vous voyez quels sont les noms des participants déjà présents et une fenêtre contient le texte de la conversation en cours. Si le groupe est amical, quelqu'un vous envoie généralement un message de bienvenue, car tout le monde est prévenu de votre entrée dans le groupe.

TRUC

Par prudence, ne laissez pas vos enfants s'aventurer inconsidérément dans ces lieux parfois mal famés.

Votre premier salon de conversation

Voici quelques-unes des choses que vous devez savoir avant de vous aventurer dans un salon de conversation :

- Rappelez-vous qu'au moment où vous entrez dans ce salon, une conversation est probablement déjà en cours.
- Attendez une minute ou deux avant de vous présenter. Vous aurez ainsi pu voir sur votre écran le type de conversation qui est en cours et comprendre de quoi on parle avant d'entrer vous-même dans le débat.
- Commencez par suivre ce que dit un seul des participants. Puis regardez ce que "disent" ceux qui lui répondent.
- Certains services, comme AOL, vous permettent d'afficher d'une façon particulière (en vidéo inverse, par exemple) les messages d'un ou de plusieurs participants. Il est ainsi plus facile de suivre ce qui se dit.
- Vous pouvez également indiquer les pseudos des participants dont vous voulez ignorer les propos. Leurs messages ne seront plus affichés sur votre écran mais les répliques des autres participants continueront à l'être.
- En faisant défiler votre écran vers le haut, vous pouvez prendre connaissance des messages plus anciens. Les nouveaux messages ne seront affichés que lorsque vous reviendrez à la position initiale de votre écran.

La Figure 15.1 montre une de ces causeries internationales en cours.

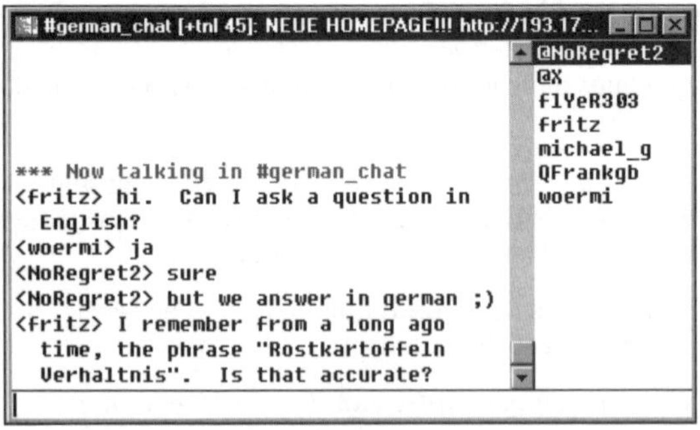

Figure 15.1 : Fritz demande une explication en anglais dans le groupe #german_chat.

L'étiquette à observer

L'étiquette qui a cours ici n'est pas tellement différente de celle qui prévaut pour le courrier électronique. En voici quelques particularités :

- Ne blessez personne. A l'autre bout de la connexion, il y a une vraie personne, avec de vrais sentiments.
- Soyez prudent. Vous n'avez aucune idée de la personnalité de votre interlocuteur. Lisez la section suivante, "Sécurité d'abord", pour comprendre ce que nous voulons dire par là.
- Avant d'envoyer un message, commencez par lire pendant quelque temps ceux qui s'échangent.
- Faites des messages courts et précis.
- N'insultez personne et ne vous exprimez pas de façon grossière, ou ordurière.
- Créez un *profil* qui vous situe. La plupart des logiciels ont une fonction pour créer ce profil (sorte de carte de visite à laquelle les autres membres peuvent accéder).

TRUC

Soyez prudent : n'y indiquez ni votre patronyme, ni votre adresse, ni votre numéro de téléphone.

- Si vous voulez parler à quelqu'un en privé, envoyez-lui un message lui disant qui vous êtes et ce que vous lui voulez.
- Si le ton d'un de ces salons de conversation vous offusque, quittez-le et essayez-en un autre.

Sécurité d'abord

TRUC

Voici quelques indications utiles pour avoir des conversations sûres et chaleureuses :

- Beaucoup d'habitués de ces groupes travestissent leur identité, leurs occupations et jusqu'à leur sexe. Certains trouvent ça malin, d'autres réalisent leurs fantasmes.
- Gardez-vous des propos qui pourraient en révéler un peu trop sur votre réelle personnalité.
- Ne communiquez votre mot de passe à personne.
- Les enfants ne doivent *jamais* accepter de rencontrer quelqu'un hors de la présence de leurs parents et ne doivent pas donner d'informations sur les membres de leur famille, même si on leur promet une récompense.

Si vous décidez de rencontrer en chair et en os un de vos interlocuteurs du Net, soyez prudent et agissez comme vous le feriez si vous deviez rencontrer quelqu'un que vous avez connu par les petites annonces de la presse écrite :

- N'acceptez pas de le (la) rencontrer avant de lui avoir causé plusieurs fois et de lui avoir téléphoné auparavant.
- Choisissez un lieu public bien éclairé pour cette rencontre.
- Amenez un ami avec vous, si c'est possible. Sinon, informez au moins quelqu'un de votre entourage de ce que vous allez faire et convenez de l'appeler au téléphone à une certaine heure.
- Si vous devez faire un voyage pour rencontrer quelqu'un, prenez une chambre dans un hôtel. N'acceptez pas une invitation à son domicile.

Abréviations courantes et smileys

Ce sont les mêmes que celles qu'on utilise pour le courrier électronique, sur Usenet ou dans les salons de conversation. Le Tableau 15.1 vous propose une liste d'abréviations courantes et le Tableau 15.2 quelques smileys. Rappelons que, pour interpréter ces derniers, il faut pencher la tête du côté gauche.

Tableau 15.1 : Quelques abréviations courantes.

Abréviation	Signification anglaise	Traduction française
BBL	Be back later	Je reviendrai plus tard
BTW	By the way	A propos
IM	Instant message	Message rapide
IMHO	In my humble opinion	A mon humble avis (traduisez : "J'en suis certain.")
J/K	Just kidding	C'était pour rire
NP	No problem	Ça baigne !
ROTFL	Rolling on the floor laughing	Je suis écroulé de rire
RTFM	Read the fucked manual	Lisez donc le foutu manuel

Tableau 15.2 : Quelques smileys.

Smiley	Signification
:D	Large sourire
:) ou :-)	Autres formes de sourires
;)	Clin d'œil
:(ou :-(	Froncement de sourcils
:'(	Pleurs

En cas de problèmes

Certains profitent de l'anonymat pour agir d'une façon répréhensible. Si ça vous arrive, vous avez le choix entre plusieurs attitudes, quatre bonnes et une... moins bonne :

- Allez dans un autre salon de conversation. Certains sont désagréables, pour ne pas dire plus. Inutile de vous y attarder.
- Ignorez les fauteurs de trouble et ne causez qu'avec les autres interlocuteurs.
- Faites disparaître les gêneurs de votre écran. Avec AOL, par exemple, double-cliquez sur le nom d'écran de l'"empêcheur de causer en rond" puis sur la boîte Ignorer.
- Faites une réclamation auprès de votre fournisseur d'accès.
- (La mauvaise option.) Répondez sur le même ton. Cela aura pour effet d'attirer l'attention sur le gêneur, ce qui est précisément ce qu'il cherchait, et vous risquez d'être celui qui sera éjecté du groupe.

Causons à présent !

Il existe principalement deux moyens de fréquenter les salons de conversation.

Causer sur le Web

De nombreux sites Web offrent un moyen de converser en direct via votre navigateur. Certains exigent que vous téléchargiez un plugin ou

un contrôle ActiveX pour permettre à votre navigateur de tchatcher (reportez-vous au Chapitre 7 pour en savoir plus sur ces plugins). D'autres disposent de programmes de chat de type Java que votre navigateur peut exécuter directement.

Les deux principaux sont :

- **Yahoo! Tchatche :** `fr.chat.yahoo.com`.
- **Talk City :** `www.talkcity.com`.

Plus général : l'IRC

L'IRC (*Internet Relay Chat*) est le moyen le plus général de tenir des conversations sur le Web. Il faut installer un logiciel particulier : un *client IRC*, programme du même genre que votre navigateur ou votre mailer, spécialement destiné à gérer des dialogues.

A notre avis, les deux meilleurs sont les programmes shareware suivants :

- **mIRC** sous Windows.
- **Ircle** pour Macintosh.

Vous les trouverez sur le site des principaux distributeurs de sharewares comme TUCOWS (`tucows.club-internet.fr/`) ou sur leur site respectif (`www.mirc.com`, pour mIRC ou `www.ircle.com/` pour Ircle).

Vous trouverez tous les détails concernant l'installation de mIRC sur sa page d'accueil (`www.mirc.com`) où il y a également beaucoup d'informations (en anglais) sur l'IRC proprement dit.

La plupart des exemples que nous allons donner ici concernent mIRC. Ircle se présente de façon très semblable. Vous pouvez prendre connaissance de son aide en ligne en cliquant sur Aide, dans le menu Pomme.

Comment se connecter

Après vous être connecté, lancez votre client IRC. Il va se connecter à un *serveur IRC*. Choisissez-en un qui soit proche de votre domicile pour améliorer les temps de réponse. Pour cela :

- **Avec mIRC :** Cliquez sur File/Setup (ou tapez Alt+E) pour afficher la fenêtre de setup, puis cliquez sur l'onglet IRC Servers.

Double-cliquez sur un des noms de la liste pour essayer de vous y connecter.

- **Avec Ircle :** Cliquez sur File/Preferences/Startup. Choisissez un serveur puis cliquez sur File/Save Preferences.

TRUC

Beaucoup de serveurs IRC sont presque constamment saturés et risquent de refuser votre connexion. Patience...

Choix d'un réseau

Les serveurs IRC sont organisés en réseau. Bien que les serveurs de chaque réseau puissent échanger des messages, les serveurs d'un réseau particulier ne peuvent pas atteindre quelqu'un utilisant un autre réseau. Si vous avez choisi EFnet, vous ne pourrez pas causer avec quelqu'un qui est sur Undernet, par exemple.

Les trois plus importants réseaux et leurs pages d'accueil sont indiqués ci-après :

- **EFnet :** `www.irchelp.org`. C'est le réseau original et c'est celui qui a le plus d'utilisateurs.
- **Undernet :** `www.undernet.org`.
- **DALNet :** `www.dal.net`.

Avec mIRC, vous pourrez afficher une liste de serveurs en cliquant sur File/Setup (ou en tapant <Alt>+<E>) puis en cliquant sur l'onglet IRC servers. Comme leur emplacement géographique est indiqué, il vous est facile d'en choisir un qui soit près de chez vous.

Les commandes IRC

Pour contrôler le déroulement des conversations au cours d'une session, il faut taper des commandes particulières. Toutes les commandes IRC commencent par un slash (/) et peuvent indifféremment être tapées en minuscules ou en majuscules, ou même avec un mélange des deux. Avec mIRC, la plupart des commandes sont disponibles à partir d'un menu ou en cliquant (ou double-cliquant) sur les articles que vous voyez dans la fenêtre mIRC.

TRUC

Si quelqu'un vous demande de taper une commande dont vous ignorez le rôle, *n'en faites rien !* Vous risquez de perdre le contrôle de votre programme IRC ou d'autoriser un accès frauduleux dans votre machine.

Voici quelques-unes des commandes les plus utilisées :

- **/quit** Quitter.
- **/help** Résumé des commandes existantes.
- **/admin *serveur*** Informations concernant le serveur courant.
- **/clear** Efface l'écran.
- **/join *canal*** Pour rejoindre un canal (nous y reviendrons un peu plus loin).
- **/leave** Pour quitter un canal. Vous pouvez aussi taper **/part**.
- **/me** Envoi d'un message décrivant ce que vous êtes en train de faire.
- **/topic *sujet_de_la_conversation*** Définit le sujet de la conversation pour ce canal.
- **who *canal*** Affiche la liste de tous les gens présents sur le canal de ce nom. **/who *** affiche la liste des personnes présentes sur le canal courant.
- **/whois *nom*** Affiche quelques informations sur l'utilisateur dont le pseudo est *nom*.
- **/nick *pseudo*** Pour changer votre pseudo.
- **/msg *nom message*** Envoie un message privé au participant dont le pseudo est *nom*. Seul celui-ci peut le lire.

Toutes les lignes qui ne commencent pas par un slash sont considérées comme des éléments de conversation.

Groupes de conversation

La façon la plus répandue de "faire de l'IRC" est d'utiliser les canaux (*channels*). Leurs noms commencent par un dièse (#) et peuvent être écrits indifféremment en majuscules ou en minuscules. Il existe également des canaux numérotés dont le nom n'est pas précédé du dièse.

Il existe des milliers de canaux. Vous pourrez trouver une liste annotée des meilleurs à l'URL `www.funet.fi/~irc/channels.html`.

Voici une liste de canaux bons à connaître :

- **#irchelp :** C'est là qu'il faut poser vos questions concernant l'IRC.
- **#newbies :** A l'attention des nouveaux venus à l'IRC.

- **#21plus** et **#30plus :** Pour les tranches d'âges citées.
- **#41plus :** Pour ceux qui sont... plus mûrs, mais on y trouve aussi des jeunots.
- **#teens :** Pour les ados.
- **#hottub :** Un lieu de rencontre assez olé-olé.
- **#macintosh :** Devinez.
- **#windows95 :** Ce que vous croyez.
- **#chat :** Bavardages amicaux en tous genres.
- **#mirc :** Aide aux utilisateurs de mIRC.

Du bon emploi des canaux

Pour rejoindre un canal, tapez :

```
/join #nom_du_canal
```

Avec mIRC, il suffit de cliquer sur l'icône du dossier des canaux (Channels Folder) de la barre d'outils puis de double-cliquer sur l'un des canaux dont la liste s'affiche.

Avec Ircle, cliquez sur Command/Join à partir de la barre de menus.

Lags et netsplits

Ce sont les deux points noirs de l'IRC. Un *lag*, c'est le temps qui s'écoule entre le moment où vous tapez un message et celui où il s'affiche sur l'écran des participants. Cela enlève de la vivacité aux échanges de propos. Parfois, il arrive que certains participants subissent des temps de réponse plus longs que d'autres, le délai d'affichage pouvant atteindre plusieurs minutes. Pour voir quelle est la valeur courante de ce délai pour un participant particulier, *pseudo*, tapez la commande `/ping pseudo`.

Il peut arriver que le réseau reliant plusieurs serveurs IRC soit partagé entre plusieurs sous-réseaux. Si cette interconnexion vient à être interrompue, il risque de se produire des disparitions subites de certains groupes de participants. Ils pourront réapparaître brusquement, tous ensemble, lorsque la liaison sera rétablie. C'est le *netsplit*.

Une fois que vous avez rejoint un canal, tout ce que vous tapez et qui ne commence pas par un slash apparaît sur l'écran de tous les participants au canal, précédé de votre pseudo, dès que vous avez appuyé sur Entrée.

Avec mIRC, vous pouvez rejoindre simultanément plusieurs canaux. Chacun d'eux a sa propre fenêtre, qui contient une liste des participants, à droite, et les conversations à gauche. Au bas de la fenêtre, une boîte de saisie vous permet de taper vos propres messages.

Pour quitter un canal, vous tapez la commande **/leave**. Avec mIRC, il suffit de fermer sa fenêtre pour quitter un canal. Avec Ircle, cliquez sur Commands/Part à partir de la barre de menus.

Promenade sur les canaux

Pour voir quelles sont les connexions disponibles, avec mIRC, cliquez sur l'icône List Channels de la barre de menus. Si vous voulez voir quels sont les canaux dans lesquels se trouvent plusieurs interlocuteurs en évitant ceux où se morfond un seul individu, tapez le nombre minimal de participants que vous souhaitez y trouver dans la boîte de saisie min. Cliquez ensuite sur le bouton Get List. Comme la liste des canaux peut être très longue, il se peut que vous deviez attendre plusieurs minutes avant d'obtenir une réponse. Si vous voulez voir la liste des canaux de votre dossier Channels (ceux que vous fréquentez assidûment), cliquez sur l'icône Channels folder.

Dans n'importe quel programme IRC, vous pouvez afficher la liste de tous les canaux, publics et privés, en tapant la commande **/list**. Avec Ircle, cliquez sur Commands/List à partir de la barre de menus.

La Figure 15.2 montre comment se présente une fenêtre mIRC après qu'on a tapé cette commande.

Avant de taper la commande **/list**, pour éviter que l'affichage défile à toute vitesse sans que vous ayez le temps d'en prendre connaissance, tapez **/set hold_mode on**. Plus tard, pour revenir au mode normal, tapez **/set hold_mode off**. Vous pouvez limiter le nombre de canaux à afficher en tapant, par exemple, **/list -min 8**.

Choix d'un pseudo

Tous ceux qui pratiquent l'IRC le font sous l'identité d'un *pseudo* de neuf caractères, au plus. C'est un nom unique sur ce réseau : deux personnes du même réseau ne peuvent pas avoir le même pseudo. Si vous tentez de vous connecter sur un canal où le même pseudo est

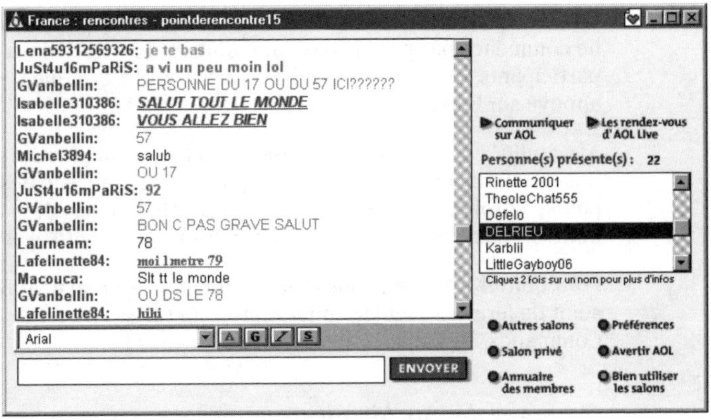

Figure 15.2 : Résultat de la commande /list.

déjà en cours d'utilisation, l'accès vous en sera refusé. Ce nom peut être le même que celui que vous utilisez dans votre adresse *e-mail*, mais la plupart des gens préfèrent adopter un nom différent. Pour définir un pseudo, tapez **/nick *votrepseudo***.

A la différence des noms utilisés dans les adresses *e-mail*, un pseudo n'est pas nécessairement permanent et peut changer d'un jour à l'autre. C'est celui qui choisit le premier un pseudo qui en devient le possesseur tant qu'il reste présent. Le JacquesCh avec lequel vous venez d'avoir une longue conversation aujourd'hui ne sera peut-être pas le même demain.

Vous pouvez définir votre pseudo de prédilection de telle sorte qu'il ne vous soit pas redemandé au début de chaque session. Pour cela :

- **Avec Ircle** : cliquez sur File/Preferences/Startup. Tapez votre pseudo dans la boîte de saisie puis cliquez sur File/Save Preferences.
- **Avec mIRC** : cliquez sur File/Setup ou tapez Alt+E puis cliquez sur l'onglet IRC Servers. mIRC vous permet de définir un second pseudo pour le cas où le premier serait déjà en cours d'utilisation.

Pour en savoir davantage sur un participant dont vous connaissez le pseudo, tapez **/whois *pseudo***.

Entre nous soit dit...

Pour envoyer un message à quelqu'un dont vous connaissez le pseudo, tapez **/msg *pseudo textedevotremessage***. Cette façon de faire peut devenir lassante à la longue et ne convient guère que pour une ligne ou deux.

Pour entretenir une conversation plus longue, utilisez plutôt la commande **/query *pseudo.*** A partir de ce moment, lorsque vous taperez une ligne ne commençant pas par un slash (/), elle ne sera affichée que sur l'écran de `pseudo`, précédée de votre propre pseudo, dès que vous aurez tapé Entrée.

Votre conversation "privée" peut être acheminée sur plusieurs serveurs, souvent dans des pays différents. N'oubliez pas que les opérateurs de ces serveurs peuvent enregistrer tout ce qui passe sur leur machine.

Il existe un moyen plus confidentiel de discuter : l'utilisation de Direct Client Connections (DCC). Vous n'avez pas besoin d'être sur le même canal que votre interlocuteur. Il vous suffit de connaître son pseudo. Vous tapez la ligne suivante (en supposant que vous vouliez parler à Claudine) :

```
/dcc chat claudine
```

Lorsque quelqu'un tente de lancer une conversation de type DCC avec vous, mIRC vous demande si vous êtes d'accord. Si vous cliquez sur Yes, mIRC ouvre une fenêtre de conversation, construisant, en quelque sorte, un mini-canal n'accueillant que deux personnes.

Vous pouvez aussi utiliser les commandes DCC pour échanger des fichiers. Par exemple, vous pouvez envoyer une photo de vous-même à la personne que vous venez de rencontrer.

Votre canal personnel

Comme nous l'avons vu plus haut, tous les canaux ont un opérateur, le *chanop*, qui a un droit de contrôle sur tout ce qui se passe sur son canal. Dans la liste des pseudos, le sien est précédé du caractère @. Pour créer un canal personnel dont vous serez, *ipso facto*, le chanop, tapez la commande suivante :

```
/join #moncanal
```

moncanal doit être un nom de canal inutilisé. Comme pour les pseudos, c'est celui qui a déclaré le premier un nom de canal qui en devient le propriétaire. Vous le conserverez aussi longtemps que vous vous serez loggé en tant que chanop. Vous avez le droit de céder ce privilège à d'autres participants. Un canal existe tant qu'il y a quelqu'un qui l'occupe ; ensuite, il disparaît.

En tant que chanop, vous avez le droit d'utiliser certaines commandes privilégiées, dont la principale est `/kick` qui permet d'expulser quelqu'un du canal, tout au moins pendant les trois secondes qui lui seront nécessaires pour y revenir. En général, cette mesure ne s'applique qu'à ceux qui tiennent des propos offensants ou orduriers.

Types de canaux

Il existe trois types de canaux :

- **Public :** Tout le monde peut les voir et tout le monde a le droit de s'y connecter.
- **Private :** Bien que tout le monde puisse les voir, on ne peut s'y connecter que sur invitation.
- **Secret :** La commande `/list` ne les affiche pas et on ne peut s'y connecter que sur invitation.

Si vous êtes déjà sur un canal privé ou secret, pour inviter quelqu'un à vous y rejoindre, tapez **/invite *pseudo***. Si vous recevez une invitation à vous connecter sur un canal privé ou secret et que vous l'acceptez, tapez **/join #invite**.

Plaintes et réclamations

Avec l'IRC, il existe peu de règles, sinon aucune. Si les choses tournent mal, vous pouvez tenter de découvrir l'adresse *e-mail* du fauteur de trouble en tapant **/whois *pseudo***. Si elle vous affiche son adresse, vous pourrez alors envoyer une réclamation à `postmaster`, sur le même domaine. Toutefois, n'en espérez pas grand-chose de constructif.

Chapitre 16

Transfert de fichiers

Dans ce chapitre :

- A quoi sert le transfert de fichiers par l'Internet.
- Transfert de fichiers avec un navigateur.
- Transfert de fichiers au moyen du protocole FTP.
- Mise en œuvre de WS_FTP.
- Installation des logiciels récupérés avec FTP.

L'Internet regorge d'ordinateurs, et ces ordinateurs recèlent des tonnes de fichiers. Qu'y a-t-il dans ces fichiers ? Ce sont principalement des programmes où se côtoient freewares, sharewares et versions bridées pour démonstration de logiciels commerciaux, mais aussi des fichiers d'images, des fichiers audio et, plus généralement, des fichiers multimédias. Dans ce chapitre, nous allons vous expliquer comment trouver certains de ces fichiers et comment les copier et les utiliser. Consultez le Chapitre 19 pour une liste des types de fichiers que vous pouvez télécharger et pour quelques informations sur ce que vous pouvez en faire. Symétriquement, nous vous expliquerons comment télécharger un fichier depuis votre machine vers un serveur pour y déposer vos pages Web.

Nous n'avons qu'un seul mot pour traduire ce que les Américains appellent *downloading* (téléchargement du serveur vers vous) et *uploading* (dans l'autre sens), c'est le mot : *téléchargement*. Cette opération peut s'effectuer de deux façons : avec un *navigateur* ou un *client FTP*. Le premier est probablement le plus simple à utiliser mais ne fonctionne la plupart du temps que dans un sens : depuis le serveur vers vous, alors que les logiciels FTP spécifiques fonctionnent dans les deux sens. FTP signifie *File Transfer Protocol*, c'est-à-dire "protocole de transfert de fichiers". Enfin, vous pouvez aussi transférer des fichiers via e-mail sous forme de fichiers joints, comme nous vous l'avons expliqué au Chapitre 12.

Transfert de fichiers par le Web

Le transfert de fichiers sur le Web est si simple que vous le pratiquez sans le savoir depuis que vous utilisez un navigateur. Chaque page, chaque icône, chaque image, chaque son... est un fichier. Seulement, vous ne les conservez généralement pas.

Transfert d'une image

Pour télécharger une image sur le Web, il faut d'abord qu'elle soit affichée par votre navigateur. Vous cliquez alors dessus du bouton droit de la souris puis, dans le menu contextuel qui apparaît, sur Enregistrer l'image sous. Il ne vous reste plus qu'à choisir le répertoire dans lequel vous voulez la stocker et à cliquer sur Enregistrer. Vous pouvez à la rigueur modifier son nom mais surtout pas son extension.

Stocker une image sur votre disque dur n'implique pas que vous en deveniez propriétaire. La plupart des images qu'on trouve sur le Web sont protégées par un copyright. A moins que l'image provienne d'un site proposant explicitement des images libres de tout droit, vous devez demander la permission à son légitime propriétaire si vous comptez la réutiliser dans un but commercial ou même dans une page Web personnelle.

Transfert d'un programme

Transférer un fichier de programme n'est pas très différent : il vous suffit de cliquer sur le lien qui le propose et qui comporte généralement le mot "download" ou "télécharger". Votre navigateur vous demandera presque toujours ce que vous voulez en faire. Vous devrez répondre que vous souhaitez l'enregistrer sur disque.

Il existe de nombreux serveurs de fichiers dont l'un des plus connus est TUCOWS[1] (*The Ultimate Collection of Windows Software*), à l'URL `tucows.club-internet.fr`. Dans sa page d'accueil, cliquez sur le nom du système d'exploitation que vous utilisez (en dépit de son nom, TUCOWS contient également des fichiers pour Macintosh et même pour OS/2). Choisissez ensuite le type de programme qui vous intéresse dans une abondante liste de catégories (Figure 16.1). Dans ce que TUCOWS va alors vous afficher, il ne vous reste plus qu'à choisir,

1 TUCOWS se prononce comme "two cows" (les deux vaches). C'est pourquoi le logo de ce serveur représente deux têtes de bovidés. (N.d.T.)

guidé par une brève description de chaque fichier ainsi qu'une appréciation exprimée en nombre de vaches (5 étant la meilleure cote).

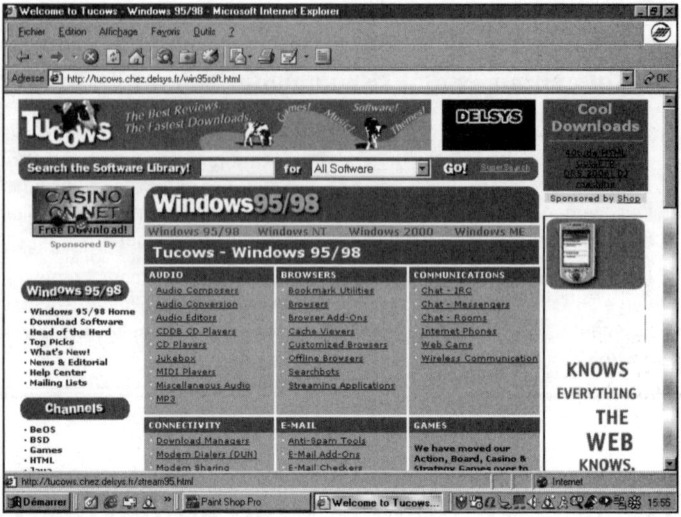

Figure 16.1 : Choisissez un type de programme pour afficher la liste des logiciels disponibles dans cette catégorie.

Transfert d'autres types de fichiers

Pour les autres types de fichiers (vidéo, par exemple), la même procédure s'applique telle quelle. Il vous suffit de trouver une page Web qui propose en téléchargement le fichier que vous recherchez.

Comment fonctionne FTP

Transférer un fichier via FTP implique deux partenaires : le *serveur* (la machine où se trouve le fichier que vous convoitez) et le *client* (votre micro).

La vertu de l'anonymat

Avant de pouvoir télécharger des fichiers depuis un serveur, vous devez vous y *logger* en donnant un nom d'utilisateur et un mot de passe. Or, à de très rares exceptions près, vous n'avez pas de compte

ouvert sur cette machine. Par bonheur, il existe un artifice très simple pour contourner cet obstacle : le recours à l'anonymat. Vous allez indiquer *anonymous* comme nom d'utilisateur et votre adresse e-mail en guise de mot de passe

TRUC

Us et coutumes du FTP anonyme

De nombreux serveurs FTP imposent une limite au nombre de clients qu'ils peuvent accueillir simultanément. Si vous arrivez trop tard, vous serez rejeté. Ce n'est d'ailleurs pas parce que vous serez admis que vous aurez droit à une bonne qualité de service. Si vous êtes le quarante-septième utilisateur alors que la limite est de 50, le temps de réponse risque de se dégrader sérieusement.

Lorsque vous voulez envoyer des fichiers dans le même mode (anonyme) vers un serveur FTP, vous n'avez pas le droit de les envoyer dans n'importe quel répertoire. En général, il y en existe un prévu pour cela et qui s'appelle : `up`, `uploading`, `incoming` ou quelque chose du même style.

Transfert de fichiers avec un navigateur

Comme nous l'avons dit plus haut, si la quasi-totalité des navigateurs sont capables de faire du FTP, ils ne peuvent le faire que du serveur vers votre disque dur. Vous devrez alors utiliser une URL particulière dont le protocole ne sera pas `http://` mais `ftp://`.

D'abord, l'URL

Pour commander à votre navigateur de se brancher sur un serveur FTP, vous devez lui indiquer l'URL de ce dernier précédée de `ftp://` et suivie du chemin d'accès complet du fichier, lui-même suivi du nom du fichier. Supposons, par exemple, que vous vouliez télécharger le fichier `abcd23.zip` qui se trouve dans le répertoire `/pub/windows/image` du serveur FTP dont l'adresse électronique est `ftp.ibp.fr`. Vous devrez indiquer l'URL suivante :

```
ftp://ftp.ibp.fr/pub/windows/image/abcd23.zip
```

Mais vous pouvez aussi décomposer l'opération en indiquant d'abord une partie de l'URL :

```
ftp://ftp.ibp.fr/
```

Votre navigateur affichera alors le répertoire racine du serveur et, de proche en proche, par une succession de clics dans une cascade de répertoires, vous finirez par atteindre le fichier qui vous intéresse.

He , c'est moi !

Certains navigateurs – Netscape Navigator en particulier - peuvent prendre en compte d'autres types de transferts que des transferts anonymes. Si vous avez une boîte aux lettres (c'est-à-dire une adresse *e-mail*) chez votre fournisseur d'accès, vous pouvez inclure votre identifiant dans l'URL, qui se présentera alors ainsi :

```
ftp://jules.dupont@ftp.gurus.com
```

Une fois la connexion établie avec le serveur, vous devrez indiquer votre mot de passe, qui sera généralement le même que celui que vous aurez utilisé lors de votre connexion initiale.

Mise en oeuvre du navigateur

Quel que soit le navigateur que vous utilisez, la marche à suivre pour transférer des fichiers est la suivante :

1. **Après avoir lancé votre navigateur comme à l'accoutumée, tapez l'URL du serveur FTP que vous voulez contacter.** Une fois la connexion établie, vous verrez s'afficher le répertoire (Figure 16.2) où chaque fichier ou répertoire apparaît sous forme de lien.

2. **Placez-vous dans le répertoire contenant le fichier que vous voulez télécharger en cliquant en cascade sur la succession des répertoires.**

3. **Téléchargez le fichier en cliquant sur son nom.** S'il s'agit d'un fichier texte ou d'un autre fichier que le navigateur sait comment traiter, il l'affichera après l'avoir téléchargé. Si vous voulez le sauvegarder, cliquez sur Fichier/Enregistrer sous et choisissez le répertoire de destination dans la boîte de sélection de fichier qui s'affiche.

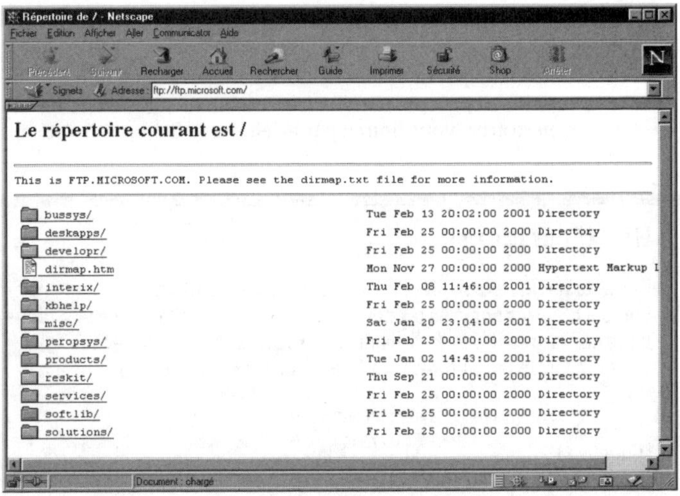

Figure 16.2 : Netscape Navigator transformé en client FTP.

4. **Si le navigateur ne sait pas le traiter directement, il va afficher la boîte de dialogue reproduite sur la Figure 16.3.** Cliquez alors sur le bouton Enregistrer le fichier.

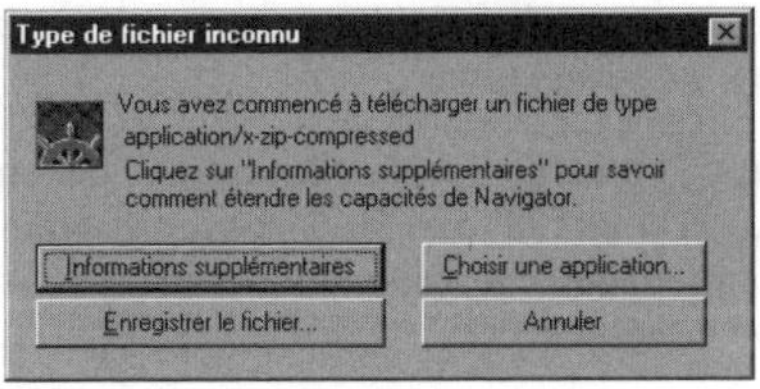

Figure 16.3 : Netscape Navigator vous demande ce qu'il doit faire de ce fichier.

5. **Dans la boîte de sélection qui s'affiche alors, choisissez le disque et le chemin d'accès dans lequel vous voulez que soit téléchargé votre fichier.**

Transfert de fichiers avec WS_FTP

Les principales étapes à suivre pour utiliser un client FTP quel qu'il soit sont plus compliquées mais plus sûres que lorsque vous utilisez

un navigateur. Dans ce qui suit, nous utiliserons le client FTP WS_FTP, sans doute le plus populaire de tous les clients FTP.

Comment vous procurer WS_FTP

Vous allez utiliser pour cela votre navigateur habituel puisque vous n'avez pas encore de client FTP.

1. **Pointez votre navigateur sur le site miroir français de TUCOWS :** `tucows.club-internet.fr`.
2. **Choisissez le type de système (Windows 95 ou 98) qui est celui que vous utilisez et cliquez sur le lien des programmes FTP.**
3. **Dans la liste des programmes qui s'affiche, cliquez sur WS_FTP LE.**

   Indiquez alors à votre navigateur le nom du répertoire dans lequel vous voulez que soit placé WS_FTP. Le téléchargement va commencer. Une fois qu'il est terminé, déconnectez-vous.

Installation de WS_FTP

1. **Lancez le programme d'installation** `Ws_ftple.exe`. Le programme d'installation va vous poser une série de questions et, en particulier, vous demander où vous souhaitez installer WS_FTP. Vous pouvez accepter ce qu'il vous propose.

Utilisation de WS_FTP

Nous supposerons que la connexion avec votre fournisseur d'accès est déjà réalisée. Voici alors la marche à suivre pour télécharger un fichier :

1. **Lancez WS_FTP en double-cliquant sur son icône.** L'écran affiche la fenêtre Propriétés de Session, ouverte sur l'onglet General, qui est reproduite sur la Figure 16.4. C'est là que nous devons indiquer la plupart des renseignements nécessaires au transfert.
2. **Dans la boîte de saisie marquée Profile Name, indiquez le nom avec lequel vous allez repérer le serveur FTP dans votre "carnet d'adresses".** Ici, ce sera par exemple "Université de Lille 1".

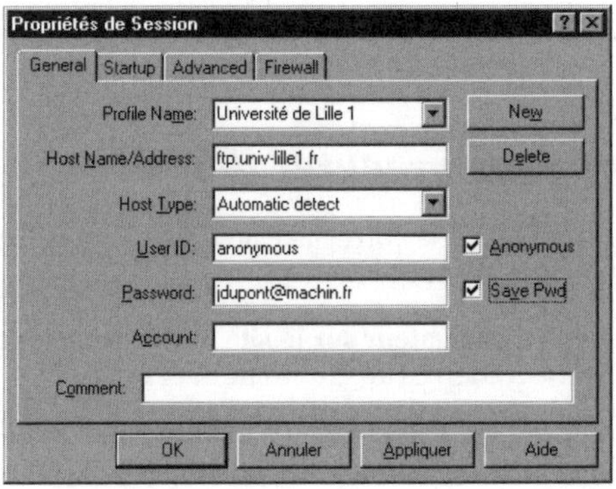

Figure 16.4 : Le volet General de la fenêtre des Propriétés de Session de WS_FTP.

3. **Dans la boîte de saisie Host Name, indiquez son adresse électronique.** Dans ce cas, ce sera : `ftp.univ-lille1.fr`.
4. **Laissez la boîte de saisie Host Type telle quelle (Automatic detect).**
5. **Cliquez sur Anonymous Login**.
6. **Dans la boîte de saisie Password, votre adresse *e-mail* s'affiche automatiquement.** Cliquez sur la case à cocher Save Password pour l'enregistrer.
7. **Cliquez maintenant sur l'onglet Startup.** Dans la nouvelle fenêtre qui s'ouvre (reproduite sur la Figure 16.5), indiquez le répertoire où se trouve votre fichier dans la boîte de saisie Initial Remote Host Directory, par exemple, `/pub/pc/coast/win95/winword`. Attention à bien utiliser les barres obliques **normales**.
8. **Dans la boîte de saisie Initial Local PC, indiquez le chemin d'accès au répertoire où doit être reçu le fichier**. Par exemple : `c:\poubel` (avec un slash normal ou un antislash, peu importe).
9. **Laissez les autres cases vierges.**
10. **Cliquez sur le gros bouton Appliquer situé au bas de la fenêtre pour sauvegarder cette configuration.**
11. **Enfin, cliquez sur OK pour lancer le transfert.** WS_FTP va alors tenter de se connecter sur le serveur. S'il y réussit et que le fichier à transférer existe bien à l'emplacement annoncé, le transfert va s'initialiser tout de suite.

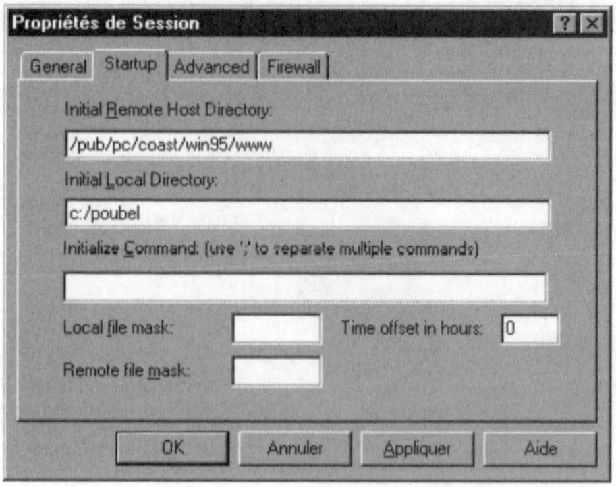

Figure 16.5 : Le volet Startup de la fenêtre des Propriétés de Session de WS_FTP.

Il ne veut pas me parler !

Si la connexion ne parvient pas à s'établir pour une raison ou une autre, des messages vont s'afficher dans la petite fenêtre de deux lignes au bas de la fenêtre de WS_FTP. Pour lire commodément ces messages, cliquez sur le bouton LogWnd : une plus grande fenêtre s'ouvre, dans laquelle sont affichés les échanges de messages client/serveur.

Le transfert est lancé

Une fois les présentations faites entre serveur et client, le contenu du répertoire que vous avez choisi sur le serveur est affiché dans la fenêtre de droite, tandis que la fenêtre de gauche présente le contenu de votre propre répertoire (Figure 16.6). De chaque côté, se trouvent des boutons permettant de changer de répertoire (ChgDir), d'en créer (MkDir) ou d'en supprimer (RmDir). Bien entendu, vous ne pouvez pas supprimer ou modifier des éléments d'un serveur FTP. Les petits boutons figurant des flèches entre les deux fenêtres permettent de transférer les fichiers.

Pour passer d'un répertoire à un autre sur le serveur FTP, sélectionnez les noms des répertoires dans la boîte à liste. Vous pouvez également cliquer sur le bouton ChgDir et entrer le chemin complet du répertoire que vous voulez atteindre.

Voici comment procéder pour recopier un fichier :

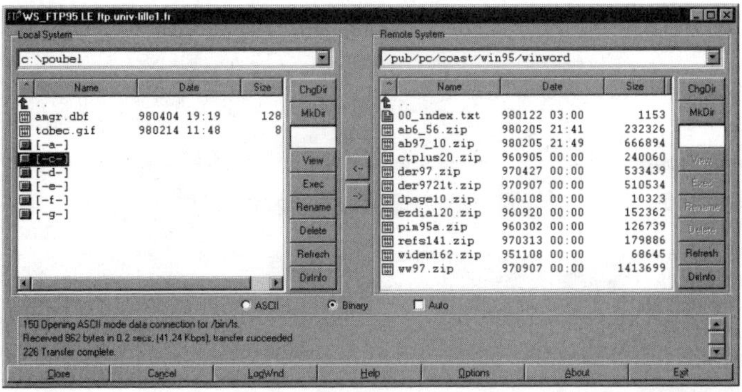

Figure 16.6 : Les deux répertoires (client et serveur) face à face, prêts pour le transfert.

1. **Cliquez sur le bouton radio ASCII ou Binary au bas de la fenêtre.** Le mieux est de cliquer sur le bouton radio Auto. WS_FTP fera de lui-même le bon choix en fonction de son extension.

2. **Parmi les répertoires du serveur FTP, choisissez le fichier que vous voulez télécharger.** Cliquez sur le nom du fichier souhaité dans la liste de droite.

3. **Choisissez le répertoire local dans lequel vous voulez placer le fichier.** Dans la liste de gauche, sélectionnez le répertoire dans lequel vous voulez stocker le fichier.

4. **Cliquez sur le bouton figurant une flèche pointant vers la gauche au centre de la fenêtre.** Le transfert commence. Une petite fenêtre va s'afficher, vous renseignant sur le déroulement de ce transfert en indiquant le pourcentage de la quantité d'informations transmises ainsi que la vitesse moyenne du transfert.

C'est fini !

Pour vous déconnecter du serveur, cliquez simplement sur le bouton Close, en bas et à gauche de la fenêtre.

Garçon, remettez-nous ça !

Pour vous reconnecter sur le même serveur ou sur un autre, cliquez sur le bouton Connect (c'est le bouton Close qui a changé de nom). S'il s'agit d'un serveur que vous avez déjà utilisé et dont vous avez

sauvegardé les paramètres, faites défiler la boîte à liste déroulante des propriétés de session (marquée Profile Name) jusqu'à retrouver son nom, puis cliquez sur OK.

Et pour les utilisateurs de Macintosh ?

Vous utiliserez l'excellent programme de Jim Mathews, Fetch, qui vous offre la possibilité de télécharger des fichiers soit sous forme d'informations brutes (*raw data*), soit sous forme binaire (*MacBinary*). Avec cette dernière, on associe les composantes (*forks*) d'un fichier Macintosh en un seul fichier afin que le tout puisse voyager dans le même emballage. A n'utiliser que pour des fichiers spécifiquement Mac, comme des programmes pour Macintosh. Ne l'utilisez surtout pas pour des fichiers texte ou des fichiers d'image. Les fichiers binaires ont généralement l'extension .bin.

Pour vous procurer Fetch, pointez votre navigateur sur l'URL `www.dartmouth.edu/pages/softdev/fetch.html`. Vous y trouverez toutes les informations utiles pour télécharger le programme.

L'erreur la plus fréquente

L'erreur la plus fréquente, c'est d'effectuer un transfert de fichier dans le mauvais mode. Si, par exemple, vous avez transféré, depuis une machine UNIX vers un PC ou un Macintosh, un fichier texte en mode binaire, lorsque vous examinerez votre fichier vous allez voir quelque chose comme :

```
Il aurait fallu
               copier ce fichier
                                 en mode texte (ASCII).
```

Sur un Macintosh, la totalité du fichier semblera ne contenir qu'une seule (immense) ligne. Il n'est généralement pas nécessaire de recommencer le transfert, car la plupart des packages d'utilitaires réseau contiennent ce qu'il faut pour remettre les choses en ordre.

A l'inverse, si vous avez transféré un fichier binaire (programme, image...) en mode texte, il n'y a plus rien à faire, sauf recommencer le transfert en laissant faire votre client FTP si, comme WS_FTP, il a la capacité de choisir le "bon" mode.

Et dans l'autre sens ?

Si vous écrivez des pages Web, il faudra bien que vous en passiez par là pour les installer sur le serveur.

Avec un navigateur

Avec Netscape Navigator, vous devez commencer par vous logger sur le serveur Web sous votre propre nom en utilisant une URL du type :

```
ftp://mon_id@www.monserveur.fr/
```

où `www.monserveur.fr` est le nom de votre fournisseur d'accès et `mon_id` votre identifiant, celui que vous utilisez lorsque vous vous connectez sur sa machine. Une boîte de dialogue va ensuite vous demander votre mot de passe. Ici encore, indiquez celui que vous devez donner pour vous connecter. Si tout se passe bien, vous allez vous trouver dans le répertoire qui vous a été alloué sur le serveur. Si vous voulez en utiliser un autre, cliquez sur son nom.

Une fois que vous êtes dans le répertoire qui vous intéresse, faites glisser le nom du fichier à copier depuis un autre programme (par exemple l'explorateur Windows) jusque dans la fenêtre de Netscape Navigator. Vous pouvez aussi cliquer sur Fichier/Télécharger le fichier sur.

Avec WS_FTP

Commencez par vous connecter comme nous venons de vous l'expliquer, mais, cette fois, en donnant votre identifiant de connexion et votre mot de passe. Une fois définis les répertoires entrant et sortant, double-cliquez sur le nom du fichier à transférer (cette fois situé dans la fenêtre de gauche) ou cliquez une seule fois sur son nom puis sur la flèche tournée vers la droite dans l'espace qui sépare les deux fenêtres.

Mieux qu'un fichier, un programme !

De nombreux programmes sont conservés sur les serveurs FTP sous forme compactée. D'autres le sont sous forme de fichiers *auto-extractibles*. Une fois transférés chez vous, la façon de les installer est différente.

La décompression des fichiers

Sur les PC, les fichiers compactés portent presque toujours l'extension .ZIP. Le programme de décompression le plus utilisé est WinZip. Il peut travailler dans les deux sens : compacter ou décompacter. Les adorateurs de la pomme disposent, pour cela, du programme unzip.

Pour vous procurer WinZip, connectez-vous sur son site officiel : `www.winzip.com`. La version freeware est une version d'évaluation qui porte actuellement le numéro 8.0. Cliquez sur le lien marqué Download Evaluation pour accéder à la page de téléchargement, puis, téléchargez la version correspondant à votre système.

Pour installer WinZip, procédez ainsi :

1. **Lancez le programme que vous venez de télécharger**. Double-cliquez sur le fichier d'installation qui porte le nom Winzip80.exe.

2. **Suivez les instructions qui vous seront données.** La règle consiste généralement à accepter toutes les propositions qui vous sont offertes.

Pour les utilisateurs de Macintosh, c'est StuffIt

Vous trouverez un programme de décompression sur le serveur `ftp.uu.net`, dans le répertoire `/pub/archiving/zip/MAC`, ou sur le serveur `ftp.doc.ic.ac.uk`, dans le répertoire `/packages/zip/MAC`. C'est un fichier dont le nom ressemble à `unz530x.hqx` (le nom exact dépend du numéro de la dernière version en cours).

Il existe également un programme, très populaire parmi les macophiles, appelé StuffIt. Il en existe plusieurs versions, dont une commerciale portant le nom de StuffIt Deluxe. Le nom des fichiers qu'il traite se termine généralement par l'extension .sit.

En avant, WinZip !

Double-cliquez sur l'icône du programme pour afficher une fenêtre ressemblant à la Figure 16.7.

Pour ouvrir un fichier zippé, cliquez sur le bouton Ouvrir et choisissez le répertoire où vous voulez qu'il soit placé. WinZip affiche alors une

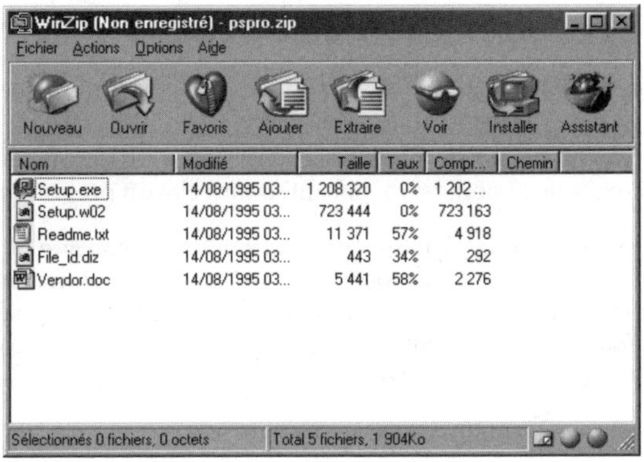

Figure 16.7 : Ecran d'ouverture de WinZip 8.0.

liste des fichiers contenus dans ce que vous lui soumettez avec différentes informations dont leur taille et leur date de création.

Dézippez-le !

Une fois ouvert le fichier zip, encore faut-il extraire le ou les fichiers intéressants. Voici la marche à suivre :

1. **Choisissez le fichier à extraire dans la liste affichée.** S'il s'agit d'un programme complet, vous devez **tout** sélectionner. Il suffit alors – paradoxalement, mais c'est comme ça ! – de ne rien sélectionner du tout.

2. **Cliquez sur le bouton Extraire.** Une boîte de dialogue vous demande dans quel répertoire vous voulez ranger les fichiers décompactés.

3. **Sélectionnez le répertoire qui vous convient et cliquez sur OK.** Le fichier d'origine (.ZIP) reste inchangé après l'opération de décompactage.

Gare aux virus !

C'est le mal du siècle (enfin, des siècles : de celui qui vient de finir comme de celui qui commence). Ils se glissent partout, et bien que les responsables des sites FTP fassent de leur mieux pour s'assurer que ce qu'ils proposent n'en contient aucun, ils ne peuvent rien vous garantir. C'est donc à vous de procéder à une vérification avant d'*exécuter* des programmes reçus par FTP.

Nous disons bien "exécuter" car, hormis le cas particulier de certains fichiers .DOC de Word (pour des raisons qu'il serait oiseux d'exposer ici), un virus ne peut faire de dommage que si on *exécute* un programme. Il ne va pas sauter depuis un fichier texte ou un fichier image et se mettre à ronger votre disque dur.

Des antivirus (entendez : des programmes de détection et d'éradication de virus), il y en a beaucoup. Des bons et des moins bons. Parmi les plus répandus, citons McAfee (`www.mcafee.com`) et Norton AntiVirus (`www.symantec.com`).

Si vous utilisez WinZip, vous pouvez configurer le programme de sorte qu'il lance un antivirus chaque fois que vous tentez de décompresser un fichier ZIP contenant un programme. Dans la barre de menus de la version 8.0 de WinZip, choisissez Options/Configuration, puis cliquez sur l'onglet Localisation des programmes. Tapez ensuite le chemin d'accès de votre programme de détection de virus dans la zone intitulée Antivirus en option.

Chapitre 17

Les forums de Usenet

Dans ce chapitre :

- Qu'est-ce que Usenet ?
- Les groupes de news.
- La *netiquette*.
- Présentation d'un article.
- Le lecteur de news d'Outlook Express.
- La première connexion.
- Lire les news et y répondre.

Les news (les nouvelles) sont les forums de Usenet. C'est l'équivalent d'un grand nombre de panneaux d'affichage où chacun vient écrire sa question, répondre à celle d'un autre ou ajouter son commentaire (voire sa critique) à de précédents messages. Tout cela s'effectue en mode texte, en respectant un certain nombre de conventions et de règles plus ou moins strictes, dont l'ensemble est appelé *netiquette*. Malheur à celui qui enfreindrait la "netiquette", il se ferait *flamer* (descendre en flammes, maltraiter verbalement) !

Les news sont probablement l'un des derniers refuges des "petits chefs" autoproclamés, prompts à tout régenter. C'est aussi l'endroit où l'on peut le mieux mesurer l'ignorance dans laquelle sont nos compatriotes des règles les plus élémentaires de l'orthographe et de la syntaxe. Mais malheur à celui qui ferait une remarque publique sur ce point ! Reprendre à la face du monde quelqu'un sur un point technique est admis ; lui apprendre à parler français (ou plus généralement sa propre langue) est très mal vu par la netiquette !

Les news ressemblent au courrier électronique, mais alors que celui-ci est envoyé à un ou plusieurs destinataires nommément désignés, celles-là sont publiques. Notez qu'il est toujours possible de *poster*

(c'est ainsi que l'on dit) sa réponse par e-mail à l'auteur d'un message sans que la communauté puisse en avoir connaissance.

Qu'est-ce que Usenet ?

Usenet est un regroupement d'ordinateurs appelés *serveurs de news* qui constitue une des ressources les plus populaires de l'Internet (ici, c'est le protocole NNTP qui est utilisé). Contrairement au courrier électronique, les articles ne sont pas acheminés dès leur envoi. Les serveurs de news se connectent les uns aux autres au moins une fois par jour pour échanger les articles qui ont été postés. Il faut donc tenir compte d'un décalage temporel entre le moment où on poste un article (ou une réponse) et celui où la communauté peut en prendre connaissance et y répondre éventuellement.

Les groupes de news

Il existe sept groupes de news internationaux, constituant le *mainstream*, auxquels viennent s'ajouter un grand nombre de groupes nationaux, régionaux, locaux ou privés. On les appelle *hiérarchies* parce que, à leur tour, ils sont subdivisés en sous-groupes qui, à leur tour, sont subdivisés, etc. Voici quelques exemples de noms de groupes trouvés dans la liste alphabétique du serveur de news géré par le fournisseur d'accès de l'auteur :

- **alt.supermodels.cindy-crawford**. Pour les admirateurs du top-model.
- **ch.talk**. Les Helvètes causent aux Helvètes (et au reste du monde).
- **cern.volleyball**. Au CERN, on ne fait pas que de la recherche : on joue aussi au volley-ball.
- **comp.os.linux.questions**. Les passionnés du système d'exploitation Linux.
- **fr.soc.divers**. Le Café du commerce au comptoir duquel on refait quotidiennement le monde.
- **fr.reseaux.internet.fournisseurs**. C'est là qu'on donne son opinion sur son fournisseur d'accès, parfois à tort, mais toujours avec passion.
- **fr.rec.arts.musique.classique**. Non seulement on y rencontre des passionnés de musique, ancienne, classique, voire contem-

poraine, mais on y parle aussi un français correct d'où sont exclus les fautes d'orthographe et les participes boiteux.

- **fr.lettres.langue.francaise** (Attention, pas de cédille sous le "c" !) Doutez-vous d'un accord d'adjectif de couleur ? Pensez-vous qu'on doive écrire "fichiers audio" plutôt que "fichiers audios" ? N'allez pas plus loin, c'est là que vous trouverez non pas une mais "des" réponses.

On considère qu'un serveur de news est satisfaisant dès lors qu'il permet d'accéder à un minimum de 25 000 à 35 000 groupes.

Voici la liste alphabétique des sept groupes principaux :

- **comp**. Tout ce qui a trait aux ordinateurs (computers).
- **misc**. Tout ce qui n'entre pas dans un groupe particulier (miscellaneous).
- **news**. Sujets ayant trait aux news elles-mêmes.
- **rec**. Sujets récréatifs tels que sports, hobbies, arts, etc. (recreational).
- **sci**. Tout ce qui touche à la Science avec un grand S et aux sciences avec un petit s (scientific).
- **soc**. Sociologie et matières connexes (social).
- **talk**. Discussions sans fin, le plus souvent politiques, débats. Généralement considérées comme dénuées d'intérêt, sauf par ceux qui y participent activement.

A cette classification officielle, il faut ajouter la hiérarchie **alt** (alternative), dans laquelle se trouvent en particulier les groupes intéressés par les sujets les plus... scabreux.

Certains de ces groupes sont dits "modérés", c'est-à-dire que les articles qu'on y envoie subissent, avant diffusion, la censure d'un modérateur bénévole. Son rôle est surtout de supprimer tout ce qui est injurieux ou contraire aux bonnes mœurs, et tout ce qui tombe sous le coup de la loi ou qui s'écarte du centre d'intérêt du groupe.

La netiquette

Les règles en usage ici sont les mêmes que celles qui s'appliquent à tout citoyen respectueux de ses semblables. Voici les plus importantes de la netiquette (de *net*, réseau, et *étiquette* – mais sans accent) :

- Ne vous présentez pas sous une fausse identité. Utilisez vos véritables nom et prénom dans les options de configuration du logiciel de news utilisé, et choisissez une signature claire.
- Evitez les signatures alambiquées. Comme pour le courrier électronique, cinq lignes constituent la longueur maximale d'une signature.
- A l'exception de la hiérarchie **biz** (business) et des catégories **announce** ou **annonces**, il est très mal vu de faire de la publicité ou de passer des annonces à but commercial.
- On ne répond pas publiquement à un article privé reçu par e-mail. L'auteur risque de ne pas apprécier de voir publier ses propos aux yeux de tous.
- Pour faire des tests, il existe des groupes spécialisés : **alt.test**, **alt.binaries.test**, **comp.test**, **fr.test**...

Présentation d'un article

Chaque article comporte un "sujet" destiné à en résumer le contenu. A vous de choisir un texte qui soit significatif lorsque vous créez un article. Lorsqu'on se connecte à un serveur de news, celui-ci télécharge les en-têtes des articles non lus. Selon le titre que vous aurez choisi, les lecteurs voudront en savoir davantage ou ignoreront tout simplement votre *post* (c'est ainsi qu'on appelle les messages envoyés dans les forums).

Normalement, Outlook Express n'affiche pas les éléments techniques concernant l'acheminement de l'article (le prologue), mais nous verrons plus loin, dans la section "Si vous êtes curieux", qu'il est facile d'en prendre connaissance. Dans le corps de l'article (la partie qui intéresse directement le lecteur), toute ligne commençant par un > est une citation de l'article auquel on répond, comme pour l'e-mail. Voici un exemple de *post* :

```
> (il parlait d'after dark, pour ceux qui n'ont pas suivi)
> swap. Prends un 8086 et essaye donc de faire tourner les 95
> hublots micromous et dis-moi s'il est toujours multitâche
> ton OS de mes 2.
> Jean Yves
> Programmeur Winblows95 par obligation ;-)

Sachant d'un 8086 n'est pas 32 bits, il aura du mal à accepter
Windows95....
```

```
Tu ne racontes que pures bêtises...
L'OS Amiga etait peutêtre multitâche, mais il n'avait RIEN, mais
vraiment RIEN à sa disposition...
Tous les utilitaires étaient externes...
Quand on pense au nombre d'années qu'il a dû attendre avant de
disposer d'une simple commande de listing écran d'un
répertoire...

Windows95 est un compromis entre le 16 et le 32 bits pour amorcer le
passage de l'un à l'autre en douceur, il n'est rien d'autre... C'est
au détriment des performances, certes, mais c'est le prix à payer
pour ne pas changer sa logithèque du jour au lendemain...

+++++++++++++++++++ André ++++++++++++++++++++++++
"C'est en forgeant qu'on devient forgeron
 Mais ce n'est pas en sciant que Leonard devint scie."
```

Comme on peut le remarquer, le langage utilisé semble davantage sorti de la pointe Bic d'Alphonse Boudard que de la plume d'oie de la Marquise.

La suite des réponses et commentaires apportés à un article original s'appelle un *thread* (mot qu'on traduit souvent par "enfilade"). Les lecteurs de news regroupent généralement les en-têtes des articles d'un thread à la suite, dans leur ordre chronologique d'émission.

Smileys

Le texte d'un message manque d'expressivité. Aussi pour remplacer les mimiques habituelles du discours parlé, on a eu l'idée d'utiliser des petites figurines constituées de caractères courants du clavier, qu'on est censé lire en penchant la tête vers la droite. Voici quelques-uns de ces *smileys* (également appelés *emoticons* ou, en français, *souriards* ou *trombines*, et *souriants*, en québécois) parmi les plus usités :

```
8-O    Oh mon Dieu !
;-(    J'ai envie de pleurer
:-||   Je suis très en colère
:*)    J'ai un peu trop bu
:-{)   Voyez ma belle moustache
-:-)   Je suis un punk
```

Un même article dans plusieurs groupes

Lorsqu'on recherche la réponse à une question précise, on ne sait pas toujours dans quel groupe la poser et, pour augmenter ses chances, on voudrait bien la poser dans plusieurs groupes distincts.

Les posts multiples

Pour cela, la première idée qui vient à l'esprit est d'envoyer plusieurs fois le même article à différents groupes. C'est ce qu'on appelle un *post multiple*. Cette pratique est à éviter absolument, car elle augmente inutilement la charge de l'Internet.

Le post croisé

Appelé en anglais *crosspost*, cette méthode (la seule admise par la netiquette) consiste à envoyer le même message à plusieurs groupes en même temps, de la même façon qu'on peut envoyer un e-mail à plusieurs destinataires. Pour cela, on utilise la même méthode, c'est-à-dire qu'on complète le champ **A:** (destinataire) avec une liste de noms de groupes séparés par une virgule. Exemple :

```
fr.rec.brocante,fr.rec.bricolage,fr.rec.divers
```

TRUC

Il faut éviter de crossposter un article à plus de 2 ou 3 groupes.

Images et documents attachés

On peut joindre à un article des documents formatés, des logiciels binaires et des images. C'est d'ailleurs ce qui a fait la "gloire" des groupes comme **alt.binaries.erotica**. Pour cela, le protocole NNTP utilise un encodage particulier (MIME). Inconvénient : ce procédé augmente la taille des fichiers ainsi envoyés ; avantage : il assure une transmission correcte. Nous verrons dans la section suivante comment procéder pratiquement. Certains groupes modérés interdisent cette pratique.

Le lecteur de news d'Outlook Express

Outlook Express de Microsoft, WinVn et FreeAgent sont les logiciels les plus utilisés par les adeptes de Windows. Le premier est gratuit (il accompagne Windows), le deuxième est du domaine public et le

dernier est un produit commercial dont il existe une version gratuite. Les amis du Mac trouveront leur bonheur avec Nuntius ou News Watcher.

Nous avons choisi Outlook Express parce que c'est un très bon lecteur de news, facile à utiliser et à configurer. Son installation est une des options d'installation d'Internet Explorer (voir le Chapitre 7).

Ouverture d'un compte de news

Commencez par lancer Outlook Express en cliquant sur son icône (sous Windows, elle se trouve dans le groupe immédiatement à droite du bouton Démarrer [voir la Figure 17.1]).

Figure 17.1 : Comment repérer l'icône d'Outlook Express dans la barre des tâches de Windows.

Inutile d'être connecté pour créer un compte. Cliquez sur Outils/ Comptes dans la barre de menus d'Outlook Express. Dans la boîte de dialogue à quatre onglets qui s'ouvre, cliquez sur l'onglet News, puis sur le bouton Ajouter ; enfin, dans le menu contextuel qui surgit, sur la rubrique News. L'assistant de création d'un compte va alors vous guider pas à pas. Voici un exemple des réponses à donner en supposant que vous vous appelez Henri Durand et que votre fournisseur d'accès vous a attribué comme adresse e-mail `hdurand@machin.com` :

- Ecran n° 1 : **Votre nom**. Nom complet : Henri Durand. Cliquez sur Suivant.
- Ecran nº 2 : **Adresse d'e-mail pour Internet news**. Adresse de messagerie : `hdurand@machin.com`. Cliquez sur Suivant.
- Ecran nº 3 : **Nom de serveur de News Internet**. Serveur de news (NNTP). C'est votre fournisseur d'accès qui vous l'a indiqué. Presque toujours, ce nom commencera par "news", comme :

`news.machin.com`. Ne cochez pas la case en bas de la fenêtre. Cliquez sur Suivant.

- Ecran nº 4 : **Félicitations**. Sans commentaire. Il ne vous reste plus qu'à cliquer sur le bouton Terminer.

Sitôt refermée cette boîte de dialogue à quatre volets, un message s'affiche vous proposant de télécharger les groupes de discussion du compte que vous venez de créer. Comme vous n'êtes pas actuellement connecté, refusez en cliquant sur Non.

La fenêtre Comptes Internet contient maintenant le nom du compte que vous venez de créer. Vous pouvez cliquer sur Fermer. L'adresse du serveur de news pour lequel vous venez de créer un compte est affichée dans la colonne de gauche de la fenêtre d'Outlook Express.

Fermeture d'un compte de news

Très simple : cliquez du bouton droit sur le nom du serveur de news qui figure dans la colonne de droite, puis, dans le menu contextuel qui s'affiche, cliquez sur Supprimer le compte. Une boîte de message va vous demander de confirmer la suppression. Cliquez sur Oui si vous êtes d'accord.

Configuration d'Outlook Express

Affichez la boîte de dialogue à dix onglets commune au courrier électronique et aux news en cliquant sur Outils/Options. Nous ne détaillerons que les deux seuls volets où une modification des options par défaut est conseillée.

Volet Lecture

Le nombre maximal d'en-têtes à télécharger est fixé par défaut à 300. Pour choisir une autre limite, modifiez la valeur indiquée dans la petite fenêtre à côté de la rubrique Télécharger (voir Figure 17.2). Le reste, sans changement.

Volet Envoyer

Vérifiez que c'est bien le bouton Texte brut qui est coché dans la zone du bas : Format d'envoi des News, là où se trouve le pointeur de la souris sur la Figure 17.3. Faute de quoi vos messages seraient acheminés en HTML, ce qui est tout à fait contraire à la netiquette. Certains lecteurs de news refusent d'ailleurs de lire les messages ainsi codés.

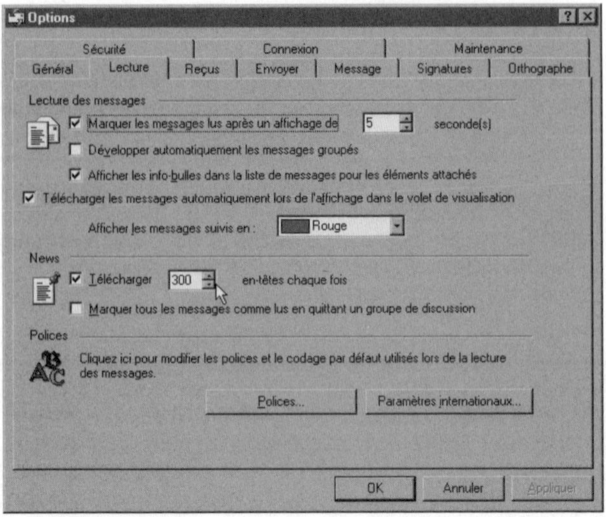

Figure 17.2 : Comment modifier le nombre d'en-têtes téléchargés à chaque lecture.

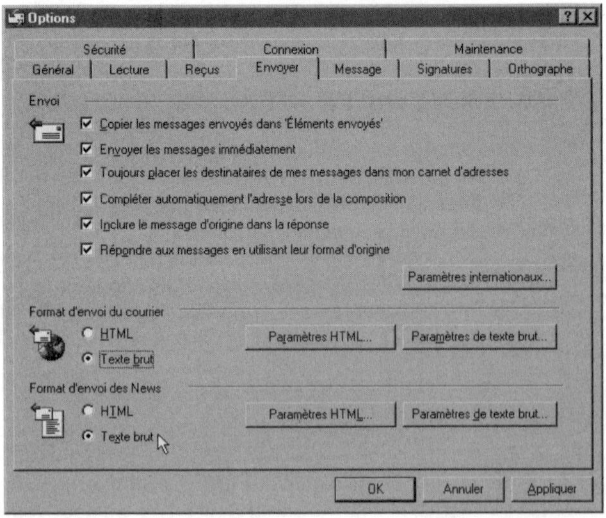

Figure 17.3 : Vérifiez que vos messages seront bien envoyés en texte brut.

La première connexion

Une fois la connexion établie avec votre fournisseur d'accès, cliquez, dans la colonne de gauche, sur le nom d'un des comptes de news que vous venez de créer. La boîte de dialogue dont nous avons parlé plus haut s'affiche à nouveau. Cette fois, vous pouvez répondre en cliquant sur Oui. Une boîte de message va s'afficher pour vous permettre de suivre le téléchargement des noms de groupes. Cette opération, plutôt longuette (pour un peu plus de 25 000 groupes, il faut compter environ deux minutes avec une liaison à 56 Kbps), n'a lieu qu'une seule fois pour un serveur de news donné.

Public ou privé ?

La plupart des serveurs de news sont à accès privé, c'est-à-dire que vous ne pouvez pas, par exemple, accéder au serveur de news de Free si vous vous connectez par votre fournisseur d'accès Wanadoo. Il existe encore quelques serveurs publics. Celui de Microsoft, par exemple : `news.microsoft.com`.

Choisissez un ou plusieurs groupes

Une fois ce chargement initial terminé, vous devez vous abonner à un ou plusieurs groupes. Cette opération aura pour seul effet d'afficher leur liste dans le volet de gauche d'Outlook Express, vous permettant ainsi de récupérer facilement les articles qu'ils contiennent. Lors de cette première connexion, la fenêtre des abonnements va automatiquement s'afficher. Si, plus tard, vous voulez modifier la liste de vos abonnements (en ajouter ou en supprimer), il vous suffira de cliquer sur Outils/Groupes de discussion pour réafficher cette fenêtre.

Il n'est pas nécessaire d'être connecté pour souscrire des abonnements, cette opération s'effectue très bien en local.

Pour choisir, utilisez la recherche automatique et tapez les premières lettres du ou des groupes qui vous intéressent dans la boîte de saisie située en haut de la fenêtre. Sur la Figure 17.4, on peut voir que nous avons tapé **fr.rec.b**, et que nous avons ainsi affiché dans la fenêtre Groupes de discussion tous les groupes compris entre **fr.rec.bateaux** et **fr.rec.brocante**. Pour sélectionner les deux derniers, nous avons cliqué sur l'un d'eux puis, tout en appuyant sur <Ctrl>, sur l'autre. Ensuite, nous avons cliqué sur le bouton S'abonner. L'opération de

sélection se termine en cliquant sur le bouton OK. Les groupes sélectionnés sont maintenant affichés dans la colonne de gauche, en dessous du nom du serveur de news.

TRUC

En règle générale, évitez de vous abonner à plus de quatre ou cinq groupes par serveur, sous peine d'encombrer inutilement votre écran.

Comment annuler un abonnement

Cliquez du bouton droit de la souris sur le nom de ce groupe dans la colonne de gauche et, dans le menu contextuel qui s'affiche, cliquez sur Annuler l'abonnement. Une boîte de message vous demande de confirmer votre décision. En cliquant sur OK, vous validez la suppression de l'abonnement et, du même coup, vous effacez les en-têtes et les messages que vous avez déjà lus pour ce groupe.

Quelques groupes français intéressants

- **fr.announce.newusers**. Annonces pour les nouveaux utilisateurs. Si vous êtes nouveau sur les news, nous vous recommandons très vivement de lire quelques-uns des messages contenus dans ce groupe.
- **fr.comp.divers**. L'informatique en général.
- **fr.comp.lang.basic**. Si vous pratiquez le BASIC.
- **fr.comp.lang.c**. Si vous préférez le langage C.
- **fr.emplois.demandes**. Demandes d'emplois ou de stages.
- **fr.emplois.offres**. Offres d'emplois ou de stages.
- **fr.misc.transport.autostop**. Le rendez-vous des pratiquants de l'auto-stop.
- **fr.reseaux.internet.fournisseurs**. Tout ce qu'on dit sur les fournisseurs d'accès. Attention ! Il n'y a pas d'accent aigu sur le premier "e" !
- **fr.rec.arts.litterature**. Preuve que l'informatique ne tue pas la lecture, ici on cause de littérature et même de littérature*s*.
- **fr.rec.bricolage**. Pour les petits bricoleurs du dimanche (et des autres jours).
- **fr.rec.cinema.affiches**. Les affiches de cinéma.

- **fr.rec.cuisine**. Pour les fins gourmets et les amateurs de recettes... exotiques.
- **fr.rec.arts.musique.classique**. Les 3 B (Bach, Beethoven, Brahms, pour les béotiens) et leurs collègues. Mais aussi Bartok, Boulez et ceux dont le patronyme ne commence pas par un "B".
- **fr.rec.arts.musique.jazz**. Si Armstrong, le Duke, Mezz ou Charlie vous passionnent.
- **fr.rec.tv.series**. Les séries télé dites "cultes".
- **fr.test**. Tous tests sur les news.

Lire et écrire

La pratique des news ressemble à celle du courrier électronique : on lit des messages et on y répond. A cette différence près qu'ici on ne connaît généralement pas son interlocuteur, et qu'on sait que d'autres que lui pourront lire les messages qu'on envoie.

Lecture des en-têtes d'un groupe

Pour lire les en-têtes d'un groupe, il faut naturellement être connecté au serveur de news correspondant. En cliquant sur le petit + situé à la gauche du nom du serveur, la liste des abonnements s'affiche. Cliquez une seule fois sur le nom du groupe que vous voulez lire, et le transfert des en-têtes d'articles commence. Etant donné qu'ils peuvent être très nombreux (surtout dans les groupes non modérés), tous ne vont pas être transférés. Le nombre maximal est fixé par défaut, comme nous l'avons vu plus haut, à 300. Seuls vont être transférés les en-têtes des posts les plus récents.

Lecture d'un article

Pour lire le contenu d'un article, il suffit de cliquer une seule fois sur son en-tête dans la partie supérieure du volet de droite d'Outlook Express. Le texte de l'article s'affiche alors, comme vous pouvez le voir sur la Figure 17.4, dans la partie basse de la fenêtre. Si vous double-cliquez sur l'en-tête, le contenu de l'article est reproduit dans une fenêtre de composition de message, prête à recevoir votre réponse ou vos commentaires. Nous allons y venir dans la section suivante.

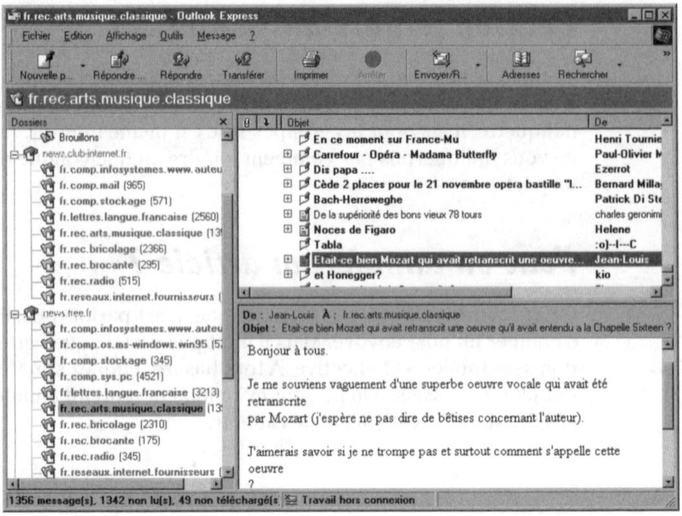

Figure 17.4 : Lecture d'un article.

TRUC

Lorsqu'un article est le premier d'un thread, son en-tête est signalé par un "+" à gauche de son nom. En cliquant sur ce "+", le détail de chacun des articles du thread s'affiche.

Réponse à un article

Deux possibilités s'offrent à vous : ou bien répondre au groupe (tout le monde pourra lire votre réponse), ou bien répondre directement par e-mail à l'auteur (qui sera donc le seul à pouvoir en prendre connaissance). Le message étant affiché, cliquez selon le cas sur l'une des deux icônes Répondre au groupe ou Répondre à l'auteur, à gauche dans la barre d'outils. Comme pour le courrier électronique, le principal conseil que nous pouvons vous donner ici est : ELAGUEZ !

Composition d'un nouvel article

Les règles qui s'appliquent ici ont été rappelées plus haut, dans la section "La netiquette". La plus importante est sans doute : "Relisez soigneusement votre texte avant de l'envoyer."

Peut-on joindre un fichier ?

Techniquement, vous pouvez facilement joindre un fichier quelconque à un article, mais non seulement ce n'est pas recommandé par la netiquette, mais pour les groupes **fr.** c'est même interdit. Aussi nous ne vous indiquerons pas comment joindre un quelconque document à un post.

Peut-on annuler un article ?

Contrairement au courrier électronique, il est parfois possible d'annuler un post envoyé. Mais il n'est pas certain que cette annulation sera totalement effective. A tout hasard, cliquez sur Message/ Annuler le message. On ne peut évidemment tenter d'annuler que les articles dont on est soi-même l'auteur.

Cinquième partie

Les dix commandements

"Il ne recommencera plus je crois. Je l'ai collé 2 heures 1/2 devant un ordinateur branché sur le canal IRC Prisonniers."

Dans cette partie...

Nous avons regroupé ici sous forme de listes quelques-uns des sujets importants qui n'entrent pas dans la classification adoptée pour ce livre.

Chapitre 18

Les dix questions les plus fréquemment posées

Dans ce chapitre :

- Réponses à quelques questions générales sur l'Internet.
- Ce que nous pensons des ordinateurs, des fournisseurs d'accès et autres sujets favoris.

Pourquoi ne pouvez-vous pas me donner des instructions détaillées, étape par étape ?

Deux explications nous viennent à l'esprit. L'une est que nous ne savons ni quel type de système vous utilisez (Windows [95, 98, NT, Millenium, 2000, XP], Mac, Linux...) ni de quels logiciels vous vous servez pour accéder à l'Internet. Nous avons tenté de vous donner suffisamment de notions de base pour que vous compreniez la façon dont fonctionne l'Internet, et même, dans certains cas, nous avons été jusqu'à vous donner des instructions propres aux deux systèmes les plus utilisés.

L'autre explication est que ces programmes changent tout le temps. Nous pensons que les connaissances générales que vous aurez acquises par la lecture de ce livre vous permettront de vous débrouiller dans la plupart des cas.

Est-ce que l'Internet et le Web, c'est la même chose ?

Absolument pas. L'Internet est né en 1969 et c'est un réseau de réseaux. Le World Wide Web est né vingt ans après, en 1989, et c'est un système d'informations interconnectées (présentées sous forme de pages Web) qui réside sur l'Internet. Ce dernier propose beaucoup de services autres que le Web, tels que des systèmes de messages instantanés ou des jeux multi-utilisateurs.

Quelle différence y a-t-il entre un navigateur et un moteur de recherche ?

Un *navigateur* est un programme qui permet à votre ordinateur d'afficher des pages du World Wide Web. Un *moteur de recherche* (parfois appelé *répertoire* ou *index*) vous aide à trouver les pages qui concernent tel ou tel sujet qui vous intéresse. Netscape Navigator, Internet Explorer sont des navigateurs. Yahoo!, AltaVista, Google sont des moteurs de recherche. Pour une comparaison imagée et peut-être plus explicite, vous pouvez considérer le navigateur comme un téléphone et le moteur de recherche comme un annuaire téléphonique. Voyez le Chapitre 8 pour en savoir plus sur les moteurs de recherche.

Est-ce que je peux modifier mon adresse électronique ?

Pas sûr ! Avec la plupart des fournisseurs d'accès, c'est impossible. Ainsi Free, avec sa formule de forfait, vous oblige à utiliser comme identifiant votre numéro de téléphone, mais se montre beaucoup plus libéral sur le choix de votre adresse e-mail.

Par bonheur, quelques-uns vous permettent d'avoir plusieurs adresses e-mail. Si vous avez fait un mauvais choix à l'origine, c'est l'occasion de revenir dans le droit chemin. Il est même fréquent qu'une même personne ait plusieurs adresses électroniques correspondant à la même boîte aux lettres. Ainsi, l'auteur principal de ce livre possède-t-il les noms d'utilisateurs `john`, `john1` et `jlevine`. Il n'existe aucune obligation imposant qu'à une boîte aux lettres électronique corresponde une adresse électronique et une seule.

Si cette solution n'est pas applicable à votre cas particulier, sachez qu'il existe un peu partout des services de redistribution agissant à la façon d'une boîte postale. Ils reçoivent du courrier électronique à une adresse que vous avez choisie, et le réacheminent vers votre ancienne adresse électronique contre le versement d'une modeste redevance ou même gratuitement. Par exemple, La Poste vous propose gratuitement un excellent service à l'URL : `www.laposte.net`. La Figure 18.1 vous montre sa page d'accueil.

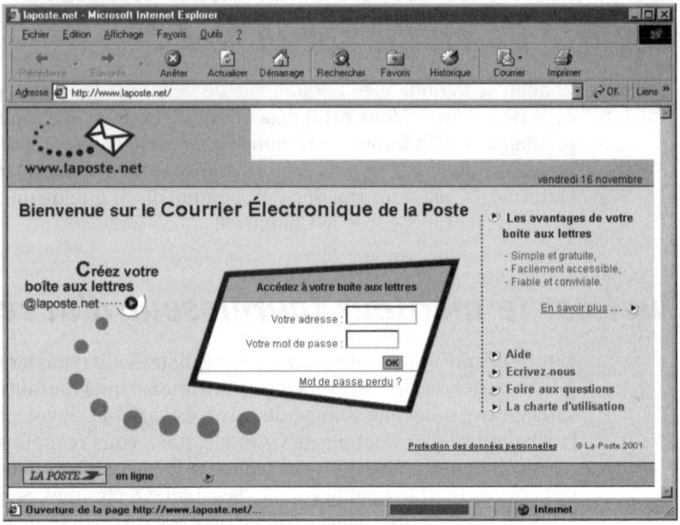

Figure 18.1 : Page d'accueil du service de réacheminement d'e-mail proposé par La Poste.

Comment est-ce que je peux transférer un fichier de mon traitement de texte vers mon logiciel de courrier ?

Ça dépend en partie de ce que vous voulez envoyer : simplement les mots ou les mots accompagnés de leur mise en forme. Et aussi du destinataire auquel vous envoyez votre courrier et des moyens qu'il va utiliser pour le lire.

Tout le monde peut lire du texte pur et, si vous estimez que c'est suffisant, il n'y a pas de problème. Il vous suffit de quelques opérations de couper/coller pour recopier du texte à partir de votre traitement de

texte dans la fenêtre de saisie de votre logiciel de courrier. D'un autre côté, si votre logiciel de courrier et celui de votre destinataire peuvent gérer des fichiers attachés sous forme de pièces jointes et que vous utilisiez tous deux le même traitement de texte, rien ne vous empêche d'envoyer votre texte formaté en pièce jointe comme nous vous l'avons indiqué au Chapitre 11.

Est-il prudent de donner mon numéro de carte de crédit sur le Net ?

Chacun se fait une idée personnelle de la notion de risque, donc de celle de sécurité. Vous est-il déjà arrivé de faire un achat par correspondance et d'indiquer votre numéro de carte de crédit par téléphone ou par Minitel ? Alors, y a-t-il un risque supplémentaire avec l'Internet ? C'est vous qui décidez, comme dirait quelqu'un... Pour en savoir davantage, voyez le Chapitre 9.

Quel est le meilleur fournisseur d'accès ?

Si tout ce que vous voulez faire, c'est échanger du courrier électronique et surfer sur le Web, à peu près n'importe quel fournisseur sera satisfaisant, dans une gamme de prix très variable. Si vous n'avez jamais utilisé d'ordinateur de votre vie, nous vous recommandons de choisir un prestataire qui vous facilitera la vie par la convivialité de ses interfaces et la qualité de son assistance technique. Seulement, ça, vous ne vous en apercevrez peut-être que trop tard. Consultez le Chapitre 4 pour en savoir davantage.

Essayez de savoir par vos amis ce que vaut l'assistance du prestataire auprès duquel vous envisagez de souscrire un abonnement. De nos jours, ce n'est pas la technique qui fait la différence, mais la qualité de service. C'est pourquoi il est inutile de perdre votre temps avec un fournisseur d'accès qui n'a pas encore compris ça.

Quel type d'ordinateur dois-je utiliser sur le Net ?

Si vous achetez un nouvel ordinateur principalement pour surfer sur le Net, choisissez un modèle raisonnablement rapide. Vous devriez pouvoir trouver une machine correctement configurée et munie d'un

écran couleur pour pas cher (disons un millier d'euros ou un peu plus, selon son équipement).

Pour nous, le monde des ordinateurs se partage en deux moitiés : les PC et les Macintosh. Lequel des deux préférez-vous ? La légende veut que les Macintosh soient plus faciles à utiliser. C'était peut-être vrai, en apparence, jusqu'à l'avènement de Windows. D'un autre côté, malgré des baisses de prix substantielles, ils restent plus chers que les PC à performances égales. De toute façon, les deux conviennent. Si un de vos amis possède déjà une machine d'un type, achetez la même que lui, ça vous aidera à démarrer.

Comment puis-je effacer de mon navigateur la liste des pages Web que j'ai visitées ?

Nous recevons assez souvent ce type de question, généralement en provenance de la gente masculine. Voici comment effacer la liste des sites Web qui apparaissent dans la boîte d'adresse en haut de la fenêtre de votre navigateur : avec Netscape Navigator, choisissez Edition/Préférences, puis Navigator dans la liste des catégories, enfin cliquez sur le bouton Effacer la barre d'outils d'adresse. Avec Internet Explorer, choisissez Outils/Options Internet, cliquez sur l'onglet Général, puis sur le bouton Effacer l'Historique.

Quelle est votre page Web favorite ?

`http://net.gurus.com`, bien sûr ! Nous n'avons jamais prétendu jouer les modestes ! (Si vous y allez, vous trouverez aussi des liens vers d'*autres* pages.)

Chapitre 19
Dix sortes de fichiers et ce qu'on peut en faire

Dans ce chapitre :

- Fichiers graphiques.
- Fichiers de texte.
- Fichiers compressés.
- Comment tirer parti de ces fichiers.

Dans ce chapitre, nous allons passer en revue les différentes sortes de fichiers qu'on peut rencontrer sur le Net, apprendre à les reconnaître et à en tirer le meilleur parti.

Combien y a-t-il de sortes de fichiers ?

On peut répartir les fichiers en cinq catégories générales :

- **Texte :** Fichiers qui, curieusement, contiennent du texte.
- **Exécutables :** Fichiers que vous pouvez exécuter ou lancer ; autrement dit, des programmes.
- **Compressés :** Archives, fichiers ZIP, SIT et autres formats compressés.
- **Graphiques, audio, vidéo :** Ce sont des fichiers qui contiennent des images ou des sons codés avec différents formats. Sur le Web, les images sont généralement au format GIF, PNG ou JPEG ; les fichiers audio, au format WAV (Windows), RAM (RealAudio)

ou MP3 (musique). Les fichiers vidéo contiennent des films numérisés.

- **Données :** Tout autre type de fichiers. Les fichiers de documents Word (fichiers DOC) en sont des représentants très populaires.

Le nom d'un fichier – et en particulier son extension (ce qui est situé à droite du point) – vous donne déjà une indication sur ce qu'il peut contenir. En général, la personne qui a créé le fichier a cherché à lui donner un nom significatif.

Du texte pur

Les fichiers texte contiennent du texte qui est, parfois, directement lisible. Les fichiers destinés à être imprimés sur une imprimante PostScript constituent une espèce à part.

Sur les PC, les fichiers texte ont généralement l'extension .txt. Vous pouvez voir ce qu'ils contiennent grâce à un utilitaire Windows comme BlocNotes (NotePad) ou WordPad sous Windows. Avec un Mac, utilisez SimpleText ou BBEdit Lite. Vous pouvez aussi, dans les deux cas, utiliser un traitement de texte.

La façon dont le texte est conservé dans un fichier varie d'un système à l'autre. Vous devez donc toujours transférer les fichiers texte par FTP en mode ASCII, de façon qu'ils soient automatiquement convertis dans la représentation interne de votre machine.

TRUC

Certains fichiers texte ne sont pas réellement des fichiers texte. C'est notamment le cas des fichiers codés au format UNICODE, une façon différente de stocker du texte sur un ordinateur, qui peut représenter jusqu'à 65 000 caractères et s'efforce de couvrir tous les systèmes de langue en usage aujourd'hui, dont les idéogrammes chinois, japonais et coréens.

Quelles sont vos dernières volontés, avant que je vous exécute ?

Les *fichiers exécutables* sont des programmes que vous pouvez lancer sur un ordinateur. Un fichier exécutable destiné à un certain type de machine ne peut être exécuté sur une autre machine. Un fichier exécutable pour Macintosh ne sert rigoureusement à rien sous Windows et réciproquement. Les programmes exécutables qu'on trouve en plus grand nombre sont destinés à Windows. Ils sont dotés

d'extensions .exe, .com ou .dll. Pour les lancer, vous double-cliquez sur leur icône ou sur leur nom dans l'Explorateur de Windows.

Lorsqu'on télécharge un nouveau programme pour Mac ou pour PC, on court toujours le risque qu'il soit infecté par un virus informatique. Les gestionnaires de sites FTP font de leur mieux pour éviter ce danger et certains sont particulièrement scrupuleux à cet égard.

Emballage et déballage

De nos jours, presque tous les logiciels récupérés par FTP sont présentés sous forme d'un fichier unique comprenant un *installateur* qui est automatiquement lancé lorsque vous double-cliquez sur son nom.

Certains fichiers sont *compressés*, ce qui signifie qu'ils sont codés d'une façon spéciale afin d'occuper moins de place. Ils ne peuvent être *décompressés* (ou *décompactés*) que par un programme spécifique, symétrique de celui qui a été utilisé pour la compression. La plupart des fichiers disponibles par FTP sont compactés de façon à demander moins de temps pour leur transfert. Dans le monde des PC, ils portent le plus souvent une extension .ZIP et peuvent être manipulés avec un programme appelé *WinZip*. Dans le monde des Macintosh, le programme de compression le plus populaire s'appelle *StuffIt*.

Zip !

Sous Windows, le programme le plus utilisé pour compresser des fichiers est WinZip. Les fichiers obtenus ont l'extension .ZIP. Outre la compression, il peut aussi effectuer la décompression et le test d'intégrité d'une archive. Les macophiles, quant à eux, se servent d'un programme shareware appelé ZipIt.

De plus en plus de fichiers proposés sur l'Internet sont dits *autoextractibles* (ou *autodécompactables*), ce qui signifie qu'ils ont une extension .exe et qu'en les exécutant ils se décompactent d'eux-mêmes sans que l'on ait besoin de recourir à un programme externe. WinZip lui-même est bien entendu distribué de cette façon, sinon nous serions en face de l'angoissant problème de l'œuf et de la poule.

Et pour les Mac ?

L'utilitaire des macophiles est un programme shareware écrit par Raymond Lau : StuffIt. Il en existe diverses versions et même une

version commerciale appelée StuffIt Deluxe. Les fichiers ainsi traités ont généralement une extension .sit. Pour la décompression, on emploie UnStuffit ou Stuffit Expander, ou encore DropStuff avec Expander Enhancer, que vous n'aurez aucun mal à découvrir car ils traînent un peu partout.

Là où l'art est

L'Internet est progressivement envahi par une foultitude de fichiers d'images numérisées. Les formats graphiques les plus utilisés sur le Net sont GIF, JPEG et PNG. Les fichiers d'image ne sont presque jamais compressés, car il s'agit là de formats exploitant déjà un algorithme de compression efficace.

Une paire de GIF

Le format sans doute le plus utilisé est le format GIF (*Graphics Interchange Format* : format d'échange de fichiers graphiques) créé par CompuServe. Bien que ne permettant pas plus de 256 couleurs, il convient bien pour des images pas trop fouillées et pouvant comporter de grands à-plats. Il en existe deux versions : *GIF87* et *GIF89*.

Il existe des douzaines de programmes commerciaux et shareware pour les Macintosh et les PC, capables de lire et d'écrire des images GIF. Netscape et Internet Explorer les affichent tout aussi bien à l'aide de la commande Ouvrir du menu Fichier.

Malheureusement, pour une sombre histoire de brevets, l'usage de ce format fait l'objet d'un litige commercial de la part de Unisys qui est détenteur de brevets portant sur l'algorithme de compression utilisé, si bien que son usage a tendance à se raréfier.

PNG

En raison des problèmes que nous venons d'évoquer, un groupe d'utilisateurs d'images a proposé un format de remplacement non breveté appelé PNG qui est donc appelé à supplanter à plus ou moins brève échéance le format GIF. Le format PNG peut traiter le même type d'images que le format GIF, et la plupart des programmes qui utilisaient le format GIF sont en cours de mise à jour pour accepter le format PNG.

La naissance du JPEG

Ce nom est celui du groupe d'experts qui a conçu le format : *Joint Photographic Experts Group* (JPEG). Il a été conçu spécialement pour les images photographiques. La taille d'un fichier JPEG contenant une photo numérisée est environ le quart de celle du fichier GIF contenant la même image, mais elle dépend du compromis qui sera adopté entre l'encombrement du fichier et la qualité de l'image. Les fichiers JPEG ont le plus souvent une extension .jpeg ou .jpg.

Et les animations ?

La vitesse des réseaux et la taille des disques allant en augmentant, on songe maintenant à stocker des animations vidéo complètes et non plus des petites séquences abrégées. Le format standard utilisé pour cela est le MPEG (*Movies Photographic Experts Group*) créé par un groupe d'experts issus du comité JPEG et exploitant le résultat de leurs travaux. Il faut disposer d'une machine suffisamment rapide si on veut afficher une animation dans de bonnes conditions.

Il existe d'autres formats pour les animations, en particulier Shockwave et QuickTime d'Apple, que l'on trouve souvent dans les pages Web. Il existe des plug-ins capables de restituer ces animations. Pour Netscape Navigator, voyez `home.netscape.com/plugins`. Pour Internet Explorer, voyez `www.microsoft.com/msdownload/default.asp` et cliquez sur Internet Explorer sous Windows Update.

D'autres formats, encore

Bien que les formats GIF et JPEG soient, de loin, les plus populaires sur le Net, il existe bien d'autres formats d'images, parmi lesquels on peut citer :

- **PCX.** Il est utilisé par de nombreux programmes de dessin et convient bien à des photos à faible résolution.
- **TIFF.** C'est un format très compliqué dont il existe de très nombreuses variantes. Au point qu'une image créée par un programme ne peut pas toujours être lue par un autre.
- **PICT.** Très répandu sur les Macintosh, qui le reconnaissent de façon native.

- **BMP.** C'est le format des images bitmap de Windows. Fort peu utilisé sur le Net en raison de la grande taille des images ainsi obtenues.

La brigade des mœurs vous parle

Sans doute vous demandez-vous où l'on peut trouver des archives publiques contenant des images... exotiques, mais vous n'osez pas poser la question. Eh bien, on va vous répondre : nulle part ou presque.

Pour deux raisons. La première est politique. Les entreprises et les universités qui financent les serveurs FTP ne veulent pas risquer d'être accusées de faire du trafic d'images pornos ou de saturer leurs disques avec des images n'ayant rien à voir avec leur raison d'être.

L'autre raison est de nature pratique. De temps en temps, un généreux donateur télécharge sur un serveur FTP sa collection d'images classées X. Dans les minutes qui suivent, le serveur est littéralement assiégé par de très nombreux (a)mateurs. Pour lui redonner vie, il faut donc faire disparaître au plus vite ces images, ce qui se fait en moins de temps qu'il n'en faut pour le dire.

Reste, pour les curieux, le recours aux news et plus particulièrement aux forums alt.binaries.picture.erotica... et autres alt.sex... Vous pouvez aussi consulter les sites Web `www.playboy.com` et `www.penthousemag.com` qui reproduisent les images les moins... publiées dans le numéro courant de leur revue.

Il existe une quantité de sites Web qui se feront un plaisir de vous présenter des images pornos pour peu que vous leur communiquiez le numéro de votre carte de crédit. Comme nous sommes d'un naturel plutôt radin, nous n'avons jamais voulu nous y risquer.

Prêtez l'oreille

Les fichiers de sons (également appelés *fichiers audio*) ont le plus souvent des noms dont l'extension est .wav, .au, .mp3 ou .aif. Pour entendre de tels fichiers, consultez le site de NPR à l'URL `www.npr.org`. Des concerts sont souvent retransmis en direct sur `www.broadcast.com`.

Il y a deux façons d'entendre des sons retransmis sur le Web :

- **Téléchargez un fichier audio et, ensuite, écoutez-le à loisir.** Vous pourrez le réécouter autant de fois que vous le

souhaiterez. Mais, en raison de la taille de ces fichiers, ce téléchargement peut demander beaucoup de temps.

- **Ecoutez le fichier audio *au fur et à mesure qu'il se télécharge.*** De cette façon, inutile d'attendre la fin de son téléchargement pour en profiter. On appelle cette méthode de traitement le *streaming*. Bien que la qualité ne soit pas fameuse, cela vaut la peine d'essayer.

Les fichiers audio du premier type portent des extensions telles que .wav, .mp3, .au et .aif. Le programme MPLAYER, fourni avec la plupart des versions Windows, peut reproduire les fichiers WAV. La plupart des serveurs FTP contiennent de nombreux programmes de reproduction de fichiers audio.

Le plus répandu des systèmes de streaming est RealAudio. Les fichiers de ce format sont estampillés .ra ou .ram. Pour reproduire ces fichiers, vous devez avoir le plug-in RealPlayer, que vous pouvez télécharger à l'URL `www.real.com` ou à partir de serveurs de fichiers comme TUCOWS (miroir français : `http://tucows.club-internet.fr/`). Ce plug-in permet aussi de reproduire des fichiers de type RealVideo dans lesquels de petites animations accompagnent le son.

En avant la musique !

L'une des activités les plus "in" de l'Internet est l'échange de fichiers musique entre amis au format MP3. MP3 est l'abréviation de MPEG niveau 3 (une abréviation au sein d'une autre abréviation, que dites-vous de ça ?). C'est tout simplement le format de la bande son utilisée dans les films MPEG. De nombreux sites Web, tels que `www.mp3.com`, consacrés à ce type de format ont fait leur apparition. Ils constituent tous d'excellentes réserves de logiciels capables d'exécuter des fichiers MP3 et même d'enregistrer votre propre musique.

TRUC

Les plus importants éditeurs de musique enregistrée des USA ont réagi contre le piratage de leurs produits couramment pratiqué sur le Web et il devient de plus en plus difficile de se procurer ainsi des musiques récentes et/ou de qualité.

Rien de tout ça

Il existe aussi des fichiers contenant du texte formaté par un traitement de texte, tel que WordPerfect (extension .wpd) ou Word (extension .doc), ainsi que le format de texte enrichi standard, Rich Text Format (extension .rtf). Si vous rencontrez l'un de ces fichiers et ne

disposez pas du logiciel qui l'a créé, vous ne pourrez généralement pas le lire correctement.

Pour lire des fichiers en format PDF (Adobe), il existe un programme gratuit qui s'appelle Acrobat Reader que vous pouvez vous procurer sur le site `www.adobe.com/products/acrobat`.

Chapitre 20

Dix moyens de trouver une adresse e-mail

Dans ce chapitre :

- Comment trouver une adresse e-mail.
- Annuaires en ligne.
- Quelques systèmes de messagerie différents.

Dans ce chapitre, nous allons essayer de vous montrer combien il est facile de découvrir l'adresse e-mail d'un de vos amis. Toutefois, dans notre incommensurable bonté d'âme, nous allons immédiatement vous donner un conseil qui vous évitera de lire le reste de ce chapitre :

Demandez-la-leur par téléphone.

Curieusement, ça semble être la dernière idée qui vient à l'esprit des gens qui se posent cette question. Essayez d'abord ce truc. Si vous connaissez le numéro de téléphone de vos futurs correspondants, c'est le plus facile et le plus efficace des moyens à mettre en œuvre.

Trouver des personnes sur le Web

Peut-être votre ami(e) a-t-il (elle) une page personnelle sur le Web ? Servez-vous de votre moteur de recherche habituel pour y rechercher son nom en l'indiquant comme mot clé après l'avoir placé entre guillemets. Il y a de grandes chances qu'il (ou elle) ait placé son adresse *e-mail* quelque part sur sa page.

Comment, vous ne connaissez pas votre adresse ?

Il n'est pas toujours possible de connaître son adresse électronique. Tout au moins pour ceux qui travaillent au sein d'une entreprise et utilisent ses services pour leur usage personnel. (Pour un particulier, abonné à un fournisseur d'accès, c'est totalement faux.) La plupart du temps, ça vient du recours à un système de courrier privé qui communique avec l'Internet par une passerelle qui se charge de traduire les adresses électroniques.

La solution est généralement simple : envoyez un message à celui qui vous demande votre adresse électronique. Tous les messages ont une adresse de retour dans leur en-tête, et toutes les passerelles y placent une adresse de retour utilisable.

Vous pouvez découvrir votre propre adresse en envoyant un message à notre toujours dévoué robot électronique `internet7@gurus.com` qui se fera une joie de vous renvoyer une note vous indiquant quelle est votre adresse.

Hep, monsieur le postmaster !

Parfois, vous avez une idée de la machine utilisée par quelqu'un mais vous ne connaissez pas son nom. Dans ce cas, essayez d'envoyer un message à son vaguemestre, le *postmaster*. Chaque *domaine* (ce qui se trouve à droite du caractère @ dans l'adresse e-mail) susceptible de recevoir du courrier électronique possède une adresse e-mail valide appelée `postmaster` qui est celle de la personne responsable de cette machine. Si vous êtes à peu près certain que votre ami se trouve dans une organisation dont le nom de domaine est `my.bluesuede.org`, essayez de demander (bien poliment, toujours) son adresse à `postmaster@my.bluesuede.org`. Cependant, il est possible que cette personne hésite à communiquer à quelqu'un qu'il ne connaît pas l'adresse e-mail d'un de ses collègues.

Annuaires en ligne

N'existe-t-il pas une sorte de Minitel de l'Internet ? Non, car c'est irréalisable. D'abord parce qu'on ne sait généralement pas à quel nom véritable correspond une adresse *e-mail*. Ensuite, parce que tout le monde ne souhaite pas que son adresse électronique soit connue de

tous. Ce qui n'empêche pas qu'il existe quelques annuaires officieux (certains ont été présentés au Chapitre 8), tous plus incomplets les uns que les autres. Ce qui nous renforce dans notre idée que le meilleur moyen de connaître l'adresse électronique de quelqu'un, c'est encore de la lui demander. A tout hasard, voici quelques pistes à suivre.

Dix bonnes raisons de ne pas téléphoner à quelqu'un pour lui demander son adresse électronique

- Vous voulez lui faire une surprise.
- Vous voulez causer une agréable surprise à quelqu'un de vos ex-amis qui vous doit de l'argent et qui pense vous l'avoir rendu.
- Vous et votre ami ne parlez pas la même langue.
- Vous ou votre ami êtes muets. Ce n'est pas un cas d'école, car l'Internet est un des moyens les plus efficaces de sortir un handicapé de son isolement. D'où la blague bien connue : "Sur le Net, personne ne sait que je suis un chien !"
- Compte tenu du décalage horaire, vous ne voulez pas risquer de réveiller votre ami à 3 heures du matin.
- Vous ne connaissez pas son numéro de téléphone et il est sur la liste rouge.
- Vous n'avez pas de carte de téléphone sur vous et vous êtes dans la rue.
- Là où vous travaillez, on vient d'installer un nouveau réseau interne de téléphone et personne ne sait encore comment s'en servir.
- Vous venez de renverser votre bouteille de Machin-Cola sur le téléphone et les touches sont toutes collées.
- Vous l'avez appelé hier ; il vous a donné son adresse électronique et vous avez perdu le papier sur lequel vous l'aviez notée.

Yahoo!

Le Chapitre 8 vous explique comment trouver des personnes à l'aide de Yahoo People Search, autrefois appelé Four11. Allez à `www.yahoo.com/search/people` et essayez son outil de recherche d'adresses électroniques. Si vous voulez que d'autres personnes vous trouvent, pensez à y déposer vos propres coordonnées. Essayez également l'URL `fr.people.yahoo.com`.

WhoWhere ?

Allez à l'URL `www.whowhere.lycos.com`, tapez le nom de la personne cherchée et cliquez sur le bouton WhoWhere Find.

Bigfoot

Allez à l'URL `www.bigfoot.com` si vous recherchez une adresse e-mail ou un numéro de téléphone. Ils ont aussi les Yellow Pages. Attention, contrairement à la plupart des autres annuaires, Bigfoot refuse de supprimer des adresses de ses listes. Aussi, réfléchissez-y à deux fois avant de vous y inscrire.

Annuaires en ligne

AOL, Wanadoo et CompuServe ont un annuaire en ligne de leurs abonnés. Si vous n'êtes pas abonné à l'un de ces fournisseurs d'accès mais qu'un de vos amis l'est, demandez-lui de faire la recherche pour vous. Avec Wanadoo, on ne vous donnera pas l'adresse e-mail mais on vous permettra d'envoyer un message à cette adresse.

Les systèmes de courrier électronique sont-ils tous compatibles ?

L'Internet est constitué d'une foule de réseaux différents imbriqués. La plupart des systèmes ont, d'une façon ou d'une autre, assimilé les adresses standard de l'Internet, et on peut leur envoyer du courrier électronique de la même façon qu'à n'importe quelle boîte aux lettres électronique réellement présente sur le Net. Mais bon nombre de réseaux continuent à faire bande à part sans que cela les empêche d'être raccordés à l'Internet. Il faut cependant triturer quelque peu leur adresse pour échanger du courrier avec eux. Dans cette section, nous allons voir comment faire pour quelques-uns des plus courants, fort peu répandus en France mais survivant encore aux Etats-Unis.

Cette section présente une courte liste des principaux systèmes en ligne de messagerie connectés à l'Internet accompagnée de quelques instructions permettant d'envoyer du courrier aux utilisateurs de ces systèmes.

AT&T Mail

Les abonnés à ce système ont des noms d'utilisateurs arbitraires. Pour envoyer du courrier à quelqu'un dont le nom d'utilisateur est `blivet`, tapez : `blivet@attmail.com`.

Note : AT&T Mail possède des passerelles vers d'autres systèmes de courrier internes. Dans ce cas, une adresse pourra ressembler à quelque chose comme `blop!couic!plouf!@machin.attmail.com`.

FIDONET

FIDONET est un système fédératif de BBS à l'échelle mondiale. Sur FIDONET, les gens sont identifiés par leur nom et chaque BBS individuel (appelé *node*) a un numéro à 3 ou 4 chiffres de la forme `1:2/3` ou `1:2/3:4`. Pour envoyer un message à Théo Lechat sur le node `1:2/3.4`, adressez-le à `theo.lechat@p4.f3.n2.z1.fidonet.org`.

Note : Beaucoup de systèmes FIDO n'acceptent plus les messages en provenance de l'Internet à cause des récents afflux de spams (courrier poubelle). Dommage.

Fournisseurs d'accès "ordinaires" (FAI)

Comme chaque fournisseur d'accès a son nom de domaine particulier et que chaque utilisateur est souvent autorisé à choisir son propre nom (sous réserve d'homonymie), il faut que votre correspondant vous ait donné son adresse e-mail complète. Une adresse e-mail d'une personne abonnée à un fournisseur d'accès Internet est constituée du nom d'utilisateur, suivi du signe @ et du nom de domaine de ce FAI. Par exemple : `jdupont@wanadoo.fr` ou `pierre.kiroule@club-internet.fr` ou encore `geo.trouvetout@aol.fr`.

Microsoft Network

Microsoft Network (MSN) est le service en ligne commercial géré par le géant du logiciel : Microsoft. Si le nom sous lequel vous êtes enregistré est `Bill Gates`, votre adresse e-mail est `BillGates@msn.com`.

UUCP

C'est un ancien système de courrier qui continue d'être utilisé par beaucoup de sites UNIX, tout simplement parce qu'il est gratuit. Les adresses UUCP consistent en un nom de site et un nom d'utilisateur formant tous deux une chaîne de caractères arbitraire et courte. Il existe des adresses à multiples rebonds comme : `world!iecc!internet7`. Une telle adresse indique que le message doit d'abord être transmis au site `world` qui l'enverra à `iecc`, lequel le passera à `internet7`. Le plus souvent, les adresses UUCP sont écrites par rapport à l'hôte Internet capable de "parler" UUCP.

TRUC

Pour en savoir davantage, vous pouvez consulter ces deux sites Web : `www.uucp.org` et `/www.faqs.org/faqs/uucp-internals/` ou envoyer un e-mail à `inquery@uucp.org`.

UUCP Communications est une grosse organisation à but non lucratif qui, parmi d'autres tâches, apporte le courrier aux masses unixiennes parlant l'UUCP. La plupart des clients UUCP ont aussi des adresses Internet ordinaires qu'ils transforment, en interne, en d'abominables adresses UUCP. Lorsque, pour un même individu, les deux systèmes d'adresses coexistent, utilisez de préférence l'adresse Internet.

X.400 : aussi convivial que son nom l'indique

Certaines organisations internationales se servent d'un système assez déplaisant d'adresses électroniques élaboré par les bureaucrates internationaux du téléphone à l'ITU-T, en Suisse. Une adresse X.400 est formée d'un nom, d'un domaine et de pas mal d'attributs. Les spécifications officielles couvrent des douzaines, sinon des centaines de pages.

Prenons un exemple concret. Supposons que votre ami Samuel Tilden utilise le service Sprintmail de Sprint, lequel a une connexion de type X.400 avec l'Internet. Votre ami réside aux Etats-Unis et travaille chez Tammany Hall. Ses attributs seraient les suivants :

- **G** : Samuel
- **S** : Tilden
- **O** : TammanyHall
- **C** : US

Comme le domaine Internet pour la passerelle est `sprint.com`, l'adresse complète est :

```
/G=Samuel/S=Tilden/O=TammanyHall/C=US/ADMD=TELEMAIL/@sprint.com
```

Dans la plupart des cas, la façon la plus simple de découvrir l'adresse X.400 de quelqu'un est de demander à votre correspondant de vous envoyer un message et de noter très soigneusement ce qui suit la rubrique `From:`.

X.500 : Encore plus convivial !

Ceux-là mêmes qui nous avaient concocté X.400 ont récidivé avec X.500. Les informations y sont classées à la façon d'une étagère d'annuaires téléphoniques (ou, dans les grands systèmes X.500, comme une bibliothèque composée d'étagères organisées par pays). Pour quelqu'un en particulier, vous devez indiquer à X.500 dans quel annuaire (ou quels annuaires) il doit regarder.

Si vous vous trouvez dans un pays A, et que vous voulez le numéro de téléphone de quelqu'un qui réside dans un pays B, la procédure officielle de l'ITU-T pour vous fournir son numéro consiste à vous relier à quelqu'un du pays A qui se trouve dans une pièce remplie de vieux annuaires de tous les pays du monde et qui va tenter de trouver l'annuaire du pays B pour y découvrir l'adresse que vous recherchez. S'il ne parvient pas à trouver ce numéro – ce qui est fréquent, car les annuaires datent d'il y a quinze ans et votre ami a peut-être seulement emménagé depuis douze ans –, c'est cuit. Le processus couramment employé aux Etats-Unis qui consiste à vous relier à quelqu'un du pays B qui possède des annuaires à jour de son pays est en complète violation des standards X.500. Respectons une minute de silence en témoignage de notre admiration devant des cerveaux ayant pu engendrer une telle merveille !

ATTENTION !

Vous pouvez consulter une grande diversité d'annuaires X.500 sur le Web en pointant votre navigateur sur l'URL `nic.nasa.gov:8888`.

Chapitre 21

Dix façons d'éviter de passer pour un éléphant dans un magasin de porcelaine

Dans ce chapitre :

- Comment parvenir à une utilisation tranquille mais sophistiquée du Net.
- Quelques banales bêtises à éviter.

Sur l'Internet, il est facile de perdre la maîtrise de soi ou d'y passer pour un imbécile ! Nous allons voir ensemble les quelques occasions où ça pourrait vous arriver afin de vous éviter trop de bévues.

Lisez avant d'écrire

Dès que vous connaîtrez votre adresse électronique, vous allez être pris d'une véritable frénésie d'envoyer tout de suite des messages à tout va. *Ré-sis-tez !!!*

Commencez par ouvrir les yeux sur ce nouveau monde qui s'offre à vous : lisez les listes de diffusion et les pages Web, parcourez toutes

les ressources que l'Internet met à votre disposition. Pendant tout ce temps, n'envoyez aucun message. Lorsque vous commencerez à être pénétré de cette nouvelle forme de culture (la *cyberculture*), vous comprendrez de vous-même à quel endroit et à qui envoyer vos messages.

Observez la netiquette

Netiquette : mot créé par la contraction de "net" (réseau) et "etiquette" (étiquette), dont nous vous avons déjà parlé à plusieurs reprises dans les chapitres précédents. Sur le Net, on vous juge d'après ce que vous tapez sur votre clavier. Les messages que vous envoyez sont le seul moyen de vous connaître pour 99 % des gens que vous allez y rencontrer.

Hors taux gras feu

Trop d'utilisateurs s'imaginent que, parce que les messages qu'ils envoient sont brefs et informels, leur orthographe et leur syntaxe n'ont aucune importance. Certains font même exprès d'adopter une orthographe de fantaisie. *Nœud soie yé pa deux se kiss smoke du candy raton.* Faire montre d'élégance verbale et de maîtrise de sa langue est un signe de culture et aussi de politesse envers ceux qui vont vous lire.

N'ENVOYEZ PAS DE MESSAGES ENTIEREMENT ECRITS EN MAJUSCULES. C'est exactement comme si vous vous mettiez à crier. Vous risqueriez de vous attirer quelques commentaires peu amènes mettant en cause votre connaissance de l'emploi de la touche de verrouillage des majuscules de votre clavier.

Si vous n'avez rien d'intéressant à dire, taisez-vous !

Evitez de vouloir paraître brillant, de faire le malin. La plupart du temps, vous allez produire l'effet inverse. Si seulement ceux qui n'ont rien à dire pouvaient fermer leur... bouche ! Tout message que vous postez sur une liste sera lu par toute la liste. Chacun y participe sur une base de volontariat. Est-ce que les informations utiles qu'on peut y trouver l'emportent sur le bruit de fond et les âneries qui s'y propagent ? Plus celles-ci prolifèrent et plus on est tenté de s'en désabonner. Par effet cumulatif, ces listes se vident et finissent par disparaître. Si

vous voulez faire partie du Net, apportez votre pierre à l'édifice, mais que cette pierre soit solide.

Où souscrire un abonnement ? Comment l'arrêter ?

S'abonner à une liste de diffusion est très simple. Nous vous avons expliqué comment procéder au Chapitre 13. Au risque de nous répéter, rappelons que le meilleur moyen de passer pour un abruti est d'envoyer sa demande d'abonnement à la liste elle-même au lieu de l'envoyer sous la forme convenue à l'automate de gestion ou au responsable (ce n'est pas la même adresse que celle de la liste).

Apprenez les règles !

Lorsque vous vous abonnez à une liste de diffusion, vous recevez généralement un long message sur les modalités d'utilisation de cette liste particulière et la façon de vous en désabonner lorsque vous le voudrez. Lisez ce message. Sauvegardez-le, imprimez-le, affichez-le... Enfin, faites le nécessaire pour le conserver.

Relisez-vous !

Lorsque vous envoyez un message à une liste de diffusion, rappelez-vous que vous avez le monde entier pour auditoire. Evitez les commentaires désobligeants sur d'autres personnes et d'autres lieux qui risqueraient d'être compris de travers, quelle que soit la langue que vous utilisez. Tournez sept fois votre pointeur de souris autour du bouton Send (ou Envoyer) avant de cliquer dessus. Corrigez vos fautes d'orthographe et de syntaxe, car certaines peuvent conférer à vos propos un tour différent de celui que vous pensiez leur donner.

Adoptez une signature claire et concise !

Tous les logiciels de courrier vous proposent de signer vos messages par un texte tout préparé, une *signature* (ça porte le même nom en anglais). Cette signature est supposée vous identifier. Là encore, n'en rajoutez pas. Ne profitez pas de l'occasion pour afficher un petit dessin à base de / ()* et autres #_ comme dans cet exemple :

```
        +----------------------------------------+
        |                                        |
       /)      Arthur DUPONT "sorcier du NET"    (\
      / )                                        ( \
    _( (+----------------------------------------+) ) /)
   (((\ \)  /,)                              / )  / //)/
   (\\\\ \_/ /                               \ \_/ ////
    \       /                                 \      /
     \    _/                                   \_   /
```

Ce genre d'ostentation vous désigne comme un personnage à l'ego exacerbé, vaniteux et donc peu fréquentable. Soyez bref (pas plus de trois lignes) ; restez informatif (il faut que ça apporte quelque chose à ceux qui vous liront) ; soyez poli (un mot aimable fait toujours plaisir) ; enfin, n'étalez pas votre "science".

Ne joignez pas n'importe quelle pièce !

Les logiciels de courrier vous permettent de joindre diverses "pièces" (images, fichiers audio, animations, programmes...) à vos messages. Il faut, bien entendu, que le destinataire sache en tirer parti, c'est-à-dire qu'il sache les récupérer et possède le logiciel permettant de les interpréter.

Il en va de même pour la mise en forme des messages électroniques eux-mêmes. Les logiciels actuels vous permettent d'utiliser diverses mises en forme, telles que les caractères gras ou italiques, mais ces formatages ne seront visibles que par les logiciels de courrier correspondants. N'envoyez pas de messages mis en forme sur les listes de diffusion.

Surtout, pas de flame !

Pour une raison ou une autre, un de ces jours, vous allez tomber sur quelque chose QUI VA VOUS METTRE HORS DE VOUS ET VOUS DONNER ENVIE DE PULVERISER SON AUTEUR. Ça nous est déjà arrivé et ça vous arrivera aussi. Dans ce cas, évitez de répondre (publiquement ou par *e-mail*) sous le coup de la colère. Laissez décanter. Pensez à autre chose. Faites autre chose. D'ici une heure, vous aurez compris que ça ne vaut pas la peine de "flamer" le maladroit. Sinon, que va-t-il se passer ? Votre interlocuteur va, à son tour, monter sur ses grands chevaux et vous répondre sur un ton encore moins aimable. Qu'y aurez-vous gagné tous les deux ? Si vous connaissez un peu l'auteur et que vous le savez perméable à l'humour, répondez par un trait d'esprit

(ça risque de vous demander un effort qui vous permettra d'oublier votre colère). Si vous avez vraiment envie de vous défouler, il y a un moyen bien simple. Préparez votre réponse *offline* (en étant déconnecté). Et ensuite, au lieu de cliquer sur Envoyer, cliquez sur Supprimer.

Courrier antisocial

Il est très (trop) facile d'arroser la communauté de votre prose. Ne donnez pas dans l'hystérie collective.

Le gang des chaînes

Il est très facile d'envoyer une lettre initialisant une chaîne par *e-mail*. Encore plus de la propager. Mais ce serait là une bien mauvaise idée. Un tas de messages de ce genre continuent de circuler sur le Net et, pour notre part, nous n'y avons pas échappé. Mais jamais, au grand jamais, nous n'en avons lu une qui méritait d'aller ailleurs qu'à la poubelle.

L'abominable spam

Une des plus déplaisantes innovations qui soient apparues sur le Net ces dernières années a été le *spam*, cette avalanche de messages publicitaires vantant des produits douteux, semblables à ces prospectus qui polluent constamment vos boîtes aux lettres postales. C'est là une pratique condamnable et qui engage la responsabilité du *spammer*. Il n'existe malheureusement pas d'outil infaillible pour les éliminer automatiquement. De toute façon, l'efficacité de cet arrosage systématique est très loin de ce que leurs auteurs en espèrent.

N'accaparez pas trop de ressources

Vous découvrirez en peu de temps l'incroyable diversité des ressources du Net : documents, images, sons. Mégaoctet après mégaoctet, au début, vous allez vous goinfrer sans vergogne, tel un apprenti pâtissier. Essayez quand même de discipliner votre fringale et de ne pas télécharger à tort et à travers, au cas où...

Commencez par raccrocher

Du côté des accès au RTC, votre fournisseur d'accès n'a qu'un nombre de voies limité. Il y a donc un équilibre à respecter entre le nombre de voies *entrantes* et le débit de la voie *sortante* (parfois, mais rarement, *des* voies). D'autre part, la location de voies d'accès finit par coûter cher. Alors, par confraternité vis-à-vis de vos compagnons d'infortune raccordés au même fournisseur d'accès que vous-même, dès que vous avez besoin de réfléchir à ce que vous allez faire, déconnectez-vous. Vous donnerez ainsi à un "collègue" une chance d'accéder au serveur. Beaucoup de logiciels de connexion ont une temporisation qui vous déconnecte après un certain temps d'inactivité ; 15 minutes nous semblent un bon choix.

Les excès des sons et images

Les fichiers audio et les fichiers d'images sont très gros, ce qui implique de longs temps de connexion. Mais il y a pire. Il existe maintenant des connexions audio en temps réel (RealAudio, par exemple) ou des téléconférences (CU-SeeMe[1]) très exigeantes en matière de quantité d'information et de débit.

La netiquette des cybercafés

Les cybercafés représentent quelque chose de nouveau et nos parents n'ont pas pu nous apprendre les bonnes manières dans ces lieux de communication virtuelle. Voici quelques conseils pour bien les utiliser.

Ne lisez pas l'écran par-dessus l'épaule de ceux qui sont connectés !

Bien sûr, vous êtes curieux (c'est la raison pour laquelle vous êtes en train de lire ce livre). Mais si vous voulez savoir comment ça marche, payez pour voir et, si besoin, faites-vous assister pour le premier contact. Lire un écran par-dessus l'épaule de quelqu'un qui est connecté, c'est comme lire le journal du voisin dans le métro. Ça ne se fait pas !

---

1 Se prononce en anglais *Si you si mi*, c'est-à-dire vous me voyez et je vous vois. (N.d.T.)

Laissez cet endroit aussi propre...

Avant de libérer la place, faites un peu d'ordre autour de vous. Non seulement sur la table où est installé l'ordinateur, mais aussi à l'intérieur de la machine. Un grand nombre de gens ne se rendent pas compte que la machine conserve une copie de leur courrier électronique. Si vous ne voulez pas que quelqu'un d'autre prenne connaissance des messages que vous venez d'envoyer, effacez-les. Pour cela, commencez par les placer dans la poubelle et ensuite videz celle-ci.

N'achetez pas en ligne depuis un site public !

Il n'y a pas de réel danger à faire des achats en ligne payés par carte de crédit. N'oubliez pas, toutefois, que certains sites conservent des informations sur vous (adresse postale et numéro de carte de crédit, entre autres) sur votre disque dur. Aucun problème si vous passez commande depuis votre propre ordinateur, car, de cette façon, vous n'aurez plus à redonner ces informations à votre prochaine visite. Mais si vous n'êtes pas chez vous et passez commande depuis une machine d'un cybercafé, ces informations vont être accessibles à n'importe qui. Ce n'est sans doute pas ce que vous cherchiez !

Quelques perles de sagesse sur le Web

De plus en plus de fournisseurs d'accès vous permettent d'installer votre propre page Web sur leur serveur (voir le Chapitre 10 pour quelques infos à ce sujet). N'oubliez pas que tout ce que vous allez y mettre sera vu de tous, et que vos lecteurs se feront une opinion sur vous d'après ce qu'ils y trouveront. Alors, voici quelques conseils.

Tout ce qui est petit est gentil

Tout le monde n'a pas un accès direct à l'Internet à haut débit. Ceux qui viennent y surfer par le RTC sont beaucoup plus limités. Alors, évitez les images pleine page qui demandent plus d'un quart d'heure pour se charger. On voit beaucoup trop de pages Web qui cherchent à vous en mettre plein la vue avec des graphismes époustouflants et des couleurs étincelantes. C'est rebutant pour celui qui ne dispose que d'un accès ordinaire. Préférez des petites images, des vignettes, sur lesquelles votre visiteur pourra cliquer s'il désire les voir grandeur nature.

Un autre problème est celui de la taille des pages. Il vaut mieux avoir une présentation qui tient en une ou deux pages qu'un long défilé de pages. Si vous avez besoin d'une douzaine d'écrans pour présenter votre sujet, organisez-les en plusieurs pages plus petites appelées par des liens placés dans votre page d'accueil. Une suite de pages de dimensions raisonnables se chargera plus vite et sera plus agréable à contempler.

Réfléchissez !

Ne mettez pas sur votre page Web quelque chose que vous ne souhaitez pas faire connaître à tout le monde. Votre adresse personnelle et votre numéro de téléphone, par exemple. Une de nos amies en a fait l'expérience : elle a reçu un appel inattendu de quelqu'un qui avait vu sa présentation Web et voulait faire plus ample connaissance. Pour quelle raison un internaute aurait-il besoin de ce type d'information ? Si l'un d'eux veut entrer en contact avec vous, votre adresse *e-mail* doit lui suffire.

Glossaire

accueil (page d') Premier écran affiché par un serveur Web lorsque l'on se connecte dessus. En anglais : *home page*.

ActiveX Standard établi par Microsoft pour réaliser des briques de base de programmes connus sous le nom d'*objets*.

adresse électronique Code au moyen duquel l'Internet vous identifie et vous permet de recevoir du courrier électronique. Elle se présente généralement sous la forme `utilisateur@site.pays` où `utilisateur` représente votre nom d'utilisateur, `site` le nom de la machine sur laquelle est ouvert votre compte utilisateur, et `pays` un code représentant le pays ou le type d'organisation auquel se rattache votre site (`site` peut lui-même être composé de plusieurs noms séparés par des points).

ADSL (Asymmetric Digital Subscriber Line) Technologie permettant des débits très élevés sur ligne téléphonique (beaucoup plus vite qu'avec un modem traditionnel de type RTC). Chez nous, France Télécom propose deux formules : Netissimo 1, qui garantit un débit de 512 Kbps vers l'utilisateur et de 128 Kbps dans l'autre sens, et Netissimo 2, qui a des performances doubles. L'implantation se poursuit régulièrement sur le territoire national.

AltaVista Moteur de recherche très utilisé sur le Web. Son URL est `www.altavista.com`.

America Online (AOL) Fournisseur de contenu (on dit aussi *service en ligne*) bien implanté en France. Revendique le plus grand nombre d'abonnés dans le monde (plusieurs millions). Les abonnés ont une adresse de la forme `utilisateur@aol.com`. Connectez-vous sur `www.aol.com` pour en savoir plus.

anonymous (FTP) Méthode d'utilisation du programme FTP lorsqu'on n'a pas de compte ouvert sur un site particulier. On se connecte alors sous le nom d'utilisateur `anonymous` et on donne comme mot de passe son adresse électronique.

applet (ou **appelette**, pour les anglophobes) Petit programme écrit en Java. On télécharge des applets sur le Web en même temps qu'une page Web, avec un navigateur.

archive Fichier contenant un groupe de fichiers généralement compressés pour occuper moins de place et être transmis en moins de temps. Pour restituer ces fichiers dans leur état d'origine, on doit utiliser le programme de décompression approprié. Sur les PC, on utilise couramment le format ZIP ; StuffIt sur Mac.

ASCII (**American Standard Code for Information Interchange**) Code à 7 bits très utilisé, en particulier sur le Net, ce qui explique pourquoi les caractères accentués ne sont pas toujours transmis correctement.

baud Terme technique caractérisant la vitesse de modulation d'un signal sur une voie de transmission. A ne pas confondre avec **bps** (voir ce sigle) qui caractérise le débit efficace de la voie. Une ligne à 2 400 bauds est capable de procurer un débit de 48 000 bps si elle est de bonne qualité.

BCC (Blind Carbon Copy) Adresse à laquelle est envoyée une copie d'un *e-mail* sans que le destinataire principal le sache (voir également **CC**).

binaire (fichier) Fichier contenant des informations qui ne sont pas du texte pur (images, sons, programmes...).

Bin-Hex Système de codage de fichiers binaires très utilisé sur les Macintosh.

bit (binary digit) C'est la plus petite quantité d'information représentable dans un ordinateur. Ce "chiffre binaire" peut prendre la valeur 1 ou 0. On utilise plus couramment des "paquets" de bits appelés "octets" (8 bits).

bitmap Type de fichier d'image dans lequel l'image est décomposée en points individuels.

bookmark Voir **signet**.

bps (*bits par seconde*) Unité de mesure du débit d'une voie de transmission caractérisant ce qu'on appelle improprement la "vitesse" d'un modem. Ne pas confondre avec **baud** (voir ce mot).

browser Logiciel d'exploration du Web. Ce mot est généralement traduit en français par *navigateur*.

byte Voir **octet**.

CC (Carbon Copy) Adresse à laquelle est envoyée la copie d'un *e-mail*. Le destinataire principal est informé de l'existence et de la destination de cette copie.

channel (*canal*) Terme utilisé sur le réseau IRC. Appelé "salon de discussion" par d'autres comme AOL. Il s'agit d'un groupe de personnes bavardant ensemble (par écran/clavier).

chanop L'opérateur du *channel* : celui qui est responsable de la bonne organisation (et de la bonne tenue) d'un *channel* (d'un canal).

chat (to) (*bavarder, "tchatcher"*) Mode d'utilisation *live* de l'Internet pratiqué à l'aide d'un programme appelé **IRC** (voir ce mot).

client Ordinateur ou programme connecté à un correspondant baptisé **serveur** (voir ce mot).

client/serveur (modèle) Type d'architecture dans lequel le travail est réparti entre deux partenaires : celui qui fournit et celui qui reçoit des informations.

com Suffixe qu'on trouve fréquemment à la fin d'une adresse électronique, pas nécessairement américaine. Caractérise, en principe, une entreprise commerciale. Exemple : `www.microsoft.com`.

compression Opération visant à réduire la taille d'un fichier ou d'un groupe de fichiers (une archive). S'effectue au moyen de logiciels particuliers tels que WINZIP, dans le monde PC, ou StuffIt, chez les adeptes du Macintosh.

CompuServe L'un des plus anciens fournisseurs de contenu (*services en ligne*), racheté par AOL en 1998. Ne s'intéresse plus aux particuliers.

cookie Petit bloc d'informations stocké sur votre disque dur par un site que vous visitez et qui lui sert à mémoriser certaines de vos caractéristiques personnelles qu'il retrouvera lors de votre prochaine visite.

décompression Opération inverse de la compression, grâce à laquelle on restitue leur forme originale aux fichiers compressés d'une archive. Dans le monde PC, le logiciel le plus utilisé pour cela s'appelle WINZIP. Pour les Macintosh, c'est StuffIt.

dial-up Mode de raccordement à un fournisseur d'accès. Il s'agit d'une connexion intermittente établie à l'aide du réseau public (RTC) et qui suppose un appel préalable par numérotation.

DNS (Domain Name Server) Ordinateur situé sur le Net et qui a la charge de traduire les noms de domaines (`microsoft.com`,

`inria.fr`...) en adresses numériques de la forme `140.186.81.2` aussi appelées *adresses IP*. Parfois appelé *serveur de noms*.

domaine Nom officiel d'un ordinateur relié directement à l'Internet. C'est ce qui est écrit immédiatement à droite du caractère @. Dans `gerard@monserveur.fr`, le nom du domaine est `monserveur.fr`.

downloading Mot n'ayant pas de strict équivalent en français qui signifie "téléchargement *à partir* d'un serveur".

e-mail Courrier électronique. Système d'acheminement de messages par l'Internet.

emoticon Voir **smiley**.

extranet Réseau externe privé mettant en œuvre les techniques de l'Internet pour interconnecter les différents sites physiques d'une entreprise.

FAQ (Frequently Asked Questions) (*Foire aux questions*) Ensemble des questions les plus fréquemment posées. Elles sont regroupées avec leurs réponses, postées et mises à jour dans la plupart des listes de diffusion et groupes de news de Usenet. Avant de poser une question à la cantonade, il faut toujours regarder si la réponse ne se trouve pas déjà dans le forum FAQ. Faute de quoi, on court un grand risque de se faire **flamer** (voir ce mot).

favori Terme utilisé par Microsoft pour désigner un **signet** (voir ce mot).

fichier Collection d'informations considérée comme une unité de traitement par un ordinateur.

fichier (transfert de) Méthode utilisée pour échanger des fichiers d'un ordinateur vers un autre au moyen d'une ligne téléphonique ou d'un réseau et selon un protocole particulier. Sur le Net, le moyen le plus utilisé s'appelle **FTP** (voir ce mot).

FIDONET Réseau mondial de BBS où chaque ordinateur est appelé un nœud (*node*) et possède un numéro en trois ou quatre parties comme 1:2/3 ou 1:2/3:4. Pour envoyer un courrier électronique à quelqu'un qui se trouve sur FIDONET, on l'adressera à `prenom.nom@p4.f3.n2.z1.fidonet.org`.

firewall Littéralement : *mur pare-feu*. Voir **garde-barrière**.

flamer Poster des messages coléreux, enflammés ou insultants. A éviter soigneusement !

folder (*dossier, classeur*) C'est sous ce nom qu'on désigne les répertoires d'un Macintosh.

forum Dans le sens le plus général : groupe de news, forums.

fournisseur d'accès Entreprise commerciale disposant d'une connexion directe à l'Internet et par l'intermédiaire de laquelle vous devez passer pour vous raccorder au Net lorsque vous ne disposez pas vous-même de ce type de connexion.

fournisseur de contenu Fournisseur d'accès proposant, en plus de l'accès à l'Internet, des services et des informations qui ne sont accessibles qu'à ses seuls abonnés (AOL, par exemple).

freeware Les puristes disent : "graticiel". Logiciel disponible gratuitement sur le Net.

FTP (File Transfer Protocol) Protocole de transfert de fichiers très largement utilisé entre sites raccordés à l'Internet.

FTP (serveur) Ordinateur raccordé à l'Internet et conservant un grand nombre de fichiers mis à la disposition d'autres utilisateurs par FTP.

garde-barrière Ordinateur filtrant les communications entrantes et sortantes entre l'Internet et un site particulier et pouvant bloquer celles qui correspondent à certaines adresses. Elément important de la sécurité d'un site.

gateway Voir **passerelle**.

GIF (**Graphics Interchange Format**) Format d'image défini initialement par CompuServe et maintenant très largement utilisé sur le Net. Les fichiers de ce format sont dotés de l'extension .gif et sont appelés *fichiers GIF*.

gigaoctet Unité de mesure de la taille d'un fichier ou de la capacité d'un disque dur. Représente exactement 1×10^9 octets, soit 1 000 **mégaoctets** (voir ce mot).

hardware Littéralement : *quincaillerie*. Désigne tout ce qui fait partie du matériel, dans un système informatique. Opposé à **software** (*logiciel*). Le jeu de mots initial opposait *hard* (dur) à *soft* (doux).

hôte Désigne un ordinateur sur lequel on peut se connecter. N'a pas ici le double sens du mot propre à notre langue.

HTML (HyperText Markup Language) Langage dérivé de SGML et utilisé pour coder les pages Web. C'est un langage à balises.

HTTP (HyperText Transfer Protocol) Protocole de transfert des pages Web.

HTTPS Variante de HTTP faisant appel à un procédé de chiffrement pour sécuriser un transfert d'informations sur le Web.

hypermédia L'ensemble des types de médias associés à l'hypertexte (images, sons, animations).

hypertexte Système de représentation et de diffusion d'informations par lequel on peut faire apparaître sous forme unitaire des documents éparpillés sur différents sites d'un même réseau.

icône Petite image représentant un programme ou un fichier dans un système graphique comme Windows ou le Macintosh.

ICQ Système de messagerie instantanée qui permet aux utilisateurs de s'échanger des messages en direct live sur le Net. Appartient à AOL, mais est différent du programme Messager d'AOL.

Internet Interconnexion de réseaux d'ordinateurs dans le monde entier. Lorsque vous connectez votre micro à un FAI, votre ordinateur devient partie intégrante de ce réseau planétaire.

Internet Explorer Navigateur édité par Microsoft.

Internet Phone Programme permettant de téléphoner par l'Internet en utilisant un micro et un haut-parleur.

intranet Application de l'Internet transposée sur les réseaux locaux.

IP (Internet Protocol) Protocole utilisé sur Internet pour acheminer les informations sur le réseau.

IRC (Internet Relay Chat) Système permettant de converser en temps réel sur le Net.

Java Langage de programmation inventé par Sun Microsystems et totalement portable sur (presque) toutes les plates-formes car semi-compilé.

javascript Langage d'écriture de scripts, cousin éloigné de Java, aux ambitions plus modestes que ce dernier, mais nettement plus sécurisé.

JPEG Format d'image public très utilisé sur le Web pour numériser des photos.

JScript Le JavaScript de Microsoft. Considérablement enrichi et, par là même, peu portable.

kilo-octet Unité de mesure de la taille d'un fichier ou de la capacité d'un disque dur. Représente 1×10^3 octets, soit 1 000 octets (ou plus exactement, en fait, 1 024 octets).

liaison Voir **lien**.

lien Plusieurs sens. En ce qui concerne les réseaux, synonyme de connexion. Pour le Web, lien logique entre plusieurs documents non nécessairement situés au même endroit.

Linux Système d'exploitation de type UNIX mais gratuit.

liste (de diffusion) Voir **mailing list**.

liste (serveur de) Programme qui gère des listes de diffusion.

LISTSERV Famille de programmes qui gère automatiquement les listes de diffusion. Les noms de ces listes se terminent généralement par "-L".

MacBinary Système de codage de fichiers très répandu parmi les utilisateurs de Macintosh.

MacTCP TCP/IP pour le Macintosh. Son seul intérêt est de vous permettre de raccorder un Macintosh à l'Internet. Fourni en standard avec System 8.

mail Courrier.

mail server Ordinateur connecté à l'Internet chargé d'assurer le service du courrier au moyen du protocole SMTP, vous permettant ainsi de vous connecter de façon intermittente, au moyen d'un micro-ordinateur.

mailer Logiciel de courrier, ou plus spécifiquement de lecture, de composition et d'envoi de courrier électronique.

mailing list Liste de diffusion. Envoi automatique de messages à une série de destinataires dont les adresses électroniques sont énumérées dans une liste.

Majordomo Programme analogue à LISTSERV destiné à gérer les listes de diffusion.

mégaoctet Unité de mesure de la taille d'un fichier ou de la capacité d'un disque dur. Représente exactement 1×10^6 octets, soit 1 000 kilo-octets (1 000 000 d'octets).

Microsoft Network (MSN) Un service en ligne commercial fournissant de nombreux services Internet, dont le courrier électronique et un accès au World Wide Web.

MIME (Multipurpose Internet Mail Extension) Procédé permettant d'acheminer des fichiers binaires au moyen d'un codage approprié.

miroir Serveur FTP ou Web sur lequel on trouve les mêmes fichiers que sur un autre site, considéré comme leur distributeur principal.

modem (*modulateur-démodulateur*) Dispositif électronique chargé de convertir des signaux électriques entre un ordinateur et une ligne téléphonique ou le câble télévision.

modérateur Personne responsable de la diffusion d'un groupe de news ou d'une liste de diffusion et qui est censée les lire avant de les rendre publiques. Elle peut ainsi exercer une sorte de censure dont le principal bénéfice est de limiter l'encombrement des réseaux par des messages stupides, redondants ou grossiers (ou les trois à la fois).

mot de passe Suite de caractères tenue secrète par un utilisateur au moyen de laquelle il complète son identification lorsqu'il se connecte sur un ordinateur particulier.

MPEG Système de compression de fichiers de sons et d'images élaboré par le Motion Picture Group. Les fichiers ont l'extension .mpg.

Net Raccourci familier désignant l'Internet.

Netscape Navigator Navigateur faisant partie de la suite de programmes Netscape Communicator et qui a largement contribué à la popularité du Web. Il existe des versions pour Windows, pour Macintosh et même pour UNIX.

network Réseau.

news (groupe de) Regroupement de sujets ayant trait à un même thème. Les groupes de news sont articulés selon une arborescence. On les appelle aussi *forums*.

news (lecteur de) Programme permettant non seulement de lire les news, mais aussi d'y répondre et de composer de nouveaux articles. Sous Windows, les plus utilisés sont Outlook Express de Microsoft, WINVN et Free Agent. Netscape Navigator possède aussi une fonction de lecteur de news.

news (serveur de) Ordinateur raccordé à l'Internet dont la mission consiste à distribuer les news.

nickname (*surnom*) Terme utilisé sur le réseau **IRC** (voir ce mot) pour s'identifier au cours d'une conversation.

NNTP (serveur) Voir **news (serveur de)**.

nœud Ordinateur relié à l'Internet, aussi appelé *host.*

nom (serveur de) Voir **DNS**.

Numéris Réseau de transmission de données numérisées. Voir **RNIS**.

Nuls (**Dummies** – pluriel de *Dummy* – dans la version originale) Personnes qui ne savent pas tout mais qui sont suffisamment intelligentes pour se renseigner. Utilisé parfois avec ironie.

page Document disponible sur le Web pouvant contenir du texte, des fichiers graphiques, du son, des animations, etc.

paquet Ensemble d'informations envoyées sur un réseau. Chaque paquet contient l'adresse de son destinataire.

passerelle Ordinateur permettant l'interconnexion de deux réseaux de façon qu'ils semblent n'en faire qu'un seul.

pays (code) Suffixe de deux lettres d'une adresse Internet indiquant le pays d'origine de l'ordinateur hôte (fr représente la France, ch la Suisse, uk le Royaume-Uni, etc.).

PCMCIA Standard concernant des périphériques utilisés par les ordinateurs portables (*notebooks*) et ayant les dimensions d'une carte de crédit (mais plus épais).

PDF (fichier) Système de mise en forme de documents créé par Adobe. Le logiciel de lecture est distribué gratuitement par cet éditeur à l'URL `www.adobe.com/acrobat`.

PGP (Pretty Good Privacy) Programme de chiffrement de messages créé par Phil Zimmerman dont l'usage est, en principe, sinon interdit, du moins restreint en France. Visitez le site Web `web.mit.edu/network/pgp.html`.

ping Programme de test de liaison mesurant le temps de transit d'un message entre deux machines.

plug-in (assistant) Module de programme qu'on incorpore à un navigateur pour lui permettre de décoder et d'interpréter des fichiers qu'il est incapable de traiter de façon native.

POP (Post Office Protocol) Système par lequel un serveur de courrier de l'Internet vous permet de recueillir votre courrier et de le télécharger sur votre micro-ordinateur.

port (numéro de) Sur un ordinateur connecté à un réseau, c'est un nombre qui identifie chacun des programmes gérant une ressource particulière de l'Internet. En général, vous pouvez parfaitement ignorer ces subtilités.

poster Envoyer un article sur les news ou listes de discussion.

posting Action d'envoyer un article sur les news ou listes de discussion.

PPP (Point to Point Protocol) Système de connexion de deux ordinateurs par ligne téléphonique.

protocole Ensemble de conventions grâce auxquelles deux ordinateurs peuvent communiquer entre eux.

QuickTime Format de fichiers vidéo créé par Apple dont il existe des versions pour Windows et d'autres systèmes.

RealAudio Format de codification de fichier audio permettant une transmission et une audition simultanées. Ne fonctionne correctement qu'avec des connexions réseau à haut débit. Avec une connexion RTC, de nombreuses coupures interviennent en cours d'audition ou bien le bruit de fond est très important. Voir par curiosité `www.real.com`.

recherche (moteur de) Logiciel utilisé pour des recherches sur des bases de données.

répertoire Partie d'une structure arborescente gouvernant l'organisation des fichiers d'un ordinateur.

RNIS (Réseau numérique à intégration de services) Réseau créé par France Télécom pour assurer des débits supérieurs à ce qu'on peut espérer du réseau téléphonique ordinaire.

routeur Ordinateur destiné à assurer l'interconnexion de plusieurs réseaux utilisant éventuellement des standards différents.

RTC Réseau téléphonique commuté.

sécurité Sur un réseau, la sécurité consiste essentiellement à interdire l'entrée dans une machine à ceux qui n'y sont pas autorisés par l'administrateur du système.

serveur Ordinateur destiné à fournir un service à d'autres ordinateurs d'un réseau. Un serveur se connecte à un **client** (voir ce mot).

shareware On dit parfois en français : "partagiciel". Logiciel qu'on peut essayer avant de l'adopter. Lorsqu'on s'y décide, on est moralement obligé de verser une contribution à l'auteur.

Shockwave Standard multimédia interactif utilisé sur le Web. Voir le serveur `www.macromedia.com/shockwave/`.

signet Adresse d'une page Web qui est mémorisée par le navigateur, facilitant ainsi une exploration ultérieure du même site Web. Pour on ne sait quelle raison, en France, Microsoft a choisi de traduire le mot original *bookmark* par *favori*.

smiley Petite figure "dessinée" au moyen de divers caractères tels que :-) ou :-(qu'il faut regarder en penchant la tête à droite. La mimique ainsi esquissée est très utilisée dans le courrier électronique pour ajouter de l'expression à un message. Parfois traduit en français par *souriard* ou *trombine*.

SMTP (Simple Mail Transfer Protocol) Méthode servant à assurer le service du courrier électronique à des ordinateurs non reliés en permanence à l'Internet.

snail mail Littéralement : *courrier escargot*. Façon ironique de désigner le courrier postal par opposition au courrier électronique.

socket Port logique utilisé par un programme pour communiquer avec un autre programme tournant sur un autre ordinateur de l'Internet.

software Logiciel. Tout ce qui, dans un ordinateur, ne relève pas du matériel.

souriard Voir **smiley**.

spam Mot servant à désigner toute tentative de publicité déguisée. Très comparable au flot des prospectus qui parasitent régulièrement votre boîte aux lettres postale.

SSL (Secure Socket Layer) Technique utilisée sur le Web pour sécuriser certaines connexions.

streaming (audio) Système permettant d'acheminer des fichiers audio sur le Net de telle façon qu'on commence à les entendre presque immédiatement, sans attendre que l'intégralité du fichier soit transmise. Le plus populaire est RealAudio.

StuffIt Programme de compression utilisé sur les Macintosh.

surfer Se promener nonchalamment et sans but précis sur le Web.

TCP/IP (Transmission Control/Internet Protocol) Protocole de connexion utilisé sur le Net.

terminal Ensemble écran-clavier connecté à un ordinateur. De nos jours, on utilise généralement un micro-ordinateur sur lequel tourne un émulateur.

texte (fichier) Fichier ne contenant que du texte pur, sans formatage.

thread Littéralement : *enfilade*. Suite des réponses à un message des news ; autrement dit, succession des messages relatifs à un sujet particulier.

Unicode Extension du code ASCII à 16 bits pour permettre la représentation de n'importe quel caractère utilisé dans les langues mondiales.

UNIX Système d'exploitation soulevant les passions à défaut des montagnes. On peut, en toute objectivité, lui reprocher d'utiliser le langage de commande le plus abscons qui se puisse imaginer. Difficile, voire impossible à utiliser par des profanes.

uploading Mot n'ayant pas d'équivalent strict en français et qui signifie téléchargement *vers* un serveur.

URL (Uniform Resource Locator) Façon de désigner une ressource de l'Internet au moyen d'une adresse électronique précédée d'un préfixe dépendant du type de la ressource concernée. Les navigateurs en font un large usage.

Usenet Ensemble de forums articulés par types. Sorte de place publique électronique où chacun peut venir poser des questions, lancer des apostrophes, apporter des réponses que tous peuvent entendre. Voir le Chapitre 17.

UUCP (UNIX to UNIX copy) Système de courrier électronique encore utilisé par certains systèmes UNIX. Les adresses se présentent de façon différente de celles que nous connaissons sur le Net.

uuencode/uudecode Programmes de codage et de décodage de fichiers permettant à ceux-ci de transiter par courrier électronique. Les fichiers binaires ainsi "uuencodés" se présentent sous forme d'une suite de caractères inintelligible. Plus ancien et plus rustique que MIME.

visualisation (logiciel de) Programme destiné à afficher des images numérisées.

WAV (fichier) Format utilisé sous Windows pour les fichiers audio.

Web Littéralement "araignée". En réalité, il s'agit d'un raccourci employé à la place de "World Wide Web", système d'informations hypertexte et hypermédia.

Windows Système d'exploitation à fenêtrage créé par Microsoft pour les PC. La toute dernière version s'appelle Windows XP.

WinSock Abrégé de *Windows Sockets*. Interface standard avec TCP/IP des programmes tournant sous Windows.

WinZip Programme de compression/décompression de fichiers tournant sous Windows.

World Wide Web Voir **Web**.

X.400 Standard proposé par l'ITU-T pour la messagerie. Très compliqué.

X.500 Standard proposé par l'ITU-T pour les annuaires électroniques. Pire que X.400.

Yahoo! Serveur de recherche sur le Web accessible par l'URL `www.yahoo.com` ou, pour le site francophone, à l'URL `www.yahoo.fr`.

ZIP (fichier) Ensemble de fichiers compressés à l'aide du programme WINZIP (peut ne contenir qu'un seul fichier). Le décompactage s'effectue avec le même programme.

Index

Z

" ENFIN DES LIVRES QUI
VOUS RESSEMBLENT ! "

Titre	ISBN	Code
Access 2002 Poche pour les Nuls	2-84427-253-3	65 3297 2
C# Poche pour les Nuls	2-84427-350-5	65 3410 1
C++ Poche pour les Nuls	2-84427-312-2	65 3338 2
Dreamweaver 4 Poche pour les Nuls	2-84427-945-7	65 3197 4
Excel 2000 Poche pour les Nuls	2-84427-964-3	65 3229 5
Excel 2002 Poche Pour les Nuls	2-84427-255-X	65 3299 8
Flash 5 Poche pour les Nuls	2-84427-942-2	65 3202 2
Gravure des CD et DVD Poche pour les Nuls	2-84427-349-1	65 340903
HTML 4 Poche pour les Nuls	2-84427-321-1	65 3363 2
iMac Poche pour les Nuls (3e édition)	2-84427-320-3	65 3362 4
Internet Poche pour les Nuls (2e édition)	2-84427-347-5	65 3407 7
Java 2 Poche pour les Nuls	2-84427-317-3	65 3359 0
JavaScript Poche pour les Nuls	2-84427-335-1	65 3385 5
Linux Poche pour les Nuls	2-84427-313-0	65 3339 2
Mac Poche pour les Nuls (2e édition)	2-84427-319-X	65 3361 6
Mac OS X Poche pour les Nuls	2-84427-264-9	65 3308 7
Office XP Poche pour les Nuls	2-84427-266-5	65 3310 3
Pages web Poche pour les Nuls	2-84427-943-0	65 3195 8
PC Poche pour les Nuls (2e édition)	2-84427-345-9	65 3405 1
Photographie numérique Poche pour les Nuls (la)	2-84427-351-3	65 3411 9
Photoshop 6 Poche pour les Nuls	2-84427-254-1	65 3298 0
TCP/IP Poche pour les Nuls	2-84427-367-X	65 3443 2
Réseaux Poche Pour les Nuls	2-84427-265-7	65 3309 5
Unix Poche pour les Nuls	2-84427-318-1	65 3360 8
Visual Basic 6 Poche pour les Nuls	2-84427-256-8	65 3300 4
Windows Me Poche pour les Nuls	2-84427-937-6	65 3199 0
Windows XP Poche pour les Nuls	2-84427-252-5	65 3296 4
Word 2000 Poche pour les Nuls	2-84427-965-1	65 3230 3
Word 2002 Poche Pour les Nuls	2-84427-257-6	65 3301 2

Achevé d'imprimer
en septembre 2002
par Legoprint S.p.A.
Lavis, Italie